William & Kate
Het liefdesverhaal van de eeuw

ROBERT JOBSON

WILLIAM
&KATE

Het liefdesverhaal van de eeuw

Manteau

Voor Camilla, Charles en Alexandra.

Oorspronkelijke titel: William and Kate – The Love Story
© 2010 by John Blake Publishing en Rob Jobson
© 2011 Nederlandse vertaling Uitgeverij Manteau / WPG Uitgevers
België nv, Mechelsesteenweg 203, B-2018 Antwerpen en Alida Mulder/
Petra Van Caneghem

www.manteau.be
info@manteau.be

Vertegenwoordiging in Nederland
WPG Uitgevers België
Herengracht 370/372
NL-1016 CH Amsterdam

Vertaling: Alida Mulder (hfdst. 1-16) en Petra Van Caneghem (hfdst. 17-18)
Omslagontwerp: de bosvyver
Foto omslag: Belga
Vormgeving binnenwerk: Aksent
Foto's binnenwerk: Belga

ISBN 978 90 223 2627 5
D/2011/0034/225
NUR 698

Inhoud

'Een prinselijk huwelijk is de briljante versie van een universeel feit en als zodanig een voorbeeld voor de gehele mensheid.'
Walter Bagehot (1826-77), auteur van The English Constitution

I

Prinses en bruid

'Een veelheid van heersers is niet goed.
Moge er één heerser, één koning zijn.'
Homerus, uit de *Ilias*

16 november 2010, St. James's Palace, Londen

Catherine Elizabeth Middleton deed haar best om haar zelfverze-kerde houding te bewaren terwijl ze de arm van de enige man die ze ooit echt heeft liefgehad stevig vasthield. Met een stralende glimlach leunde ze lichtjes op haar koninklijke prins, William Wales, kapitein-vlieger bij de Royal Air Force. Ze zagen eruit als een paar dat veel van elkaar hield en dat zich in elkaars nabijheid volledig op zijn gemak voelde. Hij had in het verleden ontelbare interviews gegeven, meestal met zijn jongere broer, prins Harry, die ongedwongen voor de camera optrad en de show stal met zijn oneliners en zijn neerbuigende grap-pen over zijn oudere, ernstigere broer.

De 'jongens' deze ervaring te bezorgen maakte deel uit van de paleisstrategie: beide prinsen, tweede en derde in de lijn van de Britse troonopvolging, niet alleen de kneepjes van het koninklijk vak te leren, maar ook te leren omgaan met de moderne media, die steeds meer eisen stellen. In het verleden gaven leden van het koninklijk huis geen interviews – koningin Elizabeth II is na bijna zestig jaar op de troon nog nooit geïnterviewd – maar deze nieuwe generatie heeft geen keuze, wil ze niet als ouderwets worden bestempeld.

Deze keer nam William de leiding. Hij voerde zijn toekomstige bruid zachtjes door het mijnenveld van haar eerste confrontatie met de meedogenloze Britse pers. Het was een nieuwe ervaring voor Kate, een waaraan ze zou moeten wennen. Ze wist dat elke stap en elke nuance kritisch zou worden bekeken, dat elk woord van haar de hele wereld rond zou gaan en dat zij door miljoenen televisiekijkers, die haar tot dan toe alleen kenden uit tijdschriften en kranten, zou worden bekeken. Maar zij konden nu eindelijk ook haar stem voor de eerste keer horen. Ze was duidelijk nerveus, maar wie zou dat niet zijn? Ze was niet van plan om dat te laten merken. Tenslotte beschikte Miss Middleton over de nodige kwaliteiten om haar rol goed te spelen.

Die ochtend had Williams vader, de prins van Wales, een persbericht laten verspreiden. Het was het hoofdpunt van de dag op alle nieuwszenders wereldwijd. In het persbericht werd verklaard dat 'Zijne Koninklijke Hoogheid prins William van Wales en Miss Catherine Middleton zich hebben verloofd'. Deze verklaring werd gevolgd door de mededeling: 'De prins van Wales is verheugd dat hij de verloving van prins William en Miss Catherine Middleton bekend kan maken. Het huwelijk zal plaatsvinden in het voorjaar of de zomer van 2011 in Londen. Verdere gegevens over de huwelijksdag zullen te zijner tijd worden meegedeeld. Prins William en Miss Middleton verloofden zich in oktober tijdens een privévakantie in Kenia. Prins William heeft de koningin en de andere leden van zijn familie op de hoogte gesteld. Hij heeft ook Miss Middletons vader om toestemming gevraagd. Na het huwelijk zal het paar in Noord-Wales gaan wonen, waar prins William in dienst van de Royal Air Force zal blijven.'

Voor William, tweede in de lijn voor de troonopvolging, was eindelijk de marathonverkering van alles bij elkaar meer dan acht jaar voorbij. Het leven van het knappe jonge stel, beiden achtentwintig jaar oud, zou nooit meer hetzelfde zijn.

Prins Harry, die net als zijn oudere broer niet gespaard werd door het lot – denk maar aan de dood van hun moeder prinses Diana in 1997 – volgde op die dag een vliegtraining in Middle Wallop. Hij was de eerste die commentaar gaf op het heuglijke nieuws van zijn grote broer. 'Ik ben erg blij dat mijn broer haar hand heeft gevraagd! Dat betekent dat ik een zus krijg, wat ik altijd heb gewild.'

Terug in Londen zette Kate haar eerste aarzelende stappen in het openbare leven. 'Het is zenuwslopend', gaf ze toe met haar kostschool-Engelse accent toen haar werd gevraagd of ze opgewonden of zenuwachtig was omdat ze met een lid van de koninklijke familie ging trouwen. Ze zei dat de koningin haar hartelijk welkom had geheten, net als haar toekomstige schoonvader prins Charles. Nu ze de achttienkaraats gouden ring met de ovale saffier van prinses Diana om haar vinger had, drong haar bestemming tot haar door. De verlovingsring, afkomstig van de koninklijke juwelier Garrard, bestaat uit veertien kleine diamanten rond een blauwe steen. De ring had prins Charles dertig jaar eerder 28.000 pond gekost toen hij hem om de vinger schoof van de verlegen lady Diana Spencer, die haar tienerjaren nog maar net was ontgroeid. De huidige waarde bedraagt 100.000 pond. In deze tijden van soberheid was het zeker geen slechte pr-zet om zijn verloofde een gerecyclede ring te geven. Maar dat was niet Williams motivatie.

'Het was mijn moeders verlovingsring en aangezien zij niet kan delen in onze vreugde, is dit mijn manier om ervoor te zorgen dat ze erbij is', zei hij. Een aandoenlijk gebaar, waarop sommigen echter commentaar hadden: was dit geen onheilsring waardoor het huwelijk gedoemd was te mislukken?

Kate was sprakeloos toen William de ring uit zijn rugzak haalde terwijl ze samen in Kenia op vakantie waren. 'Hij is prachtig. Ik zal er zorg voor dragen. Hij is heel, heel erg bijzonder.' Met een enkel veelbetekenend gebaar bracht William zijn vereerde moeder terug in het Britse nationale bewustzijn en op de voorpagina's van de kranten, net als in de laatste jaren van de twintigste eeuw, toen zij een van de beroemdste mensen ter wereld was.

Maar de vrouw die spoedig prinses zal zijn, is geen onschuldig meisje zoals Diana. Ze is ook geen verlegen aristocrate die in een wervelwind is meegezogen. Als Diana zich zou hebben bedacht voor de ceremonie, dan kad ze niet meer terug gekund. Haar beeltenis stond al op speciale theedoeken ter ere van de huwelijksdag. Daar hielp haar zuster Lady Sarah McCorquodal haar aan te herinneren. Een afbeelding van Kate, samen met die van haar toekomstige echtgenoot, prijkt nu op een speciaal vijfpondstuk, uitgegeven door de Koninklijke Munt. Het is duidelijk begonnen. Maar in tegenstelling tot Diana destijds is Kate een volwassen vrouw die alle zorgen en problemen van een langdurige verkering heeft doorgemaakt. Met William heeft ze ondervonden hoe pijnlijk het is in de steek te worden gelaten; ze heeft stress en onzekerheid gekend, veroorzaakt doordat

9

ze lange periodes uit elkaar waren. 'We zijn even uit elkaar geweest', zei Willliam. 'We waren allebei zo jong, we zaten nog op de universiteit. We waren beiden bezig met ontdekken wie we waren, we hadden verschillende karakters en zijn uit verschillend hout gesneden. We probeerden onze eigen weg te vinden. Het ging een beetje om de ruimte die we voor onszelf wilden creëren. Daarna ging het alleen maar beter.'

Dat was niet geheel naar waarheid. Ze waren op de universiteit uit elkaar gegaan, maar ook later nog eens – in feite net drie jaar voor hun verloving wereldkundig werd gemaakt. Zij was echter duidelijker. 'Ik was daar in die tijd niet erg gelukkig over, maar het heeft van mij een sterkere persoon gemaakt. Je ontdekt dingen van jezelf waar je misschien nog niet bij had stilgestaan. Ik denk dat je nogal in beslag genomen wordt door een relatie als je jonger bent en toen had ik opeens tijd voor mezelf – hoewel ik er toen niet zo over dacht.'

Natuurlijk waren er ook veel mooie momenten en was er het geluk van de ware liefde. Het moment waarop dit paar, dat hun persoonlijke gevoelens zo voor zich houdt, elkaar ten overstaan van de hele wereld hun liefde had verklaard, was een van de hoogtepunten. Er zouden er nog veel meer volgen.

Tijdens de scheiding van Williams vader waren er veel bittere gevoelens en beschuldigingen over en weer. Diana omschreef zichzelf later als 'een lam dat naar de slachtbank werd gevoerd'. De gekwelde prinses voelde zich bedrogen door de veel oudere 'prince charming' Charles, die weigerde een eind te maken aan zijn buitenechtelijke affaire met zijn getrouwde minnares Camilla Parker Bowles. Diana vergaf het hem nooit echt, hoewel ze later, vlak voor haar plotselinge tragische dood in 1997, zachtmoediger werd tegenover de vader van haar zonen. Kate is anders. Ze is ouder en wijzer. Zij zal dit huwelijk ingaan met wijd open ogen. Zij wil niet dezelfde fouten maken. Zij wil een traditionele echtgenote en moeder zijn. Zij wil, zoals een oudere informant uit het paleis mij vertelde, 'een pas achter haar echtgenoot lopen'. Ze wil niet zelf schitteren, maar steeds in alles een team vormen met haar echtgenoot dat bij koninklijke verplichtingen als één front het koningshuis vertegenwoordigt. Ze heeft lang nagedacht over wat voor soort prinses ze wil zijn. Ze heeft bestudeerd wat er met

Diana is gebeurd en er haar lessen uit getrokken. De monarchie is nu eenmaal een buitengewoon traditionele organisatie. Prins Philip, hertog van Edinburgh, loopt een pas achter de koningin, en niemand zegt dat hij daardoor als man minder voorstelt. Het is gewoon zijn koninklijke plicht.

Kate had al hartzeer gehad en werd openlijk verguisd toen zij en haar prins in 2007 uit elkaar gingen. Voor die tijd hadden ze hun relatie ook al een paar keren verbroken, maar elke keer werden ze door de kracht van hun liefde als een magneet weer naar elkaar toe getrokken. Er waren ups en downs. Deze vrouw behoorde tot een nieuwe categorie buitenstaanders, die met een lid van de koninklijke familie durfde te trouwen. Ze mag dan wel worden vergeleken met de 'prinses van het volk' omdat ze probeert haar eigen rol te veroveren en haar eigen reputatie op te bouwen, maar eigenlijk is zij een échte prinses van het volk. Een burgermeisje geboren en getogen op het platteland, opgevoed door liefhebbende, stabiele ouders met grote ambities, die onvermoeibaar hebben gewerkt om geld te verdienen om hun drie kinderen het allerbeste te kunnen geven. Catherine, de oudste, heeft gewoon een prins ontmoet en is verliefd op hem geworden toen zij beiden student waren aan de oude Schotse St. Andrews-universiteit. Nu staat ze op het punt om de prinses van de eenentwintigste eeuw te worden en ziet het ernaar uit dat ze de toekomstige koningin van Groot-Brittannië wordt. En als ze geluk heeft, zal ze ook moeder en grootmoeder van toekomstige heersers zijn.

Kate en Williams eerste openbare optreden als pasverloofd paar was niet echt schitterend. Er waren hordes fotografen en journalisten uitgenodigd voor een persconferentie in een van de staatsiezalen van St. James's Palace. Kate en William deden hun best om de op hen afgevuurde vragen zo goed mogelijk te beantwoorden, maar het opgewonden geklik van de camera's was uitputtend. Toen ze even daarvoor in een rustige zijkamer van Clarence House zaten, het verblijf van prins Charles in Londen, was de sfeer rustiger. Al waren de vragen, hoewel op zachtere toon gesteld, een eerste test. William en Kate lieten de buitenwereld een glimp opvangen van de intimiteit van hun relatie. Het gelukkige paar praatte meer dan vijftien minuten informeel met Tom Bradby, een politiek redacteur bij ITV News.

De prins mocht deze verslaggever graag en daarom had hij hem, tot groot ongenoegen van de BBC, uitgekozen voor het eerste interview. Ontspannen en samen grapjes makend vertelden William en zijn toekomstige bruid het goede nieuws en lieten ze weten dat ze samen een gezin wilden stichten. Dat was natuurlijk een uitgemaakte zaak. De prins heeft tot taak de opvolging van een van de oudste en beroemdste monarchieën ter wereld, met een duizend jaar oude geschiedenis, te verzekeren. Nu zat de vrouw aan zijn zijde met wie hij voor dat koninklijke nageslacht zal zorgen, gekleed in een prachtige blauwe japon van haar favoriete designerlabel Issa.

Toen hun gevraagd werd of ze veel kinderen wilden, sprak William als eerste. 'Ik denk dat dat stap voor stap zal gaan. Eerst trouwen en dan kinderen. We willen graag een gezin, dus we zullen daar wel over na gaan denken.' In werkelijkheid ligt de prioriteit bij het veiligstellen van de opvolging, een van de voorwaarden verbonden aan de functie van erfgenaam van de troon. Maar deze kinderen zullen speciaal zijn: zij worden prinsen en prinsessen van het volk. Catherines voorvaderen waren arm en hebben generaties lang in het noorden van Engeland voor een hongerloon gezwoegd in de koolmijnen. Toevallig waren die mijnen eigendom van de familie van prins Williams overgrootmoeder koningin Elizabeth, de koningin-moeder. Lady Elizabeth Bowes-Lyon, afkomstig uit de landadel, was een van de eerste 'burgers' die met een lid van de koninklijke familie trouwde. Lady Elizabeth werd de lieveling van de natie als gemalin van George VI tijdens de Tweede Wereldoorlog, en later als de geliefde 'Queen Mum'. Zij leidde een prachtig leven dat een hele eeuw overspande (ze werd geboren in 1900 en stierf in 2002), al was het niet alleen rozengeur en maneschijn. Ze begeleidde haar stotterende, verlegen echtgenoot toen die in 1936, na de troonsafstand van zijn broer Edward die de monarchie deed wankelen, ongewild koning werd.

In de mediagekte die volgde op de aankondiging van de koninklijke verloving werden er in de pers onvermijdelijk vergelijkingen gemaakt tussen Williams verloofde en zijn moeder Diana, een echt icoon. Als Catherine al een koninklijke carrière nastreefde, dan is die van Lady Elizabeth Bowes-Lyon misschien een beter voorbeeld. Koning George V, de vader van haar echtgenoot Albert, hertog van

York (later George VI), maakte deze verbintenis mogelijk. Hij verordonneerde in 1917 dat het gebruik om Duitse prinsessen te huwen achterhaald was, om zo de belangen en overleving van zijn dynastie veilig te stellen. Zijn kinderen konden vanaf dan Britse burgers trouwen zo zij dat wilden. Dat was een politieke zet, aangezien in die tijd Duitse Gotha-bommenwerpers de eerste luchtaanval op Londen uitvoerden in 'de oorlog die een eind zou maken aan alle oorlogen': de Eerste Wereldoorlog. In die tijd kwamen in heel Europa oude monarchieën ten val in de nasleep van de strijd van de massa voor stemrecht. Het huis Saxen-Coburg-Gotha werd omgedoopt in het Engelser klinkende Windsor. Op die manier kon het koningshuis overleven. George, een slimme koning die de vinger aan de pols van het volk hield, vreesde namelijk het ergste. Het socialisme had zijn evenbeeld en neef, de stuntelende maar meedogenloze Russische tsaar Nicolaas II, immers het leven gekost. George wilde niet de volgende zijn. Hij wist dat hij de arbeiders, die net stemrecht hadden gekregen, op zijn hand moest zien te krijgen, wilde zijn koninklijke dynastie hetzelfde bloedige lot bespaard blijven.

Kates voorvaderen uit de arbeidersklasse hadden bijgedragen aan het fortuin van de familie Bowes-Lyon. Zij werkten diep onder de grond, in een gevaarlijke omgeving, voor een hongerloon en probeerden het hoofd boven water te houden. Haar voorvader James Harrison, een mijnwerker in de Hetton Lyons-koolmijn in 1821, zou nooit geloofd hebben dat zijn achterachterachterachterkleindochter op een dag koningin zou worden. Dat waren andere tijden, voor ons allemaal en ook voor de Britse monarchie.

Net als zijn betovergrootvader George V is William een man die zijn volk kent. Als kind benadrukte zijn moeder dat hij bijzonder was, maar ook dat hij zichzelf moest zijn en zijn eigen keuzes moest maken. Net als velen van zijn generatie woonde hij samen met zijn vriendin voor hun huwelijk, iets wat in de dagen van George V onaanvaardbaar zou zijn geweest. Tijdens het verlovingsinterview legde William uit waarom het zo lang duurde voor hij Kate vroeg. Hij wilde haar de kans geven om zich terug te trekken als ze voelde dat ze niet opgewassen was tegen het leven als toekomstige gemalin van de prins. 'Wanneer zagen jullie elkaar voor het eerst?' peilde Bradby.

'Dat is lang geleden, Tom', antwoordde de prins. 'Ik pijnig mijn hersens. We hebben elkaar op de universiteit van St. Andrews ontmoet. We waren eerst meer dan een jaar gewoon vrienden en zo bloeide het open. We brachten meer tijd met elkaar door, lachten samen, amuseerden ons en realiseerden ons dat we dezelfde interesses hadden. We hadden gewoon een leuke tijd. Zij heeft erg ondeugende humor en ik heb een erg droog gevoel voor humor, dus we vulden elkaar aan.' Het antwoord van Kate klonk minder gepolijst, ze sprak langzamer en woog haar woorden terwijl ze haar verloofde even aankeek, alsof ze geruststelling zocht. 'Ik denk dat ik erg bloosde toen ik jou ontmoette en me uit de voeten wilde maken, want ik voelde me onzeker.'

Het aanzoek was erg romantisch. Precies zoals in de verhalen over prinsen op witte paarden. Williams moeder, wier stief-grootmoeder Dame Barbara Cartland steenrijk werd door het schrijven van zulke romantische verhalen, zou trots geweest zijn. William onthulde in zijn verlovingsinterview: 'Het gebeurde ongeveer drie weken geleden toen we op vakantie waren in Kenia. We hadden al eerder gepraat over trouwen, dus zo'n grote verrassing was het niet toen ik haar op een mooie plek in Kenia ten huwelijk vroeg.' Kate voegde eraan toe: 'Het was erg romantisch. Hij een is echte romanticus. Ik had het echt niet verwacht. Het was zo overweldigend en spannend.'

Bradby vroeg: 'En toen haalde hij een ring tevoorschijn?' Zij antwoordde met een stralende glimlach: 'Ja.' William legde uit: 'Ik had hem al ongeveer drie weken overal mee naartoe genomen in mijn rugzak omdat ik hem niet uit handen wilde geven. Overal waar ik naartoe ging lette ik er goed op, want ik wist dat ik grote moeilijkheden zou krijgen als ik hem kwijtraakte. En omdat ik het had gepland, ging het goed. Je hoort veel gruwelverhalen over aanzoeken en dingen die vreselijk verkeerd gaan. Het ging echt heel goed en ik was blij dat ze ja zei.'

Maar waarom had hij zo lang gewacht met zijn aanzoek? 'Ik wilde haar de tijd geven om alles goed te laten doordringen, zodat ze zich eventueel kon terugtrekken voor het allemaal te veel werd. Ik probeer te leren uit het verleden en ik wilde haar de kans geven om te acclimatiseren en te zien wat er in mijn omgeving gebeurt', zei hij.

Het was een erg avontuurlijk en romantisch aanzoek. Hij had een verlaten plek uitgezocht aan een schitterend meer, op ruim acht kilometer van de evenaar en 3500 meter boven de zeespiegel, om haar dé vraag te stellen. Het vredige Lake Alice in Kenia ligt zo ver van de beschaving dat slechts een handvol toeristen per jaar getuige is van de verbazingwekkende schoonheid ervan. Het turkooizen meer is omgeven door weelderig groene heuvels, met op de achtergrond de besneeuwde Mount Kenya. Het is niet moeilijk te begrijpen waarom de prins juist deze plek uitkoos om zijn toekomstige vrouw een aanzoek te doen.

Meestal landen de helikopters op een ruw kiezelstrand aan de zuidelijke punt van Lake Alice. Als de rotorbladen gestopt zijn met draaien, merken de passagiers dat het doodstil is om hen heen. In de verre omtrek zijn geen andere mensen te bekennen. De enige geluiden komen uit de natuur – een vreemde vogel die overvliegt, of de plons van een vis of kikker. Op het water deinen drijvende stenen – lavasteen die herinnert aan de vulkanische oorsprong van het meer. De lucht is oogverblindend blauw en er waait een verkwikkend briesje. William en Kate visten met kunstvliegen op het kiezelstrand, voordat de prins de moed had om haar hand te vragen.

De meeste mensen die Lake Alice bezoeken worden ogenblikkelijk verliefd op de plek. De rust is er adembenemend. Het lijkt alsof er nog nooit eerder een mens is geweest. William was weken bezig geweest om de trip naar Kenia, waar het paar in een romantische hut verbleef, voor te bereiden. Over land duurt de tocht naar het meer minstens vier uur vanaf de dichtstbijzijnde macadamweg – tweeëndertig kilometer over vieze modderige wegen, een vermoeiende tocht bergopwaarts.

Maar de prins besloot in stijl aan te komen en charterde een helikopter. De verlovingsring met de saffier van zijn moeder had hij in zijn rugzak. Hij landde op het ruwe kiezelstrand aan de zuidelijke punt van Lake Alice.

Het was, zoals Kate zei, erg romantisch.

Lake Alice ligt boven op een reeds lang uitgedoofde vulkaan. Het meer is omringd door heuvels, die het beschermen tegen de ijzige wind op deze hoogte. Boven de bergtoppen steekt Mount Kenya uit, de op één na hoogste berg in Afrika, waarvan de besneeuwde toppen moeilijk bereikbaar zijn. Lake Alice werd in 1935 officieel ontdekt door de Brit Kenneth Gander-Dower. William riep de hulp in van een vriend van de familie, Ian Craig. Hij is eigenaar van het nabij-gelegen Lewa-wildreservaat, waar het paar het grootste gedeelte van zijn vakantie doorbracht. Hij regelde ook hun helikoptervlucht. De bijzonderheden van Williams romantische aanzoek kwamen aan het licht toen het personeel van de geïsoleerde Keniaanse lodge waar het paar verbleef, onthulde hoe zij hun laatste dag doorbrachten voordat de prins zijn aanzoek deed.

De medewerkers verklaarden dat ze geen idee hadden dat ze onder-dak boden aan de Britse troonopvolger en zijn toekomstige bruid. Het vredige hotel bestaat slechts uit twee eenvoudige houten hutten, hooggelegen in de bergketen waar Mount Kenya deel van uitmaakt, op ongeveer vijf kilometer van Lake Alice. Het hotelletje wordt per-manent bewoond door drie medewerkers, die de gasten ontvangen en ervoor zorgen dat het hen aan niets ontbreekt.

Maar het koninklijk paar had niet zoveel wensen. William en Kate vroegen vrijwel niets. Ze genoten van het eenvoudige leven te mid-den van de natuur en aten een eenvoudige maaltijd, die door de toe-komstige koning was klaargemaakt. Jackson Kimutai, een van de per-soneelsleden, vertelde dat het enige verzoek van het stel was mee uit vissen te gaan in een gammele roeiboot. Hij dacht dat William en Kate een gewoon jong stel waren toen ze op 20 oktober om ongeveer drie uur 's middags arriveerden in een gehuurde Toyota Landcruiser. De prins droeg een casual shirt met katoenen broek en Kate een zomer-jurk. 'Ze kwamen over de weg en sprongen uit de auto. De man stelde zich voor met: "Hoi, ik ben Willy." Zij was een en al glimlach en zag er erg gelukkig uit. Ze ze zei dat haar name Kate was. We brachten hun bagage naar hun hut via een speciale touwbrug over een kloof. Daarna lieten we hun het domein zien. We hadden geen idee wie ze waren en zij gaven ons geen aanleiding om te denken dat ze speciaal waren.'

Hij voegde eraan toe: 'Wij worden hier maar eenmaal per maand bevoorraad, dus onze gasten moeten zelf drank en voedsel meenemen. William en Kate hadden een doos met spullen bij zich die ze in de keu-ken zetten.' Het koninklijk paar wilde eerst even bekomen van de reis. Het gezellige houten vakantiehuis is aangenaam maar eenvoudig inge-richt. Op de kale, glanzend geboende houten vloeren in de zitkamer en de slaapkamer liggen warme, pluizige vloerkleden. In de badkamer bevinden zich een grote badkuip en een toilet. De gasten maken hun eigen maaltijden in de *basic* keuken van het vakantiehuis. Er zijn twee eenvoudige gasbranders, de voedingswaren worden koel bewaard in een kast met enkele houten planken aan de buitenzijde van het huis.

Vanuit de hut heb je een prachtig uitzicht over het Rutundumeer, een bergmeer vol forel en omringd door golvende heuvels. Cosmos Kiecan, een ander personeelslid, ging vissen met William en Kate. Er was geen greintje zelfingenomenheid te bekennen toen ze hun hengels uitwierpen vanaf de achterkant van de houten roeiboot.

'Toen ze aankwamen zeiden ze direct dat ze wilden vissen, dus nadat ze zich geïnstalleerd hadden, namen we hen mee naar het meer. Het is een groot meer en er zit veel forel in. Sommige vissen wegen wel twee kilogram en de meeste gasten proberen er enkele te vangen voor hun avondeten. Per dag mogen ze er twee vangen en opeten. De rest moet worden teruggegooid. Sommige mensen vissen vanaf de aanlegsteiger of vanaf de oever, maar William wilde graag het meer op met de boot. Jackson en ik roeiden hen dus naar het midden van het meer. Zij zaten achterin met hun gezicht naar het water, zodat ze hun hengels heen en weer konden bewegen. Wij zaten voorin en roeiden. Ze hadden het erg naar hun zin. Hier is alleen vliegvissen toegestaan, en hij was een tijdje bezig met haar uit te leggen hoe ze dat moest doen. Soms gooide ze haar hengel verkeerd uit en dan hielp hij haar. Je kon zien dat ze het goed hadden samen. Zij bleef maar naar hem kijken en glimlachen, en hij was ook gelukkig.'

Het paar bleef ongeveer een uur op het water en keerde toen met lege handen terug. Kimutai: 'Jammer genoeg slaagden ze er niet in iets te vangen. We gingen na een uur terug en er had geen enkele vis gebeten, op sommige dagen is dat nu eenmaal zo. We zeiden tegen hen dat het moeilijk is om vis te vangen in het Rutundumeer en ze moesten lachen. Daarna gingen ze naar hun hut om te rusten.'

Het personeel van de lodge zorgt ervoor dat de gasten het 's avonds warm hebben, ondanks de snijdende bergwind en het ontbreken van elektriciteit. Elke dag bij zonsondergang maken ze vuur onder een watertank, zodat er warm water is, en steken ze de lampen aan, zodat elke hut romantisch verlicht is.

'We zorgen altijd voor warm water voor de gasten en maken binnen twee vuren – een in de zitkamer en een in de slaapkamer', vertelt Kimutai. 'Het enige licht komt van stormlampen met paraffine, maar de mensen schijnen daarvan te houden. Hoewel we geen koks zijn, bieden we de gasten altijd aan hen met hun maaltijden te helpen.'

Toen de duisternis viel, namen William en Kate een warm bad en gingen daarna lekker tegen elkaar aan liggen bij het knappende vuur in de zitkamer. De prins kookte een eenvoudige maaltijd. Ze aten uit de witte borden van de hut en met het bestek dat dof was van het vele gebruik. Het paar had niet eens wijn meegenomen. In plaats daarvan namen ze slokjes thee, die ze hadden gemaakt met warm water dat de medewerkers hadden achtergelaten in een gedeukte thermosfles.

'Hij vond het leuk om te koken', zei Jackson Kimutai. 'Ze hadden hun eigen voorraad meegenomen, maar we konden niet zien wat het was. Gewoonlijk vragen we de mensen om hun vuile vaat in de gootsteen te laten staan zodat wij voor hen kunnen afwassen, maar zij lieten nauwelijks iets achter. Soms zijn er ook een hoop lege wijn- of bierflessen, maar wij hebben niets gezien wat op alcoholgebruik wees. We denken dat ze alleen maar thee dronken en genoten van het vuur.'

Het paar trok zich daarna terug in de slaapkamer, waar een rustiek houten hemelbed staat naast een aantal stapelbedden. 's Nachts is het huis omhuld door totale stilte, slechts af en toe onderbroken door het gefladder van nachtvogels of het geluid van een buffel of antilope die voorbijtrekt. Rutundu ligt in het hart van het Mount Kenya Nationaal Park. Drie vaste opzichters houden er de wacht. Zij beschermen het gebied tegen indringers en stropers en staan via een radioverbinding in contact met gewapende collega's. Het dichtstbijzijnde gsm-signaal is alleen te ontvangen vanaf een rotspunt ongeveer dertig minuten verder de rimboe in. Gasten wordt aangeraden deze tocht niet 's nachts te ondernemen vanwege de aanwezigheid van levensgevaarlijke dieren en binnen te blijven.

De volgende ochtend verschenen William en Kate knipperend tegen het Afrikaanse zonlicht op het terras. Ze gebruikten een eenvoudig ontbijt, klaargemaakt door de prins. Daarna nam het personeel het paar mee op een tweede, kortere vistocht, zodat ze voor tien uur konden uitchecken.

18

Cosmos Kiecan: 'Ze hadden duidelijk een heerlijke tijd en hadden veel hout voor de open haard gebruikt. We namen hen weer mee naar het meer en daarna vertrokken ze. Willy grapte dat ze geklop op het raam hadden gehoord toen ze wakker werden. Toen hij de gordijnen had opengetrokken, had hij gezien dat het een wevervogel was. Ze zijn lichtgeel en zijn vaak te vinden in de buurt van de hutten. Willy vertelde dat de vogel daarna naar de andere ramen was gevlogen en ook daar op het glas had getikt. De hele tijd dat het paar hier was, gingen ze informeel met ons om en waren ze erg vriendelijk. Hij maakte grapjes over het weer. Hij zei dat hij hier eerder was geweest en het koud had gehad. De hutten liggen erg hoog, dus ondanks het zonnige weer kan het hier best koud worden, vooral 's nachts. Hij zei dat hij deze keer twee truien had meegenomen en dat zij ook kleding voor 's avonds bij zich had.'

Het uitstapje naar Rutundu was een van de excursies die de prins maakte tijdens zijn verblijf in het nabijgelegen Lewa-wildreservaat, waar hij een maand werkte tijdens een overbruggingsjaar voor hij naar de universiteit ging. Eigenaar van het reservaat is Ian Craig, de vader van Williams ex-vriendin Jessica, of Jecca, zoals ze wordt genoemd. Men vermoedt dat het koninklijk paar enkele dagen logeerde in zijn huis op het ruim 22.000 hectare grote domein, waar vele soorten dieren leven, waaronder leeuwen, giraffen, zebra's en antilopen.

William en Kate brachten ook enkele nachten door in het spectaculaire Sinkoi-wildpark, waar ze sliepen in een romantische tent in de wildernis. De plaatselijke bewoners lieten weten dat ze erg verheugd waren dat de prins Kenia had uitgekozen om zijn verbintenis met de toekomstige prinses te bezegelen. David Kamau werkt in een stalletje met ambachtelijke kunst in het Lewa-reservaat. Hij zei dat hij het erg fijn vond dat William zijn kraampje had bezocht om spulletjes voor in de kerstboom te kopen. 'Iedereen is erg blij dat ze naar Kenia kwamen om zich hier te verloven. Dat een prins en een prinses in je land verblijven is prachtig. Ik ontmoette William toen hij naar mijn kraam kwam. Hij praatte lang met ons en kocht tien engeltjes van metaaldraad en tien kerstboompjes versierd met kralen. Het is leuk dat we nu weten dat ze zich hier verloofd hebben – en nog leuker dat we weten dat zij hun boom versieren met door ons gemaakte spullen.'

Na hun romantische verblijf in de geïsoleerde hut schreven beiden iets in het gastenboek. Kate schreef: 'De 24 uur die ik hier heb doorgebracht waren heerlijk. Jammer dat we geen vis hebben gevangen, maar we beleefden erg veel plezier aan onze pogingen. Het warme houtvuur en het kaarslicht waren zalig – zo romantisch! Ik hoop gauw weer hier naartoe te komen.' William schreef het volgende, gedateerd op 20-21 oktober 2010: 'Het was erg fijn om terug te zijn. Deze keer heb ik meer kleren meegenomen! Jullie hebben ons goed verzorgd. Bedankt, jongens! Ik kijk al uit naar de volgende keer, ik hoop dat het spoedig zal zijn.' Hij ondertekende met 'William', zij zette 'Catherine Middleton' onder haar stukje. Binnenkort zal ze een andere naam en titel dragen als lid van het Huis Windsor.

Daarna hield het paar de verloving angstvallig stil. Zelfs de koningin werd twee weken lang onkundig gelaten. 'Wij zijn net eenden', zei William. 'Aan de oppervlakte erg kalm, onder water pootjes die bewegen. Het is een erg spannende tijd geweest omdat we er al zo lang over bezig zijn. Het is een hele opluchting en echt fijn om er nu met iedereen over te kunnen praten. Vooral de laatste twee à drie weken waren erg moeilijk omdat we het niemand konden vertellen. Ik wist niet goed wat ik moest doen. Ik had Kates vader eerst om haar hand willen vragen toen het tot me doordrong dat hij misschien wel eens nee zou kunnen zeggen. Dus ik dacht: als ik Kate eerst vraag, kan hij in feite geen nee meer zeggen.'

William hield het grote nieuws geheim voor zijn grootmoeder, terwijl hij en Kate enthousiast plannen maakten voor hun gezamenlijke toekomst. Hij was vastbesloten om het op zijn manier te doen en niet volgens het protocol. Dat geeft ons ook inzicht in hoe een nieuw Huis Windsor zal worden geleid als William koning wordt. Een ouder lid van de koninklijke huishouding zei mij: 'Hij vertelde het tot op de laatste minuut niet aan zijn familie, omdat hij wist dat als het eenmaal officieel was, het gevaar bestond dat hij overal de controle over zou verliezen. William is vastbesloten dat zijn huwelijk met Catherine zowel hún dag zal zijn als een publieke feestdag. Hij weet dat het een openbare gebeurtenis is, maar het wordt ook hun speciale privémoment en zij willen dat de hoffunctionarissen die belast zijn met de organisatie dit respecteren.'

De voorbereiding op de aankondiging van de verloving begon toen William en Kate naar Kenia vlogen. Hij vroeg haar ten huwelijk op 20 oktober, en daarna volgde een soort koninklijke achtbaanrit. Wanhopig probeerden zij om het grote nieuws geheim te houden, door voorzichtig te werk gaan. Ze waren een en al glimlach voor de camera's toen die arriveerden op het huwelijk van hun vriend Harry Meade. Ze waren al stiekem verloofd toen ze aan de kerk langs een haag wachtende fotografen liepen. Maar Kate had de verlovingsring van prinses Diana met de saffier natuurlijk niet om haar vinger.

Een week later, op 30 oktober, nodigde William Kates ouders uit op Balmoral, het landgoed van de koningin in de Schotse Hooglanden. Daar, in het oude koninklijke toevluchtsoord, vroeg William, nu Kate zijn aanzoek had aanvaard, haar vader Michael om haar hand.

Ze troffen voorbereidingen voor de aankondiging van het nieuws op woensdag 3 november, wanneer hij het de rest van zijn familie zou hebben verteld. Precies vier dagen later, op 7 november 2010, schreef ik een artikel voor News of the World waarin het nieuws bekend werd gemaakt. De kop luidde: 'Wills zal volgende zomer trouwen', met als ondertitel: 'Koninklijke verloving zal met Kerstmis bekend worden gemaakt'. De openingszin van het artikel kon niet duidelijker zijn. Die luidde: 'Prins William en zijn geduldige vriendin Kate Middleton zullen hun verloving voor Kerstmis bekendmaken, onthult News of the World.' Negen dagen later kreeg ik gelijk. In het verleden werden de datum en de plaats gelijktijdig aangekondigd. Maar typisch voor William wilde hij het op zijn manier.

Hoffunctionarissen – aan wie de afspraken nog niet waren meegedeeld – weigerden het verhaal te bevestigen. Het hele verhaal dat zo voorspoedig verliep, kreeg een tragisch aspect door de dood van Kates grootvader van vaders kant, Peter, op 2 november op de leeftijd van negentig jaar. Kate en de rest van haar familie waren erg verdrietig door dit verlies. De media hadden nu vooral aandacht voor de voorbereidingen van de begrafenis op 12 november. Van een bron uit de buurt van de familie vernam ik: 'Het is op dit punt niet duidelijk of Mike [Kates vader] Carole [haar moeder] het nieuws had verteld, omdat William en Kate hem hadden gevraagd om niets te zeggen.' Kate gaf toe dat het vervelend was dat zij er zelfs niet zeker van was of haar moeder het wist. 'Er ontstond een pijnlijke situatie, omdat ik wist dat William mijn vader om mijn hand had gevraagd, maar ik niet wist of mijn moeder het wist.' Ze keerde terug uit Schotland, waar ze op het koninklijke landgoed Balmoral waren gefotografeerd, maar Carole vertelde haar dochter niet of ze het nu wist of niet.

Vervolgens vloog William naar Afghanistan, zijn laatste verplichting alleen, voordat het grote nieuws bekend gemaakt zou worden. Hij bracht samen met de minister van Defensie Liam Fox een verrassingsbezoek aan Kamp Bastion in de provincie Helmand, waar hij deelnam aan een ceremonie met ongeveer 2500 soldaten en een krans neerlegde ter nagedachtenis van vrienden en anderen die het leven hadden gelaten. Hij kwam terug op maandag 15 november, en die avond telefoneerde hij met de koningin om haar het goede nieuws te vertellen. Zij was verheugd. Zijn vader was ook blij, ondanks de opmerking van de prins van Wales dat zijn zoon en toekomstige schoondochter 'lang genoeg de tijd hadden gehad' – een klassieke illustratie van zijn emotionele beperkingen. Deze opmerking, samen met de timing van zijn commentaar dat hij verwachtte dat zijn vrouw, de gravin van Cornwall, koningin zou worden als hij koning wordt, deed wenkbrauwen fronsen. Hiermee werd gesuggereerd dat er in de toekomst spanningen zouden kunnen ontstaan tussen zijn hofhouding en die van zijn zoon.

Op 23 november 2010 woonde ik op St. James's Palace de personferentie bij waarop werd aangekondigd dat het huwelijk zou worden voltrokken op vrijdag 29 april 2011 in Westminster Abbey. Er werd benadrukt dat de koninklijke familie de bruiloft zou betalen en dat de Middletons hun steentje zouden bijdragen. Er was wat dat betreft een precedent geweest met de huwelijken van de prins en prinses van Wales in 1981 en prinses Elizabeth en prins Philip in 1947. Jamie Lowther-Pinkerton, de scherpzinnige voormalige officier van de commandotroepen die hoffunctionaris werd, onthulde dat het een 'klassiek' koninklijk huwelijk zou zijn met alle pracht en praal die de wereld van de Britten verwachtte. Hij zei dat het paar, dat erg 'in de wolken' was, zich intensief met de voorbereidingen van het huwelijk bezighield. Zij wilden dat het hún huwelijk werd. Hoewel het huwelijk in Westminster Abbey, de kerk van de koninklijke familie, bij het hoogaltaar plaatsvindt, voelt deze plek aan als een Engelse parochie-kerk. Zij wilden dat iedereen van die dag zou genieten en waren het eens met het voorstel van premier David Cameron om er een natio-nale feestdag van te maken, zodat iedereen kan meevieren. 'Het is hun dag', zei Jamie. 'Zij maken de dienst uit.'

De hofhouding van William en Harry op St. James's Palace zou de leiding nemen bij de voorbereidingen, met steun van het bureau van het hoofd van de hofhuishouding op Buckingham Palace – waar ze precies weten hoe ze een spectaculaire koninklijke gebeurtenis moeten organiseren. 'Het zal een klassiek voorbeeld worden van wat Groot-Brittannië goed kan', voegde Jamie er nog aan toe. De aartsbis-schop van Canterbury Rowan Williams zal de dienst leiden, maar het paar staat erop dat zij zeggenschap hebben over de gelofte die moet worden afgelegd en over de belangrijkste vraag van allemaal, of zij wil beloven haar echtgenoot te zullen 'gehoorzamen'. Toen dit boek werd geschreven was nog niet bekend wie de bruiloft zal bijwonen, maar de hoffunctionarissen onthulden wel dat er staatshoofden, waarschijnlijk onder anderen de Franse president Nicolas Sarkozy en Barack Obama, op de lijst zouden staan. 'De kerk zal zeker niet leeg zijn', zei een hoffunctionaris, waarmee hij wil zeggen dat duizenden gasten getuige zullen zijn van deze historische verbintenis.

Dit was Williams eerste overwinning. Hij wilde dat het huwe-lijk in het voorjaar zou plaatsvinden en hij heeft zijn zin gekregen. Het was ook Williams beslissing om Diana's ring om de vinger van zijn verloofde te schuiven. Daarmee bracht hij de overleden prinses opnieuw onder de aandacht, net nu sommigen begonnen te denken dat zij eindelijk in vrede kon rusten. Zou Kate, de nieuwe prinses van een nieuwe generatie, dat bedreigend vinden? 'Natuurlijk had ik het fijn gevonden om haar te ontmoeten. Zij is duidelijk een inspirerende vrouw, iemand om naar op te kijken.'

Maar zou er druk zijn uitgeoefend?

'Er is geen druk uitgeoefend', zei William. 'Zoals Kate zei, het gaat erom je eigen toekomst in te richten. Niemand probeert in de schoe-nen van mijn moeder te gaan staan. Wat zij deed was fantastisch. Het gaat erom je eigen toekomst op te bouwen en je eigen bestemming te bepalen, en Kate zal het er heel goed van afbrengen. We zijn opgetogen en kijken ernaar uit om de rest van ons leven met elkaar door te brengen en te zien wat de toekomst zal brengen.'

Vergis je echter niet. Kates dagen als Williams afwachtende prinses lopen ten einde. Haar tijd als zijn prinses en op een dag als zijn koningin staat op het punt te beginnen.

En door die openbare rol, of die het paar nu bevalt of niet, zullen er zowel publieke als privéspanningen ontstaan, die hen tot het uiterste zullen testen. De tijd zal leren hoe dit nieuwe koninklijke paar daarmee zal omgaan.

II

De Orde van de Kousenband

'Het stel is helemaal in de wolken,
ik heb nog nooit twee gelukkiger mensen gezien,
ze zijn in de zevende hemel.'

Jamie Lowther-Pinkerton, privésecretaris van prins William, 23 november 2010

Prins William voelde zich duidelijk onbehaaglijk. Hij kwam plotseling in zicht met een slappe hoed met witte struisvogel- en reigerveren en een loshangend donkerblauw fluwelen gewaad. Hij zag eruit alsof hij zo uit de middeleeuwen was gestapt. Terwijl hij in dit ouderwetse kostuum paradeerde voor het publiek en de pers, leek hij zich opgelaten en nogal ongemakkelijk te voelen. Niettemin wist hij dat hij dit moest doen. Of hij het nu leuk vond of niet, het in stand houden van de tradities van een erfelijke monarchie die meer dan duizend jaar teruggaat, tot de Angelsaksische Egbert, koning van Wessex, stond bovenaan op zijn lijst van verplichtingen. Het hoorde gewoon bij zijn taak.

William is een moderne prins, een man van zijn tijd, die zich het lekkerst voelt in spijkerbroek, een T-shirt en sportschoenen. Hem te zien in zulke ouderwetse pracht deed de adem van de aanwezigen stokken. De jonge brunette die naast prins Harry zat, gekleed in een donker pakje met witte stipjes en een charmant zwart-wit hoedje, zei hardop 'O mijn God!' Toen schoten zij en Harry in de lach. Het was misschien niet zoals het hoorde, maar wel erg begrijpelijk. William, die hun blikken had opgevangen, deed of hij het niet had gemerkt.

De meedogenloze Britse pers had het ongepaste gedrag gemakkelijk kunnen overdrijven. De aanwezigheid van Catherine Elizabeth Middleton bij de ceremonie van de Orde van de Kousenband was echter duidelijk van grotere betekenis voor het verhaal over de koninklijke familie dan het dwaze gedrag van twee jonge mensen. Gelukkig hervond Kate, zoals de media haar nu hadden gedoopt, snel haar zelfbeheersing, maar bij Williams jongere broer Harry met zijn vlammend rode haar duurde het wat langer. Nu Kate de installatie bijwoonde van haar vriend als duizendste ridder van de Orde van de Kousenband, gesticht in 1348 door koning Edward III, in St. George's Chapel bij Windsor Castle, was het duidelijk dat we getuige waren van een belangrijk moment voor de moderne Britse monarchie.

Williams romance met het aantrekkelijke meisje uit de midden-klasse dat hij op de universiteit had ontmoet en met wie hij sinds 2004 een knipperlichtrelatie had, was het onderwerp geweest van een oeverloos mediadebat. Nu zag het ernaar uit dat er een eind zou komen aan de speculaties. Haar aanwezigheid bij een dergelijke belangrijke koninklijke gebeurtenis, voorgezeten door de koningin en bijgewoond door mederidders zoals Williams vader prins Charles en zijn tante prinses Anne, was van groot belang. Het betekende dat de koninklijke 'firma' haar nu officieel in haar midden had opgeno-men. Het was nu nog slechts een kwestie van tijd voor ze als Williams bruid door het middenpad zou schrijden – misschien van de konink-lijke kapel waar deze koninklijke ceremonie plaatsvond. Het leek erop dat het nu nog slechts een kwestie was van wanneer, niet van of.

Vóór de ceremonie wachtten zo'n dertig fotografen die toestem-ming hadden gekregen van Buckingham Palace om de gebeurtenis vast te leggen, al meer dan een uur geduldig op de voor hen gereser-veerde plek buiten de kapel om dé foto van William te maken. De prins was toen zesentwintig jaar. De fotografen, van wie sommigen het doen en laten van het koningshuis al vele jaren volgden, hadden er geen probleem mee en kletsten over hun roemruchte daden in het verleden, of in ieder geval de dingen die ze allemaal hadden gezien. Plots ontstond er grote deining. De perslui duwden en trokken om de beste plaats te bemachtigen. Het deed denken aan de scènes waarbij de fotografen in vervoering raakten zodra Williams moeder, prinses Diana, ergens verscheen. Er was een auto met prins Harry bij de zijin-gang verschenen. Maar deze keer stond Harry, de 'playboy-prins', niet in het middelpunt van de belangstelling. Kate stapte samen met hem uit de auto en volgde de prins naar de Galilee Porch van de kapel. Zij en Harry voegden zich bij de andere leden van het koninklijk huis, onder wie prins Charles' tweede echtgenote Camilla Parker Bowles en prins Edwards echtgenote, Sophie Rhys-Jones, die net als Camilla met haar prins was getrouwd in St. George's Chapel binnen de muren van Windsor Castle.

Voor de verzamelde pers kon de rest van de koninklijke familie net zo goed niet verschenen zijn. Zelfs de koningin was nu in hun ogen van ondergeschikt belang. Deze dag ging alleen over Kate, de elegante vrouw van een meter tachtig. Dit was de eerste keer dat zij een officiële koninklijke gebeurtenis bijwoonde. Door haar uit te nodigen en zijn broer te vragen haar te chaperonneren, had William een duidelijke boodschap gegeven. Hij zei eigenlijk: 'Deze vrouw is de belangrijkste persoon in mijn leven en jullie kunnen dat interpreteren zoals jullie willen.' William, die erom bekendstaat dat hij zorgvuldig met de media omgaat, wist precies hoe ze zouden reageren. Hij wist ook dat Kate de show zou stelen, hoewel het op papier zijn dag was en hij het middelpunt hoorde te zijn. Nu waren, niet voor het eerst en zeker niet voor het laatst, alle ogen op haar gericht. Als het al indruk op haar maakte, liet ze dat in ieder geval niet blijken.

In al die jaren als zijn vriendin had Kate nog nooit iets verkeerd gedaan. Zonder enige training maakte ze altijd de juiste keuzes. Zij en haar familie hadden, ondanks haar onberispelijke gedrag, vreselijke snobistische beledigingen moeten verduren van mensen die vonden dat er niet buiten de kringen van de monarchie mocht worden getrouwd. De dochter van een voormalige piloot en een gewezen stewardess, vermogende eigenaars van een postorderbedrijf in feestartikelen, werd te eenvoudig bevonden om met een toekomstige koning te trouwen. Sommigen vroegen zich zelfs af of Kates zelfverzekerde houding wel natuurlijk was, en vonden dat zij té beheerst was. Anderen gingen nog verder en lieten verstaan dat het kleine aantal goede vrienden dat zij en prins William hadden op de een of andere manier in negatieve zin op haar afstraalde. Ze kwamen bijna allemaal van Eton of de universiteit, of het waren familievrienden uit zijn tienerjaren. Er deden ook geruchten de ronde dat de koningin zich zorgen maakte. Kate moest maar een baan nemen, zodat men kon zien dat ze iets deed in plaats van te wachten tot William haar zou vragen om zijn bruid te worden. Gemene opmerkingen, maar geheel in stijl bleef Kate er onverstoorbaar onder. Dit was tenslotte het meisje dat, toen haar gevraagd werd of ze gelukkig was omdat ze samen was met een prins, vol zelfvertrouwen antwoordde: 'Hij mag blij zijn dat hij met mij uitgaat.'

Bijna drie jaar eerder, op 23 juni 2005, zat Kate gekleed in toga met daaronder een korte zwarte rok, vijf rijen voor de prins in de Younger Hall van de St. Andrews-universiteit. Ze was er net getuige van geweest hoe haar vriend zijn diploma had ontvangen. Ze was die dag niet alleen maar toeschouwer. Ook Kate mocht haar diploma in ontvangst nemen. Toen ze breed glimlachend naar haar plaats terugkeerde, ving ze Williams blik op. Hij glimlachte vol trots naar haar.

Die dag deed dr. Brian Lang, vicerector van de universiteit, een voorspelling. 'U hebt vrienden voor het leven gemaakt. En, ik zeg dit elk jaar tegen alle pas afgestudeerden: u hebt misschien uw echtgenoot of echtgenote ontmoet. Onze eretitel "beste universitair huwelijksbureau van Groot-Brittannië" drukt al het goede van St. Andrews uit, dus zeggen wij vol vertrouwen: gaat en vermenigvuldigt u.'

Gezien de aankondiging van hun verloving in november 2010 kan men zich met recht afvragen of William en Kate dachten dat dit op hen sloeg.

III

Een klasse apart

'*Een prinses zijn is niet zo fijn als het lijkt.*'
Diana, Prinses van Wales (1961-1997)

Hij is een onmetelijk rijke prins uit een oud geslacht met een begerenswaardige koninklijke titel, zodat hij werd uitgeroepen tot 's werelds meest begeerde vrijgezel. Zij is een beeldschone Engelse vrouw van burgerlijke afkomst uit een gewone familie, die in een voor haar vreemde familie met wereldwijde faam en koninklijke verplichtingen terechtkomt. Samen zullen ze ongetwijfeld een van de beroemdste paren van hun generatie worden die overal worden herkend, waar ze ook gaan of staan. Het huwelijk van prins William Arthur Philip Louis van Wales en Catherine Elizabeth Middleton is daarom een enorm belangrijke gebeurtenis in de geschiedenis van de moderne monarchie.

Dit verbond betekent een breuk met de geschiedenis, doordat een rechtstreekse erfgenaam van de troon een bruid kiest van buiten zijn sociale kring en klasse, en nog wel een vrouw van burgerlijke afkomst. Het is een huwelijk uit liefde, niet zoals bij Engelse prinsen uit het verleden, die tot een huwelijk werden gedwongen om dynastieke of diplomatieke redenen. Kate is zelfs niet van adel, zoals Williams overleden moeder Diana. Zij was van burgerlijke afkomst en de laatste vrouw die als zodanig met een rechtstreekse erfgenaam van de troon trouwde. Toen zij bij St. Paul's Cathedral aankwam om te trouwen, was ze Lady Diana Spencer.

Williams keuze voor een burgerlijke bruid maakt duidelijk dat het zijn bedoeling is om zichzelf te zijn als hij de troon bestijgt. Hij zal op zijn manier regeren en heeft al te kennen gegeven dat hij geen 'ornament' wil zijn, maar vastbesloten is meer bij het openbare leven te worden betrokken dan zijn voorgangers. Hij is niet bang om zijn handen vuil te maken, en Kate ook niet. Degenen die hen van nabij meemaken, zeggen dat dit paar meer dan welk ander koninklijk paar ook de belichaming van de moderne monarchie zal worden. Daardoor zullen zij de groeiende groep republikeinen het zwijgen opleggen die een democratisch verkozen leider eisen die verantwoording aflegt aan het parlement.

Het klopt dat zowel William als Kate vertegenwoordigers van hun generatie zijn, zij het dan bevoorrechte. De tijd zal uitwijzen of het William lukt de intentieverklaring die hij als zevenentwintigjarige aflegde waar te maken, vooral als hij overspoeld wordt door de formele eisen van zijn rol. Velen geloven dat William en Kate zowel de kunde en intelligentie als de wens hebben om het instituut door de eenentwintigste eeuw te loodsen. Ze zijn nog vrij jong, zien er goed uit en hebben al enige levenservaring. Hierdoor krijgt het instituut betekenis voor het volk dat het moet vertegenwoordigen als een symbool van eenheid en nationale trots – althans, dat hopen degenen die aan het hof verkeren. Het volk betaalt uiteindelijk de bevoorrechte levensstijl van de leden van de koninklijke familie en mag waar voor zijn geld verwachten. Er zullen altijd criticasters zijn, maar met William aan het roer en Kate aan zijn zijde valt misschien te bewijzen dat dit oude instituut, gebaseerd op erfelijkheid, nog relevant is in de moderne Britse maatschappij, waar sociale mobiliteit geen modekreet is maar een realiteit.

Net als zijn moeder prinses Diana heeft William een hart voor zijn volk en de natuurlijke charme om een baken van nationale hoop te zijn voor een nieuwe, veeleisende generatie – je zou zelfs kunnen zeggen: 'een prins van het volk'. Vanuit dat perspectief is de keuze van zijn bruid misschien zowel veelbetekenend als cruciaal. Als hij met een Europese prinses of iemand van adel zou trouwen, zou het volk hen en hun kinderen als elitair zien. Maar Kate is net als hij een vertegenwoordiger van hun generatie. Zij heeft de juiste afkomst en wijze van optreden om het volk ervan overtuigen dat deze moderne monarchie bestaat, dat ze een instituut is met een toekomst en een verleden.

Daarom is dit huwelijk een bepalend moment voor de Britse koninklijke familie. Samen zullen zij wereldsterren zijn, het beroemdste paar op de planeet. Historisch gezien bevinden zij zich op gelijke hoogte met paren als Charles en Diana, John F. en Jackie Kennedy, en, meer actueel, de Obama's. Als zij als officieel paar ten tonele verschijnen, krijgt de koninklijke familie direct een jonger en frisser aanzien. Als de dag aanbreekt dat hij koning wordt, zal William regeren met Kate aan zijn zijde als 'koninklijke gemalin'. Zij zal de eerste zijn met die titel sinds koningin Elizabeth, de koningin-moeder, want als we de pr-mensen van het paleis mogen geloven zal Camilla de lagere titel van prinselijke gemalin aannemen als Charles de troon bestijgt. Door William en Kates verbintenis komt de Britse monarchie misschien weer op een positieve manier in de kijker, voor de eerste keer sinds Charles en Diana elkaar kusten op het balkon van Buckingham Palace op hun huwelijksdag in 1981.

Slechts één keer eerder in de geschiedenis van Groot-Brittannië huwde een toekomstige Britse vorst een vrouw van burgerlijke afkomst, en dat was in geheel andere omstandigheden. Er was destijds sprake van een verdeelde maatschappij op religieus vlak; de relatie tussen katholieken en protestanten was op zijn zachtst gezegd ongemakkelijk. James, de hertog van York, huwde in 1659 in het geheim in Breda, toen de koninklijke familie in ballingschap was na de Engelse burgeroorlog en de tussenregering van Cromwell. James' broer, de latere koning Charles II, stond erop dat zijn onvoorspelbare broer, die een zwakke wil had, met Anne huwde volgens een Engelse ceremonie, omdat Annes sterke karakter volgens hem een positieve invloed op James zou hebben. Deze burgervrouw zou een belangrijke plaats in de geschiedenis innemen, want zij werd de moeder van twee koninginnen.

Veel recenter, in de twintigste eeuw, was de vrouw die later bekend zou worden als de koningin-moeder technisch gezien ook een vrouw van burgerlijke afkomst toen zij, als de Schotse aristocrate Lady Elizabeth Bowes-Lyon, in 1921 trouwde met prins Albert, hertog van York, de latere koning George VI. Op dat moment was de oudste broer van haar echtgenoot prins van Wales en opvolger van George V.

In historische context geplaatst is het huwelijk uit liefde van William en Kate dus erg belangrijk. Het is een koninklijk huwelijk waar liefde en koninklijke plichten zich gelukkig met elkaar verstrengelen. Het is een modern huwelijk dat begon met een toevallige ontmoeting en dat aantoont hoe ver de monarchie zich heeft ontwikkeld. Het plompe instituut lijkt eindelijk klaar te zijn om werkelijk te veranderen.

Gelukkig zijn de dagen van gedwongen koninklijke huwelijken voorbij. De dagen ook dat het algemeen aanvaard werd dat prinsen liefde vonden bij een maîtresse. De laatste koning die William heette, William IV – die de troon besteeg in 1830 – leefde twintig jaar lang samen met de actrice Dorothea Jordan. Zij schonk hem tien kinderen die de achternaam FitzClarence kregen.

De wereld is veranderd, zelfs de koninklijke wereld. Het huwelijk van William en Kate is een echt modern huwelijk – ironisch genoeg een trend die door zijn grootmoeder de Queen is gezet toen zij als tiener verliefd werd op de onstuimige Philip Mountbatten (zijn werkelijke achternaam luidde Sleeswijk-Holstein-Sonderburg-Glücksburg). Vrijwel op slag was Elizabeth vastbesloten om met hem te trouwen. Het hielp natuurlijk wel dat hij een achterachterkleinzoon was van koningin Victoria en een neef van de machiavellistische Lord Louis Mountbatten.

William en Kate hebben echter heel verschillende achtergronden. Kate is een vrouw die haar wortels heeft in zowel de arbeidersklasse als in de middenstand, uniek voor een koninklijke bruid. Dat zou in de tijd van Williams betovergrootvader George V niet mogelijk zijn geweest. Zou hij het huwelijk van zijn achterachterkleinzoon met een burgerlijk meisje hebben aanvaard? Het valt te betwijfelen.

Die twijfel geldt evenzeer de lange periode dat ze met elkaar omgingen. Als Kate en William van een eerdere generatie waren geweest – en zij uiteraard een titel had gehad – zou een dergelijke lange verkering nooit mogelijk zijn geweest en zou hun verbintenis al jaren geleden met een huwelijk zijn bezegeld. Nu hadden ze echter alle tijd en vrijheid om een liefdevolle relatie op te bouwen voordat ze besloten te trouwen. Kates weg omhoog is uitzonderlijk in de context van de kleurrijke en illustere geschiedenis van de Britse koninklijke familie. Zij is bestemd om een van de beroemdste vrouwen ter wereld te worden, een lid van de Britse koninklijke familie van wie wordt verwacht dat zij op een dag zal regeren naast koning William V (als hij zou besluiten om die naam te gebruiken). Kate beschikt over de vaardigheid om met de media om te gaan en over de natuurlijke gratie die nodig is om zich staande te houden in de ongeregelde en vaak harteloze koninklijke wereld, waar elke stap in het openbaar en vaak ook als privépersoon door de camera wordt vastgelegd, en elke uitspraak wordt bekritiseerd.

Zodra duidelijk werd dat de relatie met Kate, ondanks eerdere breuken, standvastig was, gingen genealogen in alle ernst in haar familiegeschiedenis graven in de hoop contrasten te vinden met Williams koninklijke stamboom. Wat ze ontdekten is interessant. Want in hetzelfde jaar waarin prins Williams illustere voorgangster, zijn overoveroverovergrootmoeder koningin Victoria in 1819 in Kensington Palace geboren werd, zette een jongeman, James Harrison, zijn eerste onzekere stappen onder de grond in een koolmijn in het graafschap Durham, in het noorden van Engeland. Gedurende de volgende 120 jaar dienden Harrison en zijn nakomelingen de natie met noeste arbeid, waarbij ze dagelijks ondergronds gevaren trotseerden. Zijn afkomst kon niet lager zijn. Hij kwam uit een arbeidersfamilie, waar het leven vaak weinig waarde had en van korte duur was – helemaal in tegenstelling met het hofleven van de Britse monarchie in die tijd, dat een en al glitter en glamour was. Toch was Harrisons bloedlijn een sterke: nu, meer dan twee eeuwen na zijn geboorte, is de afstammelinge van een mijnwerker de nieuwe bruid van de toekomstige koning.

Kate heeft ook verwanten in de literaire wereld. Zij is een verre nicht van jeugdschrijfster en -illustratrice wijlen Beatrix Potter, maar is ook familie van de auteur van *Swallows and Amazons*, Arthur Ransome, die de familie echter uit het oog heeft verloren. Ransomes zuster Joyce was getrouwd met Hugo Lupton, de neef van Kates overgrootmoeder Olive.

Kate is elegant, ontwikkeld en ze beschikt over eigenschappen die haar geschikt maken als bruid van een toekomstige koning. Haar komaf brengt vitaliteit in de koninklijke familie. Daardoor kan zij met recht de prinses van het volk worden genoemd. De geschiedenis van haar familie toont een stijgende lijn: vanuit het duister en de armoede helemaal tot aan de treden van de Britse troon.

William werd gedoopt door de aartsbisschop van Canterbury Robert Runcie, groeide op in een paleis, bezocht de beste scholen en later Eton College. Kates kindertijd en opvoeding waren helemaal anders. Zij heeft een traditionele middenklasseachtergrond en werd in alle rust door haar familie opgevoed. Graaft men echter wat dieper, dan treft men – zoals in de meeste families – enkele onplezierige familiegeheimen aan. Hun misstappen werpen natuurlijk geen smet op haar; uiteindelijk kun je je vrienden kiezen, maar niet je familie. Een van Kates voorvaders heeft in de gevangenis gezeten. Een andere, dichterbij, was haar vrolijke oom Gary Goldsmith, een multimiljonair die in 2009 op negenenveertigjarige leeftijd de familie het schaamrood naar de kaken deed stijgen toen hij betrokken was bij een seks- en drugszaak. Dit werd onthuld door het sensatieblad *News of the World*, waarin hij snoefde over de koninklijke relaties van zijn nicht.

Je kunt gerust stellen dat uit niets in haar afkomst en familiegeschiedenis kan worden afgeleid dat Kates leven zo'n opmerkelijke loop zou nemen. Prins Williams betovergrootvader was de notoire rokkenjager koning Edward VII, Kates overoverovergrootvader was een bajesklant. Edward, Williams voorouder, maakte zijn moeder koningin Victoria razend door zijn spilzieke, extravagante en hedonistische levensstijl. Hij choqueerde de monarchie en werd het eerste lid van de koninklijke familie dat in 1891 als getuige bij een rechtszitting verscheen. Dat was in de zaak tegen William Gordon-Cumming, een vriend die vals had gespeeld bij baccarat, Edwards favoriete maar illegale kansspel. Een tiental jaren eerder ging Kates overoverovergrootvader, ook een Edward – Edward Thomas Glassborow –, toen vijfenvijftig jaar, nog een stapje verder dan als getuige in de rechtbank te verschijnen: volgens de volkstelling van 1881 zat hij toen in de Holloway-gevangenis in Londen.

Er zijn geen archiefstukken van de gevangenis uit dat tijdperk bewaard gebleven. Er kan dus niet meer worden nagegaan waarom de vader van zeven kinderen die werkte als bode voor een verzekeringsmaatschappij achter de tralies belandde. In die dagen was Holloway de bestemming voor gevangenen van beiderlei kunne die veroordeeld waren door de rechtbanken Old Bailey en de Guildhall Justice Rooms.

Glassborow, die in Hackney, Oost-Londen woonde, was een van de 436 gevangenen toen de volkstelling plaatsvond. Het is niet duidelijk wanneer hij vrijkwam, maar hij was alleszins op vrije voeten toen zijn derde zoon Frederick – Kates betovergrootvader – op 1 juni 1886 trouwde. In die tijd omschreef Edward zichzelf als 'een heer die financieel onafhankelijk is', nogal merkwaardig voor een voormalige bajesklant. Hij moet zijn levenswijze dus behoorlijk hebben veranderd. Glassborow stierf op de 72-jarige leeftijd in 1898, met Frederick aan zijn zijde. De oorzaak van zijn dood werd geregistreerd als een beroerte ten gevolge van chronische reuma.

Fredericks oudste zoon, die ook Frederick werd genoemd, werd bij het uitbreken van de Eerste Wereldoorlog opgeroepen voor militaire dienst. Hij trok net als duizenden van zijn tijdgenoten naar België om er aan het front tegen de Duitsers te vechten. Na de wapenstilstand nam hij zijn baan als manager van de London and Westminster Bank weer op, waar hij zijn vrouw Constance Robinson ontmoette. Het paar reisde voor Fredericks werk door heel Europa. Kates grootmoeder Valerie en haar tweelingzus Mary werden in Marseille geboren. In 1942, in volle Tweede Wereldoorlog, keerde de familie naar Groot-Brittannië terug, waar Frederick overgeplaatst werd naar Leeds als manager van de Westminster Bank. Zijn dochter Valerie trouwde met Peter Middleton, de zoon van een rijke advocaat uit Yorkshire, die in de Tweede Wereldoorlog RAF-piloot was geweest en na zijn ontslag uit de militaire dienst werkte als lijnpiloot. Peter had zijn carrière als lijnpiloot net beëindigd en was instructeur bij de Air Service Training.

Kates vader, Michael Francis Middleton, werd op 23 juni 1949 geboren in de kraamkliniek van Chapel Allerton in het noorden van Leeds. Het huis waar hij opgroeide, heette toepasselijk King Lane en lag in een welvarende buitenwijk van Leeds in West Yorkshire. Michael groeide op op een steenworp van drie golfclubs – Headingley, Moortown en Sand Moor – samen met zijn oudste broer Richard, die twee jaar eerder was geboren.

De kroniek van Carole Middletons familie is ook interessant. In tegenstelling tot Kates vader heeft Carole onmiskenbaar een arbeidersachtergrond. Zij werd op 31 januari 1955 geboren als dochter van vrachtwagenchauffeur Ronald Goldsmith en huisvrouw Dorothy Harrison in de kraamkliniek van Perivale, zestien kilometer ten westen van Londen. Zo'n tien jaar na de bevrijding van Europa had het land waar de jonge koningin Elizabeth II sinds drie jaar op de troon zat, zich hersteld van de deprimerende naoorlogse periode. Er was meer welvaart en de arbeiders, wier ambities voor de oorlog door de klassenscheiding in de kiem waren gesmoord, geloofden dat ze zelf iets van hun leven konden maken. Het Britse rijk heerste niet langer over de zeeën en de wereld. Vele jongeren zagen Amerika als voorbeeld, waar rock-'n-roll de nieuwste sensatie was. 'Verandering' was het devies in die tijd.

In juli 1957, toen Carole Middleton amper een peuter was, vertolkte premier Harold Macmillan de stemming van het land toen hij in een optimistische speech zei: 'Ons volk had het nog nooit zo goed.' Natuurlijk, net als alle andere politici schilderde Macmillan een rooskleurig beeld van de Engelse economie, terwijl hij aandrong op terughoudendheid wat de lonen betrof en ervoor waarschuwde dat inflatie het grootste probleem was van het land in de naoorlogse periode. Caroles ouders woonden in een bescheiden eigen huis aan Dudley Road in Southall. Ronald Goldsmith wilde vooruitkomen in het leven en was van plan om aannemer te worden. Kates grootouders van moederszijde hadden zeker niet kunnen vermoeden dat hun kleindochter prinses van Wales en gemalin van de koning zou worden, maar ze wisten dat hun dochter haar als een dame zou opvoeden.

IV

Prinses van Party Pieces

'Al ben je een prinses of de rijkste vrouw ter wereld,
je kunt niet meer dan een dame zijn.'
Jennie, Lady Randolph Churchill, moeder van Sir Winston Churchill

Carole Goldsmith, een aantrekkelijk en ambitieus meisje, verlangde er altijd naar om te reizen en de wereld te zien. De dochter van Ron en Dorothy Goldsmith werd geboren in Ealing op 31 januari 1955 en kreeg de naam Carole Elizabeth. Ze was een populair meisje en wilde stewardess worden nadat ze de middelbare school had afgemaakt. Ze was vastbesloten haar zin door te drijven; ze was mooi en twijfelde er niet aan dat haar droom zou uitkomen. Algauw kreeg ze gelijk. Het waren onstuimige tijden in de vliegwereld, omdat steeds meer mensen de kans kregen iets mee te maken dat voorheen alleen voor rijke en beroemde mensen was weggelegd. In de jaren zeventig ontmoette Carole bij British Airways de man die haar leven zou veranderen, de knappe Michael Middleton. In 1980 trouwden ze in Chiltern, Buckinghamshire. Het thatcherisme stond op het punt door te breken, een perfect platform voor de ambitieuze Michael en Carole om hun nieuwe wereld op te bouwen. Carole had Michael al spoedig voor zich gewonnen. Hij was haar eerste grote liefde. Caroles moeder Dorothy was opgetogen. Ze pasten naar haar mening uitstekend bij elkaar.

In navolging van zijn vader Peter, piloot en instructeur bij British European Airlines, had Michael een opleiding tot lijnpiloot gevolgd, maar toen hij daarmee klaar was switchte hij naar het grondpersoneel. Toen hij Carole ontmoette was hij verantwoordelijk voor de coördinatie van de vliegtuigen tussen aankomst en vertrek. Hij kreeg dezelfde status als een piloot bij British Airlines. Ze hadden een paar jaar een relatie voor ze verhuisden naar een moderne flat in Arborfield Close, een paar kilometer van de plaats waar ze vandaan kwamen. Het was geen ideale plaats om kinderen groot te brengen, dus begonnen ze uit te kijken naar een huis op het platteland en vestigden ze zich in het dorpje Bradfield Southend. Acht maanden nadat zij in hun nieuwe huis waren getrokken, op 21 juni 1980, trouwde het paar in de idyllische parochiekerk van St. James the Less in het dorpje Dorney bij de Theems. Carole had nu alles wat ze maar verlangde. Haar moeder Dorothy keek toe hoe Ron trots over het middenpad schreed met Carole aan zijn arm. Michaels ouders Peter, zijn getuige, en Valerie stonden aan de andere kant van het middenpad. Het huwelijk werd bezegeld met een chic diner.

Twee jaar later, op 9 januari 1982, werd Catherine geboren in het Royal Berkshire Hospital in Reading, vijf maanden vóór de geboorte van prins William in het St. Mary's Hospital in Paddington op 21 juni. De bezoekers viel haar bos donker haar op. Ze werd gedoopt in de plaatselijke kerk, St. Andrews, een uit graniet en kalksteen opgetrokken constructie uit de veertiende eeuw op de oevers van de rivier de Pang. Carole, zoals altijd schitterend gekleed in een Laura Ashley-jurk, zag eruit als een plaatje. Maar Kate stal de show met haar ronde, blozende gezichtje en haar lange witte doopkleed. Kates zus Philippa, bekend als Pippa, werd twintig maanden later in hetzelfde ziekenhuis als Kate geboren, op 6 september 1983, en in maart van het volgende jaar in dezelfde kerk gedoopt. Carole maakte met haar twee kleine meisjes al snel nieuwe vrienden en nam haar dochtertjes mee naar het speelklasje dat elke dinsdag in de St. Peter's Church Hall werd gehouden.

De eerste jaren van Kates leven verschilden dag en nacht van die van haar toekomstige echtgenoot. In de familie heersten solide waarden en zij namen geen genoegen met minder dan een zeer comfortabele levensstandaard. Zowel Catherine als Pippa bezochten de kleuterschool St. Peter. Voordat Carole aan haar tweede carrière begon, de oprichting van haar bedrijf Party Pieces, kon ze fulltime moeder zijn omdat ze op het salaris van haar echtgenoot Michael bij British Airways kon steunen. Toch gaf ze al blijk van zakelijk inzicht door tassen met feestartikelen te maken en aan andere moeders te verkopen.

Toen Kate vier was, in 1986, ging ze naar de plaatselijke dorpsschool, de Bradfield Church of England, vlak bij het huis van de familie. Enkele jaren later kwam Pippa haar gezelschap houden en beiden deden het goed. Kate, een extravert kind, hield van het buitenleven en had veel affiniteit met sport. Ze blonk uit in rounders en atletiek.

Drie maanden na Kates vijfde verjaardag, op 15 april 1987, kwam James William ter wereld, ook in het Royal Berkshire Hospital. Hij had een idyllische kindertijd met zijn familie. Hij speelde vaak met zijn zussen en had liefdevolle ouders. In een artikel in de societybijbel *Tatler* schreef hij daarover: 'Ik heb heerlijke herinneringen aan mijn kindertijd, vooral aan mijn moeders bakkunst. Ik was altijd bereid om te helpen, vooral als dat betekende dat ik de kom mocht uitlikken en de keukenvloer vol stroop smeren.'

In die tijd vatte Carole het idee op voor een zakelijk project. Ze realiseerde zich dat er een enorm potentieel zat in kinderpartijtjes. Ze wilde andere moeders inspireren om speciale feestjes te geven en daar wat winst mee maken. Ze huurde een kleine ruimte in Yattendon, zes kilometer van hun huis, om goederen op te slaan. Haar dochters dienden als model voor de kleding die ze verkocht, waaronder T-shirts met hun leeftijd erop. Uiteindelijk zouden de meisjes er ook beter van worden als de zaken goed gingen. Hun ouders wilden het beste voor hun kinderen en bovenaan in hun agenda stond het betalen van de beste particuliere opleiding die ze zich konden veroorloven. Maar eerst moest Carole ervoor zorgen dat er genoeg geld was. Haar droom hing af van het succes van haar zaak.

Misschien was het haar arbeidersafkomst of alleen het vaste geloof in sociale mobiliteit dat Carole inspireerde. De zaak deed het goed en Kates ouders besloten een gedeelte van de winst te besteden aan schoolbijdragen. Ze stuurden hun kinderen naar een particuliere school, St. Andrews in Pangbourne, een paar kilometer van Bradfield Southend vandaan. Omgerekend naar de huidige waarde bedroeg het schoolgeld meer dan 10.000 pond.

Catherine, door haar vrienden en familie Kate genoemd, hield ervan zich op de zaak als prinses te verkleden, met schitterende jurken en minitiara's. De waarde van de dingen werd haar al vroeg bijgebracht. Haar moeder maande haar aan voorzichtig te zijn, omdat de kostuums later zouden worden ingepakt en verzonden om de dromen van andere meisjes te verwezenlijken.

Kate en Pippa waren ook padvindster in St. Andrews, samen met tweeëntwintig andere meisjes. Kate hield van toneelspelen en nam deel aan schoolwedstrijden spreken in het openbaar. Ze werd geprezen en deed haar best om niet uit de toon te vallen. In 1992, ze was toen net tien jaar, kreeg ze de rol van Eliza Doolittle in *My Fair Lady*. Ze werd ook gekozen voor de schoolproductie *De Notenkraker* en trad op in de musical *Rats*.

Op de bühne wilde ze zich van anderen onderscheiden, maar daarbuiten was ze - volgens haar klasgenootjes - vrij onhandig en verlegen. Ze was broodmager en nogal lang vergeleken met haar leeftijdgenoten. Af en toe bleef Kate op school overnachten, waar destijds een flexibel internaatsysteem was. Thuis was haar ondernemende moeder bezig haar zaak uit te bouwen. Ze besteedde steeds meer tijd aan de ontwikkeling van het postorderbedrijf. Carole was een bijdehante ondernemer en had de mogelijkheden van het internet al snel ontdekt. Ze maakte een website en deed zo zaken. Tegenwoordig claimt de site, die met behulp van Kate werd ontwikkeld, dat de zaak 'de meest toonaangevende onlineonderneming in Groot-Brittannië is op het gebied van feestartikelen en de meest uitgebreide catalogus heeft'.

Rond 1995 gingen de zaken bijzonder goed. Er was genoeg geld om de firma naar een ruimere locatie te verhuizen, een verzameling boerderijgebouwen een paar kilometer verder in Ashampstead Common, Berkshire. Hetzelfde jaar verkochten Michael en Carole hun huis en verhuisden ze naar de buitenwijk Chapel Row. Ze hadden het gemaakt en woonden nu in een straat met miljonairs. Onder hun buren bevonden zich voetbalclubeigenaars en tv- en rocksterren.

Het is misschien wel wat ironisch dat Kates selfmade ouders hun rijkdom hebben verworven door kinderdromen te verpakken en te verkopen. Daardoor waren ze in staat om een solide huis met vijf slaapkamers te kopen, Oak Acre, omringd door grote eiken. Het imposante gebouw met betegelde muren vol blauweregen en wingerd biedt een charmante aanblik. Het dorpsleven in de smalle, door bomen omzoomde lanen die zich uitstrekken tussen Reading en Newbury in Berkshire was voor de jonge Kate idyllisch.

Het onberispelijk gemaaide grasveld in het centrum van het dorp is omgeven door goed onderhouden huizen. Daaronder bevindt zich het plaatselijke postkantoor, waar thee en scones worden geserveerd. Het doet heel erg denken aan het landelijke Engeland van P.G. Wodehouse, deftig, keurig en niet aangetast door de tand des tijds. De familie Middleton hoort bij het dorpsleven. Men komt ze vaak tegen op liefdadigheidsbeurzen bij het schapendrijven, de schiettent en de jongleurs. Voor Kate was het dorp een plek van stabiliteit en vlijt. Het was de achtergrond van de eerste jaren van haar leven en haar ontwikkeling.

Het kleine meisje met de bos bruin haar is intussen opgegroeid tot een mooie jonge vrouw – iemand die er geen behoefte aan heeft om de dromen van andere meisjes na te jagen. Zij staat op het punt om haar eigen dromen te realiseren en prinses te worden. Kate is Williams grote liefde, zijn soulmate en de partner van de jonge man wiens bestemming het is om koning te worden. Zij deelt zijn bed, hielp hem met zijn jeugdige angstgevoelens af te rekenen, moedigt hem aan in zijn verwachtingen en biedt hem in zekere zin de liefdevolle stabiliteit die ze zelf bij haar opvoeding zo vanzelfsprekend vond. Zaken die zijn overleden moeder ontzettend graag voor hem had gewild en die ze in haar korte leven niet voor zichzelf had weten te realiseren.

In de genen van de mijnwerkers die Kate heeft geërfd en die ze misschien zal doorgeven aan haar kinderen, zit veerkracht en vastberadenheid. Deze eigenschappen stelden hen in staat om armoede, ondervoeding en een cholera-epidemie te overleven. De laatste link met die voorvaderen, Kates grootmoeder Dorothy, stierf in juli 2006 na een moedige strijd tegen kanker. Ze werd 71 jaar. Met haar voerde een tweehonderd jaar oude lijn terug naar het Engeland van de achttiende eeuw. Ze bracht haar laatste jaren door met haar echtgenoot Ron in een kleine cottage aan de oever van een rivier in het dorp Pangbourne in Berkshire. Ze waren er gelukkig. Pangbourne verschilde enorm van de ondergrondse hel van Hetton. Zij zal zich meer dan wie ook hebben verbaasd over de lange reis die haar familie aflegde van Hetton-le-Hole met zijn mijnen naar de luxueuze paleizen en oude kastelen die de bestemming zijn van haar kleindochter.

Kate mag dan misschien niet de afkomst, de contacten of de onmetelijke rijkdom hebben die in het verleden de vereisten waren om met een toekomstige koning te kunnen trouwen, maar ze heeft, naast haar vele andere goede eigenschappen, één ding dat William bovenal belangrijk vindt: ze heeft zijn hart veroverd.

Op dit punt van mijn verhaal scheiden vijftien jaar en bijna honderdzestig kilometer William van die ene persoon die hem in de toekomst het normale leven zou bezorgen waarnaar hij altijd had gehunkerd. Terwijl William en Harry in Kensington Palace met zijn vele kamers speelden onder toezicht van een kindermeisje en agenten in burger, ravotte thuis een klein meisje onder het waakzame oog van haar ouders.

V

Schooltijd

'Elke jongen op school was stapelgek op haar.'
Gemma Williamson, schoolvriendin van Kate Middleton

In de maanden na de dood van prinses Diana in 1997 trad prins William uit haar schaduw en werd hij aanbeden door duizenden meisjes. Zij haalden hun Leonardo DiCaprio-posters van de muur en vervingen die door foto's van de knappe, jonge en tragische prins. De gevoelige Kate Middleton was een van hen. Vijftig kilometer van Eton College in de slaapzaal van Marlborough School die ze met twee andere meisjes deelde, had ze een poster van prins William aan de muur hangen. Tot die tijd was Kate een giechelende leerling geweest die geobsedeerd was door hockey en maar weinig belangstelling had voor de puberale verlangens van de jongens op Marlborough. In het interview dat Kate ter gelegenheid van haar verloving gaf, beweerde ze dat er een poster van een Levi-model ophing en niet Williams foto. Maar een van haar kamergenoten, Jessica Hay, vertelde mij na de aankondiging van de verloving dat het wél William was. 'We waren allemaal gek op prins William, hij was erg knap. Kate was dus niet de enige die op hem viel, maar het was wel degelijk zijn foto die aan de muur hing.'

Kate ging naar Marlborough toen ze veertien was. Ze kwam van Downe House, een exclusief meisjesinternaat op enkele kilometers van Berkshire. Het was midden in het schooljaar en ze zag er tegenop om weer nieuwe klasgenootjes te ontmoeten op haar vierde school in tien jaar. Gekleed in haar nieuwe uniform, een blauwe blazer en geruite rok, kwam de tiener samen met haar ouders aan bij de befaamde school. Ze had op haar vorige school geen prettige tijd gehad en dat was haar aan te zien. Ze was bleek en broodmager. Ze was gepest geweest en dat had haar zelfvertrouwen geen goed gedaan. Carole vond dat ze moest ingrijpen en nadat ze alle glanzende brochures had doorgenomen, had ze voor Marlborough College gekozen.

Het was geen goedkope school, maar Carole geloofde dat het geld goed besteed zou zijn.

Marlborough is een onafhankelijk gemengd internaat voor leerlingen tussen dertien en achttien jaar. De school werd opgericht in 1843 en ligt in een van de aantrekkelijkste marktstadjes van Groot-Brittannië. De zonen en dochters uit de hoogste kringen en uit oude aristocratische families genoten er onderwijs. Belangrijke 'oud-marlburianen' zijn onder anderen mensen uit de kringen van het koningshuis: Lord Janvrin, de loyale voormalige privésecretaris van de koningin, Sir Anthony Blunt, kunsthistoricus en communistische spion en verrader, de hofdichter Sir John Betjeman alsook de biograaf van de koningin, professor Ben Pimlott. Verder onder anderen de nicht van haar toekomstige echtgenoot prinses Eugenie, de hoffunctionaris Sir Alan 'Tommy' Lascelles, privésecretaris van de koningin en haar vader George VI. Ook de acteurs James Mason en James Robertson Justice en staatsman Rab Butler staan op de vermaarde lijst van 'old boys'. Een voormalige leerling als toekomstige koningin is natuurlijk de bekroning van deze lijst.

Het schoolmotto, *Deus Dat Incrementum* – 'God heeft doen groeien', I Korinthiërs 3:7 ('Ik heb geplant, Apollos heeft water gegeven, maar God heeft doen groeien') – wijst erop dat de school zich wilde presenteren als de eerste keus van ouders die voor hun kinderen excellent en modern gemengd onderwijs zoeken. De school beroept zich erop een gemeenschap te zijn waar de wetenschap wordt gekoesterd, creativiteit wordt geprezen en diversiteit is bewezen en het gesprek – het middel waarmee kennis tot wijsheid wordt verheven – van het grootste belang is.

Natuurlijk was het een welkome verandering voor Kate. Aanvankelijk had Kate heimwee en koos ze ervoor na het eten alleen te zijn. Ze was plichtsgetrouw en studeerde hard, maar dat isoleerde haar nog meer. Ze had een gebrek aan zelfvertrouwen en voelde zich niet thuis in de nieuwe school.

Maar algauw werd ze een stuk relaxter. Ze kreeg de bijnaam 'Middlebum', begon contacten te leggen en vriendschappen te sluiten. Ze speelde hockey voor de school, behoorde tot een de beste tennissters, ze was een goede veldloopster en een goede *netball*-speelster (ietsje anders dan volleybal).

Haar kamergenote Jessica Hay, haar beste vriendin uit die dagen, herinnert zich dat Kate iemand was met 'een erg hoge moraal'. Zij staat daarin niet alleen. Gemma Williamson, die samen met Jessica en Kate tijdens hun schooltijd een drie-eenheid van hechte vriendinnen vormde, herinnert zich dat Kate onafhankelijk en bescheiden was. Tegen het eind van haar schooltijd had ze zich ontwikkeld tot een populaire scholiere die graag plezier maakte. Maar toen ze voor de eerste keer voor het hek stond van de instelling die 21.000 pond per jaar kostte, leek ze in weinig op de aantrekkelijke jonge vrouw die ze later zou worden.

Gemma legt uit: 'Catherine arriveerde midden in het jaar. Blijkbaar hadden ze haar erg op haar kop gezeten op haar vorige school. Ze zag er dun en bleekjes uit en had erg weinig zelfvertrouwen.' Wat zeker niet hielp was dat de jongens uit de hogere klassen aan nieuwe meisjes een cijfer gaven als ze voor het avondeten binnenkwamen door papieren servetten omhoog te steken met daarop een beoordeling van één tot tien. Pubers kunnen wreed zijn. Kate kreeg slechts enen en tweeën. De zomer daarop scoorde ze hoger. In tussentijd had haar smalle figuurtje wat meer rondingen gekregen. Ze was nog steeds lenig en sportief en ze had wat meer kleur op haar wangen. Ze was volgens haar vriendinnen 'totaal anders' geworden.

'Elke jongen op school was stapelgek op haar', zegt Gemma, en Jessica is het daarmee eens. Niettemin was Kate, die op de meisjesschool Elmhurst had gezeten, nooit erg geïnteresseerd in deze aandacht. Ze had wat onschuldige kusjes uitgewisseld en er was wat onhandig gefriemel geweest, maar degenen die haar kenden, wisten dat Kate wachtte op een speciaal iemand. Net als op elke andere school die door de geprivilegieerde nakomelingen van vermogende maar vaak afwezige ouders wordt bevolkt, zaten ook op Marlborough een aantal losbandige tieners. Drank werd de slaapzalen binnengesmokkeld, in de zakken van de blazers werden stiekem sigaretten meegenomen. Het geflirt van de tieners draaide bij onhandige jongens en preutse meisjes weleens uit op seksuele avonturen, maar niet bij Kate. Haar schoolmaatje Jessica: 'Ze had op school geen enkel serieus vriendje. Ze ziet er goed uit en heel veel jongens vonden haar aardig, maar ze had geen belangstelling. Ze dronk of rookte niet, maar was gewoon heel sportief en erg op haar familie gericht.'

Ze vervolgt: 'Een van Catherines goede eigenschappen is dat ze altijd weet wat ze wil. Ze wilde niet door anderen beïnvloed worden en zou zich nooit inlaten met dergelijke dingen. Ze drinkt nog steeds niet veel en roken doet ze zeker niet. Je zult haar eerder tegenkomen tijdens een lange wandeling over de hei dan in een nachtclub. We praatten weleens over de jongens op school die we leuk vonden, maar Catherine zei dan altijd: "Ik vind er geen een leuk. Ze zijn allemaal een beetje ongemanierd." Dan maakte ze een achteraf bekeken profetisch grapje: "Er is echt niemand zoals William." We zeiden altijd dat ze hem op een dag zou ontmoeten en dat ze dan een paar zouden vormen.'

Kate mag dan al met haar vriendinnen geroddeld hebben over leuke jongens, maar haar houding tegenover seks was ouderwets – vooral op een school waar, zoals Gemma zegt, 'de helft van de leerlingen al seks had'.

Kate was natuurlijk niet de enige die William wilde ontmoeten en met hem wilde trouwen. Er waren tienduizenden meisjes zoals zij. Bovendien was William een stoere jongen geworden. Maar Kate geloofde dat het lot aan haar kant stond. Toen het paar in dezelfde Marlborough-nieuwsbrief verscheen – beiden in artikelen op de sportpagina achteraan, zij was aan het hockeyen, hij speelde polo – geloofde ze dat hun wegen zouden kruisen. Iemand van haar school vertelt: 'Ze noemde het haar kismetfoto omdat ze echt geloofde dat het lot hen samen zou brengen. Sommige meisjes dachten dat het een droom was, maar wie heeft zichzelf nooit iets voorgespiegeld? Zij heeft de man die ze wilde gekregen, dus misschien zat er wel iets in.'

In die tijd had Kate een oogje op de roekeloze avonturier Willem Marx, die haar hart zou hebben gebroken. De twee zouden vrienden blijven en gingen jaren later over de tong toen hij haar naar een nachtclub begeleidde in plaats van haar koninklijke vriend.

Er volgden beschuldigingen dat Carole achter Kates keuze van universiteit zat. Zo zou ze de toekomstige koning kunnen verleiden en in haar netten strikken. Een beschuldiging die absoluut niet klopte, maar wel bleef hangen. Zoals vele andere rijke studenten nam ze een jaar vrij tussen de middelbare school en de universiteit. Drie maanden daarvan bracht ze door in Firenze om Italiaans te leren aan het Brits

Instituut. Vriendinnen merkten ook daar op hoeveel zelfbeheersing Kate had. Terwijl zijzelf zich vaak lieten gaan, dronk Kate 's avonds vaak maar één drankje.

Net als al die andere tieners op de rand van de volwassenheid die zich voorbereiden op een leven als fulltime student, besloot ook William een jaar vrij te nemen. In augustus 2000 vernam hij zijn eindexamenresultaten in de jungle van Belize, waar hij zich met de Welsh Guards voorbereidde op zijn reizen naar Chili. Zijn sabbatjaar, of toch een groot gedeelte ervan, zou hij in Zuid-Amerika doorbrengen als vrijwilliger bij Raleigh International. Deze junglemanoeuvres waren gedeeltelijk avontuur, gedeeltelijk noodzaak.

Kate was zich ook aan het voorbereiden op haar overbruggingsjaar. Maar haar reis was minder zwaar en hield meer verband met de colleges kunstgeschiedenis op St. Andrews waar zij zich zou voor gaan inschrijven. Kate was van plan om drie maanden in Firenze door te brengen – de renaissancestad die een en al geschiedenis is. Haar wachtten maanden van ontspanning en geestverrijkende cultuur. In de gangen van het Uffizi en op de geplaveide straten van de stad zou zij enkele van de kunstschatten zien die zij vanaf oktober van het volgende jaar alleen nog maar in haar cursusboeken zou ontmoeten. Haar voorbereidingen bestonden uit het boeken van taallessen aan het Brits Instituut, het zoeken van onderdak en het bestuderen van gidsen van de stad. Samen met haar familie en vrienden besprak zij opgewonden haar reisplannen.

St. James's Palace deed nogal gewichtig en berichtte 'met vreugde' dat de prins zijn examen had gehaald (een B voor kunstgeschiedenis, een A voor aardrijkskunde en een bescheiden C voor biologie). De mooie en zorgeloze Kate scheurde de envelop met de examenresultaten thuis in Berkshire open. Ze wist dat haar plaats op de universiteit was gegarandeerd en vertrok naar Firenze, terwijl William een maand na zijn achttiende verjaardag naar de vochtige jungle van Belize vloog. Hij sloot zich aan bij de soldaten, sliep in een hangmat tussen de bomen, ruilde zijn spijkerbroek en honkbalpetje in voor junglekleding en een slappe hoed en zijn sportschoenen voor zware legerlaarzen. Zijn dagelijkse rantsoen bestond slechts uit de porties van het Britse leger.

Terwijl Kate ansichtkaarten naar huis stuurde en foto's maakte van haar reizen en de vriendinnen die ze maakte, waren Williams ansichtkaarten naar huis nogal geënsceneerd. In oktober, november en december werd hij gefotografeerd bij allerlei gelegenheden die om pr-redenen in scène waren gezet. Men gebruikte daarvoor de saaie Press Association. Hij was te zien terwijl hij grapjes maakte met de tien jaar oude Marcela Hernandez-Rios terwijl hij in het dorpje Tortel hielp met de Engelse les. Er waren ook foto's van hem met Alejandro Heredia, een zes jaar oude jongen die een ritje maakte op Williams brede schouders in het kinderdagverblijf. Op andere foto's zag je de toekomstige Britse koning toiletten schoonmaken, boomstammen sjouwen en palen in de droge grond slaan.

Kates leven was minder vermoeiend. In die tijd had ze een relatie met een jongen die Harry heette. Er werd ook jacht op haar gemaakt in de populaire Art Bar in Firenze. Die stond bekend om haar bohemienclientèle en haar cocktails. De bar werd al spoedig de favoriet van Kate en andere romantisch ingestelde jongeren die zich aangetrokken voelden tot de stad vanwege de kunst en de sfeer. Zowel onhandige tieners als ervaren casanova's probeerden de knappe brunette met de verblindende glimlach voor zich te winnen, maar zonder succes. 'Ze kon je afschepen en je toch een goed gevoel geven', herinnert een van de afgewezen aanbidders zich. Maar niet iedereen had evenveel respect voor haar. Haar vriend Harry wilde meer dan alleen maar handjes vasthouden en de twee gingen uit elkaar. Kate was gekwetst, haar haar hart was gebroken zoals alleen tieners hartzeer kunnen hebben.

Zonder Harry om zich te vermaken stortte Kate zich op haar studie. Een van de redenen waarom ze naar Firenze was gereisd, was om er de taal te leren. Kate deelde een flat met vier andere meisjes – de Dom en andere kunstschatten lagen binnen handbereik. Ze kon er uren met haar vrienden door het labyrint van straatjes dwalen, vol bewondering voor de gebouwen die zo perfect waren dat het haast onmogelijk leek dat ze er al stonden sinds de Romeinse tijd.

De avonden bracht ze door in de Art Bar of op een soortgelijke levendige plaats. In tegenstelling tot andere studenten die zich te buiten gingen aan drank stopte Kate altijd na een paar glazen wijn, een bewijs van opmerkelijke zelfdiscipline en een hoge moraal. Terwijl anderen experimenteerden met drugs liet Kate die aan zich voorbij-gaan. Ze gebruikte niet, maar ze veroordeelde niemand en deed nooit uit de hoogte, en daardoor was ze niet impopulair of werd ze niet bespot. Het tegendeel was waar: ze nam iedereen die ze ontmoette voor zich in. Een medestudent en leeftijdgenoot: 'De Italiaanse bar-mannen waren gek op Kate. Omdat ze haar leuk vonden, kregen alle meisjes gratis drankjes. Ze waren gecharmeerd door haar klassieke schoonheid.' Maar ze mochten haar alleen op afstand bewonderen. Kate moedigde haar Italiaanse aanbidders nooit aan. Wellicht richtte ze zich op hogere dingen dan de charmes van de een of andere don-juan. Wat de oorzaak ook was van haar desinteresse, het was karakte-ristiek voor haar in die tijd – een tijd waarin haar eerste ontmoeting met William steeds dichterbij kwam, wat ze beiden nog niet wisten.

Van William werd verwacht dat hij zijn vaders voorbeeld zou vol-gen en naar Trinity College in Cambridge zou gaan. Deze beslissing was voor Charles genomen door een adviescommissie, maar William had meer vrijheid gekregen. En hij greep die kans met beide handen. Hij zou de Oxford-Cambridgeroute die voor hem was uitgestippeld niet volgen. Hij zou met de traditie breken en naar St. Andrews gaan, een oude en gerespecteerde instelling, die in het verleden echter nooit geschikt was bevonden voor een toekomstige koning.

Maar zoals gewoonlijk had William andere ideeën. Hij had zijn instinct gevolgd. Hij koos voor het kleine kustplaatsje, dat hem de privacy zou bieden die hij aan een universiteit in het zuiden niet zou hebben. In dezelfde periode keek Kate Middleton reikhalzend uit naar nieuws over haar kandidatuur aan de universiteit van haar keuze. Ze was net zo gemotiveerd als William. Haar studie zou tot een toevallige ontmoeting leiden met de prins van wie ze al zo lang had gedroomd.

VI

Tieneridool

'Mijn vader heeft mij altijd geleerd om iedereen als gelijke
te behandelen. Ik heb dat altijd gedaan en ik weet zeker
dat William en Harry het ook zullen doen.'

Diana, prinses van Wales, in *Le Monde,* **in 1997**

De opzet van het uitstapje was niets bijzonders. Het was gewoon een skivakantie met de familie. Hun vader moest hoognodig wat tijd met prins William en prins Harry doorbrengen, net zeven maanden na het vreselijke verlies van hun moeder. Voordat de drie prinsen zich terugtrokken in Whistler in de bergen van British Columbia om vier dagen op de skipiste door te brengen, zouden ze zich in Canada tussen het volk begeven.

Niemand, prins Charles' nauwste adviseurs noch de horde journalisten in hun kielzog – met inbegrip van mijzelf – wist hoe het publiek zou reageren op het zwaar beproefde trio. Charles moest zich nog steeds staande zien te houden tegenover de vele verwijten en de verontwaardiging van mensen die hem op de een of andere manier schuldig achtten.

Ondertussen zorgde alleen al het noemen van de namen van zijn treurende zonen voor sympathiebetuigingen en grote doses bitter verdriet in het openbaar. William en Harry waren in de maanden na hun moeders dood de onderzoekende blikken van het publiek grotendeels bespaard gebleven. Niemand zou hun zelfbeheersing vergeten op Diana's begrafenis in Westminster Abbey op 6 september 1997. En hoe zij, in de dagen die aan de begrafenis voorafgingen, langs vreemde, huilende mensen waren gelopen. Ze keken naar de bloemen en kaarten die bij de hekken en langs de paden en wegen buiten Kensington Palace, haar woning in West-Londen, waren neergelegd. William in het bijzonder had zich goed gehouden bij deze rampspoed. Hij was veel groter en maakte vergeleken bij Harry een volwassener indruk. Harry, nog geen dertien, had er hartverscheurend jong en kwetsbaar uitgezien. Je zou bijna vergeten dat ook William een jongen was die zijn moeder had verloren. Drie maanden voor zijn zestiende verjaardag was hij nog steeds verlegen voor de camera, soms stuurs, hij bloosde snel en was onhandig – niet zo abnormaal voor een tiener.

Toen zij op 24 maart 1998 op het vliegveld van Vancouver landden, was het hele koninklijke gezelschap vol begrip en had het weinig verwachtingen. Dit was in alle opzichten een familievakantie met een paar openbare verplichtingen die er voor de goede orde aan waren toegevoegd – een zoethouder voor de toegewijde royalisten en wat restjes voor de gefascineerde pers. Maar binnen enkele minuten na hun aankomst gebeurde er iets opmerkelijks – iets wat een keerpunt betekende voor prins William. Vanaf het moment dat hij voet op Canadese bodem zette, was er een nieuw fenomeen geboren: *Wills mania*.

Een menigte van honderden uitzinnige meisjes had uren gewacht om hun held te zien en ging door het dak toen hij eindelijk arriveerde. Ze verdrongen zich bij de politiebarricades en huilden, schreeuwden en wuifden met spandoeken waarop ze aanboden om William op alle mogelijke manieren te bewijzen hoeveel ze om hem gaven. Het was een verbazingwekkend spektakel. Het zou zelfs de meest doorgewinterde publieke figuur in de war hebben gebracht. Dit was het soort aanbidding dat met The Beatles in hun hoogdagen werd geassocieerd, toen opgewonden vrouwelijke fans hysterisch stonden te schreeuwen en bewusteloos moesten worden afgevoerd.

Dit was totaal anders dan wat ik ooit had gezien als verslaggever van het koningshuis. Zelfs de overspannen adoratie van Diana ging niet zo ver als deze onbeschaamde tieneraanbidding. De persdelegatie bestond uit ongeveer dertig deelnemers – evenveel fotografen als journalisten en televisieploegen. Het overrompelde ons allemaal, maar het was wel een prachtig verhaal. Inspiratie was er in overvloed. Mijn vroegere collega's Richard Kay en Charles Rae en ik renden rond, sprokkelden citaten, krabbelden notities neer en bewaarden vellen informatie voor onze kranten thuis. We wisten dat we getuige waren van de geboorte van een koninklijk icoon. Niet een vervanging van

Diana – niemand was zo brutaal behandeld of door het slijk gehaald in het recente verleden. Dit was iets nieuws. Na maanden van navel-staren en somberheid was dit zo spontaan en uitgelaten dat je je alleen maar kon laten meevoeren op de onverwachte golf van enthousiasme.

De geboorte van de nieuwe koninklijke held verliep niet helemaal zonder problemen. Terwijl de adrenaline door de aders van de reporters stroomde, zou je gemakkelijk vergeten dat William – die grote, atletische en knappe jongeman – eigenlijk nog een jongen was, een tiener die de druk van zoveel verwachtingen moest weerstaan. Het zou gemakkelijk zijn geweest zijn verwarring te negeren, maar William, die een vastberaden karakter had, zorgde ervoor dat de pers en zijn adviseurs zich er goed van bewust waren.

In het begin deed hij zijn best om zijn ongemakkelijke gevoel bij de extreme adoratie te verbergen. Hij haatte elke seconde ervan, zoals wij spoedig zouden merken. Toen hij bij het Pacific Space Centre in het centrum van de stad arriveerde voor een privébezoek, werd William begroet door horden schreeuwende meisjes – minstens vijfduizend. Voor vele tieners was hij door de dood van zijn moeder veranderd in een romantische, tragische held. In het begin leken zowel Harry als William ontzet door het fenomeen. Harry's verbijstering had misschien meer te maken met het feit dat de fans niet schreeuwden als híj verscheen. William was vooral geschokt door de grote menigte meisjes die hem adoreerde.

'Kijk hem toch eens! Ik heb een boel posters van hem aan mijn muur', zei de een. 'Ze zouden van deze dag een nationale feestdag moeten maken: William's Day', schreeuwde een ander. De arme jongen wist niet waar hij moest kijken. Hij hield zijn ogen neergeslagen en glimlachte verlegen, een glimlach die deed denken aan zijn overleden moeder. Hij ging af en toe staan en bracht tien minuten door met handen schudden en cadeaus aannemen van degenen die hem gelukwensten. Zijn verontschuldigende glimlach verdween geen enkele keer van zijn gezicht.

Een waarnemer merkte op dat het huilen hem nader stond dan het lachen. Dat zag ik niet, hoewel ik er vlakbij stond, maar het was duidelijk dat de jonge prins zich ongemakkelijk voelde. Hij wilde per se naar binnen en toen hij binnen was – alleen zijn vader en het gevolg

53

konden het horen – brak de hel los. William had er genoeg van. Hij weigerde ermee door te gaan. De taak om William ertoe over te halen toch door te zetten viel toe aan zijn bezorgde vader. Charles slaagde er met oneindig geduld en vriendelijkheid in de nukkige tiener uiteindelijk over de streep te trekken.

Terwijl zijn pas benoemde pr-man Mark Bolland wat ongelukkig en aarzelend dichterbij kwam, had Charles een openhartig gesprek met William. Na afloop was het Bollands taak om met de oververhitte pers tot een akkoord te komen. Hij kon maar heel weinig doen om het enthousiasme van de Canadese tienermeisjes te bekoelen. Maar ons werd meegedeeld dat de koninklijke familie onze verslaggeving 'rustiger' wilde.

Terug in Engeland vond Bolland medestanders in de vorm van allerlei doemdenkers, die commentaar gaven vanachter comfortabele bureaus duizenden kilometers verder weg. Zelfbenoemde beschermers van het welzijn van de jonge prinsen deden hun best om het enthousiasme waarvan wij verslag hadden gedaan, te temperen. Het ging er niet om dat wij het hadden opgeklopt; de reactie was echt. De belangrijkste commentator was columnist Mary Kenny van de *Daily Express*, die argumenteerde dat de jongens veel te vroeg na hun moeders dood aan dergelijke zaken werden blootgesteld. Zij schreef: 'Diana werd over de hele wereld verafgood. En William en Harry zullen overal het aureool met zich meedragen dat zij Diana's zonen zijn. Maar zou prinses Diana, als ze nu nog zou leven, willen dat haar oudste zoon al op zo'n jeugdige leeftijd koninklijke taken zou vervullen?'

De suggestie was dat ze dat niet zou willen. Men wees met een beschuldigende vinger in de richting van Charles, niet voor de eerste keer, en ook naar de functionarissen uit zijn omgeving. Zij hadden Diana's zonen 'gebruikt'. Zoals zo vaak in de jaren na Diana's dood zagen de criticasters van Charles voor het gemak het feit over het hoofd dat de jongens – ondanks geruchten over Harry – ook zijn zonen waren. Hij hield onvoorwaardelijk van hen en deed alles om hen te beschermen. Maar het was een moeilijke situatie geweest. Hoe konden de prinsen Canada, een land van het Gemenebest waarvan William op een dag koning zou zijn, bezoeken en zich dan verschuilen voor een publiek dat hem adoreerde? Hoe konden zij bovendien zelfs maar proberen zo'n spontane uitbarsting van affectie voor William te controleren, laat staan de kop in te drukken? Dat was te veel gevraagd: de geest was uit de fles. Zelfs iemand als Mark Bolland, die in de media toch heel wat voor elkaar krijgt, slaagde er niet in om de geest er weer in te krijgen en de kurk er weer op te doen. Bovendien was de verschijning van William als de nieuwe koninklijke ster niet zonder profijt voor de familie toen hij de situatie eenmaal had geaccepteerd.

Toen zijn aanvankelijke zenuwachtigheid voorbij was, kwam de acteur in William naar boven. Misschien, en dat is alleen maar een veronderstelling, ging hij er wel plezier aan beleven. Toen de Britse pers in gecharterde helikopters koers zette naar de volgende fotosessie op de skipistes van de Canadese Rocky Mountains, begon William 'op te treden'. Toen de drie prinsen werden voorgesteld droegen ze petten met daarop in felrood 'Roots'. Het waren de petten van het Canadese team tijdens de Olympische Winterspelen. William toonde zijn kwaliteiten en bewees dat hij, in tegenstelling tot zijn vader, de echte wereld kent. De petten werden normaal gezien achterstevoren gedragen, maar Charles zette de zijne verkeerd op, zodat William hem lachend moest corrigeren en zo de show stal.

Dat was een heel verschil met de eerste keer toen ik hem ontmoette op een andere koninklijke skivakantie, in 1995 in Klosters, Zwitserland. William was twaalf toen ik zijn eerste, korte interview afnam. Er was een fotosessie georganiseerd, samen met zijn broer en nichtjes, de prinsessen Beatrice en Eugenie, de dochters van prins Andrew en Sarah Ferguson. Het idee was bedacht door commandant Richard Aylard RN, die als zoveel hoffunctionarissen voor en na hem dacht dat hij wist hoe hij met de media moest omgaan om zijn baas te promoten – zelfs al had die ooit een memo rondgestuurd waarin de leden van het hof gevraagd werd om nooit met de pers te praten. Gezien de jonge leeftijd van de prinsen had de commandant alle vragen eerst nagelezen. Ik vroeg William: 'Wie is de beste skiër?' Hij glimlachte. Hij wilde niet toegeven dat zijn broertje beter was dan hij. 'Deze twee', zei hij en hij wees naar zijn nichtjes, 'doen het heel goed.' Dat was een heel diplomatieke oplossing voor iemand die zo jong was: het speels ontwijken van mijn vraag. Ja, de hele ontmoeting was goed georganiseerd met aandacht voor detail en William wist welke vragen er zouden komen. Maar men mag niet onderschatten hoe zenuwslopend een ontmoeting met de media kan zijn. In die enkele woorden op de skipiste was al iets van de humor en de zelfbeheersing aanwezig die zich zou ontplooien toen hij precies drie jaar later de pers te woord stond in Canada.

In de tussenliggende jaren zou Williams karakter vele veranderingen ondergaan. In tegenstelling tot wat algemeen wordt gedacht, namelijk dat Harry de herrieschopper is – die vaak bars van twijfelachtige reputatie bezoekt en uithaalt naar fotografen – kan ook William een kwajongen zijn. Zijn karakter is gevormd in een tijd die zowel gelukkig als verdrietig was. Hij zou nauwelijks menselijk, of liever gezegd interessant, zijn als hij zich niet af en toe had verzet. Hij zou zeker niet de prins zijn die hij nu is, als er niet een groot aantal vaak tegenstrijdige invloeden waren geweest en een gezonde dosis kinderlijke rebellie en puberale uitbundigheid. Tegenwoordig is William een jongeman die degenen die hem in een hokje willen plaatsen, vaak in verwarring brengt. Hij is om beurten gevoelig – zijn moeder maakte zich vaak zorgen dat hij, net als zij, te gevoelig was voor de eisen die aan een lid van het koningshuis worden gesteld – en stoer. Hij is de prins die een honkbalpet draagt en voor officiële portretten poseert met een gat in de elleboog van zijn trui, de toekomstige koning die als kind pretparken bezocht, die voetbal speelt, die op de hoogte is van moderne cultuur én die graag een biertje drinkt met zijn vrienden. Desalniettemin is hij niet helemaal een man van deze tijd.

'Thuis' betekent voor William nog steeds een uiteenlopende reeks paleizen en herenhuizen, waar overal aan de muren bijzondere kunstwerken hangen en waar tijdens de weekends jachtpartijen worden gehouden volgens de seizoenen. Deze 'gevoelige' jongeman houdt van een levenswijze waarin jagen en vissen passen. Dit lijkt een compleet anachronisme en toont de andere kant van zijn karakter. Hij is er trots op dat hij hazen, korhoenders en herten vangt. Hij speelt polo en zijn favoriete 'pub' toen hij jonger was, was Club H – een bar die hij samen met Harry oprichtte in de kelders van hun vaders huis Highgrove in Gloucestershire.

Het is jaren geleden dat William in vele aspecten van zijn leven steeds van koers wisselde, tussen het traditionele en het onverwachts moderne, met inbegrip van zijn smaak voor vrouwen. Hij is gekoppeld – en dat was vaak schadelijk – aan popsterren, supermodellen en de dochters van buitenlandse leiders. En met dezelfde regelmaat zag men, al dan niet ingebeeld, flirtpartijen met blozende, jolige, hockey spelende dochters van de aristocratie en wispelturige meisjes die – soms zelfs letterlijk – voor hem vielen. Hij is een en al tegenstelling en dat maakt zijn aantrekkingskracht op de andere sekse alleen maar groter.

William is een jongeman die op het punt staat het openbare leven in te gaan en, naar wij mogen hopen, privé een gelukkig leven te leiden. Hij weet dat het zijn plicht is zijn leven min of meer aan het land te wijden. Hij heeft laten zien dat hij nog steeds persoonlijke behoeftes en wensen heeft. Hij probeert een evenwicht te vinden in zijn persoonlijke leven, dat bij zijn vader en moeder ontbrak. Misschien komt dat gedeeltelijk door de persoon van Kate. In haar heeft hij een vrouw gevonden die om kan met zijn tegenstrijdige karaktertrekken en de daartegenover staande eisen van zijn leven als moderne prins. Zij zorgt ervoor dat hij voeling heeft met een levenswijze waarvan hij, als gevolg van zijn status als prins, altijd een stap verwijderd is gebleven. In de krantenartikelen portretteerde men Kate als 'de nieuwe Diana', maar veel van haar aantrekkingskracht ligt in hoe zij verschilt van Williams moeder, eerder dan in hoeveel ze op haar lijkt. Ja, ze mag dan al nogmaals wat jeugdige glamour en een dosis romantiek in de koninklijke familie hebben gebracht, maar belangrijker is dat William in Kate een gevoelig en aantrekkelijk meisje heeft gevonden dat, emotioneel gezien, erg weinig van hem vraagt. Dat moet voor een jongen die midden in de *War of the Waleses*, zoals de pers de strijd tussen zijn ouders, de prins en de prinses van Wales, noemde, heeft gestaan een zegen zijn – niet het minst omdat zijn moeder zo zwaar op haar oudste zoon leunde in een tijd dat ze het erg moeilijk had. Toen was William nog maar een kleine jongen.

William was bijna tien toen de eerste tekenen van de steun die zijn moeder zocht zichtbaar werden. Toen ze uit de kerk in Sandringham kwamen, draaide hij zich om naar zijn overgrootmoeder, de koningin-moeder, en als een perfecte gentleman nam hij haar arm om haar naar buiten te helpen. Dat was voer voor de fotografen, die zich in de persruimte daartegenover bevonden. Toen verscheen hij plotseling aan zijn moeders zijde en bleek hij instinctief aan te voelen dat zij er behoefte aan had dat hij er ook voor haar was. Spontaan begeleidde hij haar naar een wachtende auto.

William beschikte ook over het natuurlijke vermogen om aan te voelen wat prinses Diana nodig had. In het tumult dat ontstond tijdens de huwelijkscrisis van zijn ouders in 1992 nam hij de rol van ondersteunende zoon op zich. Hij was net tien geworden, maar hij had al, althans in Diana's ogen, de dankbare leeftijd bereikt waarop hij vriend en deelgenoot kon worden van haar problemen, en in staat was om deze, althans gedeeltelijk, te begrijpen. Zodra Diana zich maar onzeker voelde, was William er voor haar. Hij vertelde haar ooit dat hij politieagent wilde worden, zodat hij haar zou kunnen beschermen. Haar hart moet een sprongetje van vreugde hebben gemaakt.

De prinses vertelde haar vrienden trots dat William haar 'soulmate', haar boezemvriend, was. Velen voelden zich ongemakkelijk bij deze formulering. Sommigen waarschuwden haar zelfs dat ze niet zo blindelings op haar oudste zoon mocht vertrouwen. Zij stond er echter op dat haar zonen de waarheid uit haar mond zouden horen – een besluit dat voor velen een beetje te ver ging, aangezien Diana er vaak zelf voor zorgde dat de pers over haar schreef doordat ze op het juiste moment vertrouwelijke gegevens liet uitlekken. De prinses, die zich zowel door de media als door de afgezanten van haar echtgenoot belaagd voelde, zei dat ze geen andere keuze had.

Ze maakte haar zoon deelgenoot van haar problemen in die moeilijke periode van haar leven. Volgens sommige psychologen gebeurt het wel vaker dat een moeder steun zoekt bij een van de oudste kinderen als haar huwelijk wankelt; het soort emotionele steun en advies dat ze normaal gesproken van haar echtgenoot zou krijgen. Dat deed Diana ook, maar ze ging daarin soms te ver, doordat ze William opzadelde met haar problemen en haar achterdocht. Patrick Jephson, Diana's privésecretaris in die tijd, vertelde in vertrouwen dat de prinses zelf had toegegeven dat ze bang was dat William, net als zij, te gevoelig was voor de rol die hij in de koninklijke familie moest spelen. Toch bleef ze hem met haar problemen opzadelen, zonder rekening met hem te houden. Elke pijnlijke indiscretie werd in de pers uitgespeeld.

In juni 1992 werd Andrew Mortons baanbrekende biografie *Diana: Her True Story* gepubliceerd en daarmee kwamen al haar grieven tegen Williams vader naar buiten. Twee maanden later werden ook flarden uit afgeluisterde telefoongesprekken van Diana met haar minnaar, kapitein James Hewitt, openbaar gemaakt. Later in hetzelfde jaar kwam ook prins Charles in opspraak vanwege een telefoongesprek, toen er details van een pijnlijk gesprek met Camilla bekend werden gemaakt. Daaronder was de beruchte opmerking, bedoeld als intiem grapje, dat hij 'terug wilde komen' als tampon (romantischer en belangrijker was dat hij ook tegen haar zei: 'Jouw grootste prestatie is dat je van mij houdt'). Hoewel het nooit de bedoeling was dat anderen dit hoorden, zakten William en Harry ongetwijfeld door de grond van schaamte. Maar hadden zij zich voor dit nieuws kunnen afsluiten? William kon het nieuws over de koninklijke crisis niet ontlopen, en hij wilde dat ergens ook niet. Negeren was geen optie voor de jonge prins en soms zocht hij naar positieve informatie. Hij kwam vaak stilletjes de kamer van zijn lijfwacht binnen en zette dan de televisie aan, om in stilte toe te kijken hoe het verhaal van het gebarsten liefdesleven van zijn ouders werd uitgesmeerd. Er ging nauwelijks een dag voorbij zonder dat in de nieuwsberichten werd gepraat over de snel uiteenvallende verbintenis.

Maar toen de scheiding van zijn ouders eindelijk een feit was en het nieuws William bereikte, was hij ontredderd. In december 1992 reed Diana naar Ludgrove, de school van zowel Harry als William, om het haar zonen persoonlijk te vertellen. In de privésfeer van de werkkamer van de rector barstte William in tranen uit. Harry werd heel stil en begon te blozen. Toen William merkte dat ook zijn moeder verdriet had, droogde hij zijn tranen, kuste haar en zei, als een volwassene, dat hij hoopte dat allebei zijn ouders nu gelukkiger zouden zijn. Die nacht drukte hij zijn jongere broertje tegen zich aan. Toen de twee elkaar omhelsden, sloten ze een broederlijk pact om nooit voor een van hun ouders partij te kiezen – en dat hebben ze ook nooit gedaan. Helaas kan niet hetzelfde worden gezegd van hun ouders.

William verzekerde zijn moeder die dag dat hij haar zou blijven steunen en hij zou die belofte houden. Maar alle stress en emotionele pijn moest er op een dag wel uitkomen, en de maanden van speculatie en spanningen hadden hun tol geëist. Iedereen gaat verschillend met stress om. Sommigen, zoals Harry, trekken zich terug in hun schulp, maar op William had het precies het tegenovergestelde effect: hij werd opstandig, verwaarloosde zijn studie en zijn gedrag werd agressief, tegen zijn karakter in.

Twee maanden voordat de toenmalige premier John Major het parlement informeerde dat de prins en prinses van Wales gingen scheiden, kreeg ik een telefoontje van een betrouwbare kennis. In die tijd was ik net begonnen als verslaggever over het koninklijk huis voor *The Sun* en het verhaal dat mijn kennis me die dag vertelde, was in *The Sun*-termen een absolute *corker*: een prachtverhaal. William, zei hij, had een reprimande gekregen op school omdat hij het hoofd van een medeleerling in een wc-pot had geduwd en had doorgetrokken.

De legendarische uitgever Kelvin MacKenzie, die in die tijd in grote koppen berichtte over alles wat verband hield met het instorten van de Britse mijnbouwindustrie, vond het geweldig. Hij bracht het treurige verhaal over het pesten van een medeleerling op de voorpagina onder de gigantische kop 'EXCLUSIEF'. William werd afgeschilderd als een geprivilegieerde herrieschopper en werd 'de hooligan-prins' genoemd. Toen mij het verhaal werd doorverteld, kwam het niet in me op om na te gaan wat er zich werkelijk had afgespeeld.

Zonder medelijden en met de onwetendheid en de ambitie van de jeugd vond ik het een grappig verhaal dat terecht in de krant kwam. Het kwam niet bij me op om na te denken over wat de aanleiding kon zijn geweest van Williams uitbarsting. Later werd bekend dat hij agressief werd omdat hij de onfortuinlijke student een minachtende opmerking over zijn ouders had horen maken.

William kreeg een uitbrander van de rector, Gerald Barber, maar de man had ook begrip voor het toenemende aantal problemen dat zijn beroemde leerling het hoofd moest bieden door de echtelijke crisis van zijn ouders. William kreeg toestemming om meer dan normaal naar huis te bellen, zodat hij zijn moeder kon troosten, die het steeds moeilijker kreeg omdat haar wereld uiteenviel.

Ongetwijfeld voelde William de situatie goed aan. De zaken werden gedurende een tijdje erger, ook voor de gevoelige prins. De *War of the Waleses* raakte in een stroomversnelling. Vooral Diana leek vastbesloten om haar echtgenoot in het openbaar te schande te maken. Zij schilderde hem bij voorkeur af als een vader die zijn emoties onderdrukte, die ouderwets en vastgeroest was. Haar beweringen klopten misschien wel gedeeltelijk, maar hoe moeilijk het voor Charles in het begin ook was om zijn zonen zijn liefde te bewijzen, hij hield wel van hen. Diana schilderde hem af als saai en niet in staat om zijn gevoelens te tonen. Zijzelf wilde, volledig in tegenstelling daarmee, worden gezien als opwindend, een en al vrolijkheid en een moderne moeder, die door haar huwelijk in een gouden kooi was gezet.

De vakanties van Charles met zijn zonen waren traditioneel en koninklijk en speelden zich af in de residenties Sandringham en Balmoral, en weekends op Highgrove. Diana nam haar jongens mee naar de Caribische Eilanden en naar Disney World in Florida. Ze ging met hen karten en naar pretparken, en ze zorgde ervoor dat de persfotografen en verslaggevers daar alles over te weten kwamen. Toen de pers in 1993 naar Disney World afreisde – ik was er zelf ook bij – om er getuige van te zijn dat Diana en haar zonen de tijd van hun leven hadden, gebeurde dat na een tip van de prinses. Ze wilde foto's van haar en de jongens, kreten van opwinding slakend bij de fantastische ritten, en ze wilde dat die foto's naar huis werden gestuurd als een soort openbare ansichtkaart voor haar echtgenoot: 'Wij hebben een fijne tijd – goed dat je er niet bij bent!'

Maar er bleven klappen vallen. In juni 1994, toen William net twaalf was, verscheen zijn vader in de televisiedocumentaire *Charles: The Private Man, the Public Role* van Jonathan Dimbleby. Daarin gaf hij toe dat hij overspel had gepleegd. Hij minimaliseerde het door te zeggen dat het bedrog plaatsvond nadat gebleken was dat de breuk in het huwelijk onherstelbaar was, maar dat verzachtte de klap voor zijn jongens niet. Een paar maanden later werd bekend dat Diana een getrouwde kunsthandelaar, Oliver Hoare, had bestookt met telefoontjes. Er werd beweerd dat ze een affaire met hem had.

In oktober kwam er een boek uit waarin haar affaire met haar rij-instructeur James Hewitt, een officier uit de cavalerie van de hofhouding, in choquerende details werd beschreven. William en Harry mochten James als vriend en wisten dat hij bevriend was met hun moeder. De onthulling dat zij een verhouding hadden, was voor beiden een grote schok. Diana sprintte weer naar Ludgrove om met haar zonen te praten.

William wist waarom ze kwam. Hij had de krantenkoppen gelezen. Hij had een doos chocolade voor haar gekocht, een gebaar dat Diana, die op het punt stond haar zelfbeheersing te verliezen, tot tranen toe bewoog. Nog geen veertien dagen later was ze weer terug en sloot zich op in de werkkamer van de rector met haar oudste zoon. Het boek *The Prince of Wales: A Biography* van Jonathan Dimbleby was net gepubliceerd. Daarin stelt de auteur dat de prins nooit van Diana had gehouden, maar vanuit een gevoel van verplichting met haar was getrouwd, gedwongen door zijn vader. 'Is het waar dat papa nooit van je heeft gehouden?' vroeg William. Diana probeerde hem gerust te stellen door het te ontkennen. Hun huwelijk was uit liefde tot stand gekomen. De gedachte dat hij en zijn broer uit plichtsbesef waren geboren en niet uit liefde, was onverdraaglijk voor de gevoelige William.

Zoals de voormalige butler Paul Burrell schreef, zou deze ervaring met zijn moeder bepalend zijn voor William. Het beïnvloedde de manier waarop hij later zou functioneren en hoe hij zelf met vriendinnen zou omgaan. Burrell schrijft in zijn boek *A Royal Duty*: 'Haar wijze woorden en de tips die zij gaf bij de thee die in porseleinen kopjes werd geserveerd, zijn voor hem van onschatbare waarde geweest en zullen hem zijn hele leven bijblijven. Als hem al een probleem te wachten staat, dan is het wel hoe hij met de aandacht van de pers moet omgaan. Hij zal niet vergeten wat de media – en vooral de freelance paparazzi – zijn moeder hebben aangedaan. William stond altijd klaar met een doos Kleenex als de prinses van streek was.'

Het was niet allemaal eenrichtingsverkeer. Diana had hem misschien onbewust en een beetje egoïstisch al op jonge leeftijd een grondige scholing gegeven over het emotioneel buitensporige gedrag van een veeleisende vrouw. Het is erg onwaarschijnlijk dat de meisjes met wie hij uitging emotioneel net zo moeilijk in de omgang waren als zijn moeder. In feite had hij zijn eerste 'serieuze' romance op de jeugdige leeftijd van zeven jaar. Hij was zo gek op het meisje dat hij haar zelfs voorstelde om met haar te trouwen. Die eerste romance vond plaats terwijl William een vakantie doorbracht op Balmoral. Hij zag Anna McCart voor het eerst toen hij met zijn broer Harry ging ponyrijden. Hij keek in de blauwe ogen van de blonde dochter van een van de tuinmannen van Balmoral en was verkocht. Zij zei 'hallo' tegen hem maar William was met stomheid geslagen. 'Hij viel bijna van zijn pony', vertelde een van de arbeiders op het landgoed. Na deze ontmoeting waren de twee zevenjarigen onafscheidelijk. Hij bracht elke resterende dag van de vakantie met haar door. Het verhaal gaat dat hij na een week genoeg moed had verzameld, haar kuste en haar ten huwelijk vroeg. Zij lachte alleen maar. Maar om te tonen dat het menens was, voegde de kleine prins eraan toe: 'Als ik volgend jaar terugkom, ga ik met je trouwen.' Hij vertelde haar in alle ernst: 'Mijn papa vertelde mij dat je met een meisje moet trouwen als je haar hebt gekust.' Anna nam het aanzoek serieus en vertelde de andere kinderen van de arbeiders op het landgoed dat zij prinses zou worden. Het is een charmant verhaal over kinderlijke liefde, maar het toont ook aan dat Charles zijn zoon leerde om respect voor vrouwen te hebben, zelfs op jeugdige leeftijd.

Diana was veel levendiger. Hoewel zij William als haar steun en toeverlaat was gaan beschouwen, was hun relatie ook speels. Zij hield ervan om haar zoon te plagen. Net als zoveel tieners bij wie de hormonen door hun lichaam razen, fantaseerde William over mooie vrouwen. Er hingen posters van modellen aan de muur van zijn slaapkamer. Maar Diana zou Diana niet zijn als ze niet voor een nieuw hoogtepunt zou zorgen. In zijn jeugd was William het gewend door mooie vrouwen omringd te zijn. Ooit zorgde Diana ervoor dat hij samen met haar deelnam aan een diner met Cindy Crawford. Een andere keer organiseerde ze een verrassingsbezoek aan Kensington Palace voor de topmodellen Naomi Campbell, Claudia Schiffer en Christy Turlington waar hij bij aanwezig was.

Het jaar daarop, toen William aan Eton College studeerde, kwam de liefde opnieuw ter sprake, maar deze keer door Diana in een televisie-interview met Martin Bashir in *Panorama*. Hierin gaf ze toe dat ze van James Hewitt hield. Diana verraste William met een bezoek aan Eton de dag voordat het programma zou worden uitgezonden. Ze wilde het hem vertellen voordat het op het scherm kwam. Ze begon spijt van het interview te krijgen, maar het was nu te laat om de uitzending nog te stoppen. De volgende dag werd William even voor acht uur 's avonds naar de werkkamer van de rector geroepen, waar hij in alle rust naar het interview kon kijken. Harry had het voorstel om erbij te zijn afgewezen. William was verbijsterd, want Diana ging verder dan iemand zich ook maar had kunnen voorstellen.

William, haar altijd betrouwbare kleine kameraad, voelde zich gekrenkt en gekwetst door zijn moeders woorden in *Panorama*. Hij negeerde haar een tijdje, hij had geen zin meer in zijn rol als vertrouweling. Maar binnen een paar weken had hij haar vergeven. Zijn liefde voor haar was onvoorwaardelijk. Hij zou haar nooit in de steek laten, maar van haar gedrag kreeg hij rillingen. 'Mijn papa brengt mij nooit in verlegenheid,' zei hij in die tijd tegen een vriend, 'mijn mama brengt mij van mijn stuk.'

Prins Charles mocht dan al saai overkomen op het publiek, hij deed ongetwijfeld zijn best om een goede vader voor zijn zonen te zijn, van wie hij heel veel hield. Aan zijn eigen relatie met zijn vader kon hij niet bepaald een voorbeeld nemen – dat was altijd een afstandelijke, zelfs kille verhouding geweest. Tenminste, zo zag Charles dat.

Charles moedigde zijn zonen aan om aan bepaalde activiteiten mee te doen, maar Diana keurde deze 'mannelijke' bezigheden ten strengste af. Zij probeerde hun aandacht af te leiden door hen mee te nemen naar uitdagende pretparken en spannende ritten te maken, maar zij waren hun vader ook genegen en genoten echt van de buitenactiviteiten waar de Windsors zo van houden. William hield vooral van schieten – iets wat zijn moeder niet kon rijmen met haar beeld van haar gevoelige zoon. Tot grote afschuw van Diana schoot hij zijn eerste konijn op de leeftijd van elf. Drie jaar later, tegen die tijd enthousiast over dit tijdverdrijf, velde hij een hert in de Schotse Hooglanden met één enkel schot en werd hij ontgroend (wat betekent dat op het gezicht van de beginnelingen bloed van het gejaagde wild wordt gesmeerd). Diana liet het gebeuren en berustte erin dat haar oudste zoon bezeten was van de jacht.

Als de jongens bij hun vader waren, brachten ze een groot gedeelte van de tijd door in gezelschap van hun neef en nicht Peter en Zara, de kinderen van prinses Anne. Zij hadden ook de pijn meegemaakt van een echtscheiding in het openbaar. Maar Charles, misschien aan gespoord door Diana's kritiek dat hij emotioneel niets voorstelde, maakte zich zorgen dat hij niet voldoende voor huiselijkheid zorgde. Hij realiseerde zich dat er iets ontbrak als zijn zonen een weekend of vakantie bij hem op het land doorbrachten, hoezeer zij ook van rijden, vissen en schieten hielden. Zijn oplossing voor dit probleem maakte Diana razend: hij huurde een nanny. Dit moet geheel natuurlijk hebben geleken voor een man die in zijn eigen kindertijd meer tijd onder toezicht van zijn nanny en bedienden doorbracht dan bij zijn eigen vader en moeder.

De dertig jaar oude Tiggy Legge-Bourke (die later Tiggy Pettifer werd) leek een ideale 'surrogaatmoeder', die net iets extra's zou geven aan de levens van Charles' zonen als ze bij hem verbleven. Ze heeft in ieder geval het leven van de jongens een stuk vrolijker gemaakt. Ze aanbaden haar en dachten er niet aan om hun moeder, die steeds jaloerser werd, hierover te vertellen. Ze hield van schieten, jagen en vissen en bracht leven in de brouwerij als de jongens bij hun vader waren. Zij werd eerder een plaatsvervangende zus dan een moeder voor hen. En, erger voor Diana: zij werd iemand in wie ze hun vertrouwen stelden. De spanningen die hun vader en moeder creëerden door hun wraakgevoelens waren er met haar niet. Met Tiggy was alles gewoon zoals het was. Ze waren gek op haar. Misschien zou een vrouw met meer zelfvertrouwen dan Diana deze aanvulling op het leven van haar kinderen genomen hebben voor wat het was: niet meer dan een aanvulling, een bonus, een positieve invloed die haar eigen rol bij hun ontwikkeling op geen enkele wijze aantastte.

William voelde zich duidelijk beter door de aanwezigheid van Tiggy en spande zich meer in op school. Door het instorten van het huwelijk van zijn ouders had hij een achterstand opgelopen. En nu, opgevrolijkt door Tiggy, ging hij opvallend vooruit. Diana was niet onder de indruk. Zij stuurde woedende brieven aan haar ex-echtgenoot waarin ze eiste dat de rol van de nanny zou worden afgebakend – met andere woorden, worden ingeperkt. Charles' antwoord was dat hij niets zou veranderen, maar Tiggy alleen zou vragen zich in het openbaar wat meer op de achtergrond te houden als ze met de jongens op stap was. Diana raakte er echter van overtuigd dat de aanwezigheid van Tiggy in hun levens deel uitmaakte van een listig manoeuvre om haar zonen tegen haar op te zetten. Het is begrijpelijk dat ze geïrriteerd was door het idee dat een andere vrouw betrokken was bij de opvoeding van haar zonen, maar ze raakte er geheel ten onrechte van overtuigd dat Tiggy een affaire had met Charles.

Haar achterdocht kwam tot uitbarsting in juni 1997. Diana had besloten om niet aanwezig te zijn op de traditionele picknickdag van de ouders op Eton College. Ze wilde de show niet stelen en het plezier van iedereen bederven. Ze had zich bereidwillig opgeofferd – tot ze ontdekte dat Tiggy haar plaats had ingenomen. Meer dan dat: Tiggy had er een drinkgelag van gemaakt door flessen champagne mee te nemen en die aan iedereen die ze kende aan te bieden. Ze wilde gewoon aardig zijn. Ze was er op uitnodiging van William en Harry. Ze waren gelukkig, ze hadden plezier, maar toen Diana het ontdekte, riep ze: 'Dat kreng!'

Haar kritiek was oneerlijk en haar reactie overdreven. Maar in de vijf jaar dat ze bij Charles weg was, liep Diana's leven steeds meer uit de hand. Ze wendde zich steeds vaker tot William voor advies over beslissingen die ze moest nemen. Ze sprak met hem over haar wens om zich uit het openbare leven terug te trekken. Hij gaf haar de raad om te doen wat haar gelukkig maakte. Maar noch het leven in de spotlights noch een leven in afzondering zou haar gelukkig maken. Zij maakte hem deelgenoot van haar angsten en haar eenzaamheid. Diana's voortdurende behoefte aan aandacht was on, onmoedigend voor sommigen van haar volwassen vrienden, maar William bleef een constante factor in haar leven. Zijn advies was altijd hetzelfde: zij moest doen wat haar gelukkig maakte. William had intussen alle veranderingen en verwarringen van de puberteit achter de rug en niemand kon hem verwijten dat hij wilde dat zijn moeder gelukkig werd, al was het maar om rust in zijn eigen leven te krijgen.

In juli 1997, een maand na haar uitbarsting over Tiggy's rol in het leven van haar zoons, genoten Diana en de jongens van wat hun laatste vakantie samen zou zijn. Zij brachten die door in het zuiden van Frankrijk. Zowel Harry als William had leren leven met hun moeders uiteenlopende smaak betreffende mannen. Ze hadden ook geen andere keus. Ondanks dat ze Charles de huid had volgescholden over zijn overspel, had zij zelf al een aardig aantal minnaars gehad, zowel tijdens als na hun huwelijk. Onder hen bevonden zich James Hewitt, autoverkoper James Gilbey en kunsthandelaar Oliver Hoare. Er werd zelfs beweerd, hoewel dit uit alle macht werd ontkend, dat zij een korte affaire had gehad met de getrouwde Will Carling, de voormalige aanvoerder van het Engelse rugbyteam. Maar haar affaire met de knappe cardioloog Hasnat Khan had de grootste uitwerking op haar – misschien met uitzondering van Hewitt. Ze was zo weg van hem dat tegen het einde van 1996 geruchten de ronde deden dat ze misschien zouden gaan trouwen. Dat leek mij altijd verbeelding – maar het kan wel iets zijn geweest waar Diana naar verlangde. Later hoorde ik van een oudere bron dat zij wilde dat haar persoonlijke assistente Victoria Mendham en haar butler Paul Burrell als officiële getuigen zouden optreden bij een ceremonie. Bizar genoeg was Khan naar het schijnt niet op de hoogte van deze details.

Maar ze zou Hasnat Khan, een praktiserend moslim die naderhand een gearrangeerd huwelijk aanging, niet kunnen strikken. Ondanks zijn liefde voor de prinses was hij niet opgewassen tegen de uitzinnige aandacht van het publiek voor Diana. Het moet een ongekende en onplezierige ervaring voor Diana zijn geweest om een man tegen te komen die moeilijk te krijgen was. Ze wilde hem jaloers maken, ze wilde hem laten voelen wat hij miste, en dat was de aanleiding om op een oud aanbod in te gaan voor een luxevakantie waarbij alle onkosten werden betaald; een gunst van de eigenaar van Harrods, Mohamed al Fayed. Natuurlijk wilde zij haar jongens ook een goede vakantie bezorgen. William en Harry zouden zich vermaken, dacht ze, met de vier jonge Fayed-kinderen – Karim, Jasmine, Camilla en Omar – terwijl Al Fayeds miljoenen hun privacy, veiligheid en comfort zouden garanderen.

Ze verbleven in de villa Castel Ste Thérèse, hoog op de kliffen van Saint-Tropez, op een landgoed van zo'n 400 hectare met een privéstrand, en op de Jonikal, een jacht van 20.000.000 pond dat hen constant ter beschikking stond. William en Harry brachten hun dagen zwemmend vanaf de Jonikal door, ze deden aan jetskiën, scubaduiken of hingen gewoon rond bij het zwembad. Al Fayed, die altijd overal van op de hoogte is, droeg zijn zoon Dodi op om zich bij de vakantiegangers te voegen. Hij hoopte dat er een vakantieliefde uit zou volgen, en zijn wensen werden werkelijkheid. Diana en Dodi al Fayed hadden elkaar al een paar keer gezien. Hun eerste ontmoeting was bij een polowedstrijd in juli 1986. Maar deze keer, in de relaxte omgeving van de Côte d'Azur, sprong de vonk over tussen hen. Wie weet was het een relatie geworden die Diana de geborgenheid en het geluk zou brengen waar ze zo naar hunkerde. Of zou het alleen maar een vakantieliefde blijven? Al Fayed hield vol dat het veel meer was dan dat.

Wat er ook gebeurde tijdens die warme dagen in Zuid-Frankrijk, Diana en Dodi waren er gelukkig. En William, die zijn moeder zo ontzettend graag gelukkig wilde zien, was daarvan getuige. Volgens degenen die de jonge prins na staan, was dat een grote troost voor hem in de donkere dagen die zouden volgen.

Diana en haar zonen waren een paar dagen in Castel Ste Thérèse toen Dodi arriveerde, en het duurde niet lang voordat de chemie haar werk deed. Op een avond bij het diner heerste er een uitbundige stemming. De zorgeloze vrolijkheid escaleerde en het geplaag ging over in een voedselgevecht. Het was hilarisch. Diana lachte weer en had plezier. Op 20 juli vlogen zij en de jongens terug naar Londen in een privévliegtuig van Harrods. Die avond reisden William en Harry voor een vervolg van hun zomervakantie naar Balmoral. Moeder en zonen omhelsden en kusten elkaar vaarwel. Het was de laatste keer dat ze elkaar zouden zien.

Nu haar kinderen weg waren, lag er een eenzame zomer voor haar. Dus toen een smoorverliefde Dodi haar alle aandacht gaf, koesterde zij die. Hij begon haar ook te overladen met cadeaus en bloemen. Er volgde een uitnodiging om terug te keren naar de luxe van de Jonikal. Dodi vroeg Diana om hem gezelschap te houden op een tocht naar Corsica en Sardinië op 31 juli. Deze keer zouden zij de enige passagiers zijn op het jacht; nu ging het alleen om de liefde.

Dat er foto's van de minnaars die elkaar op het dek kusten in de Engelse kranten zouden verschijnen, was te voorspellen. Diana was zo voorzichtig geweest om William op te bellen om hem te waarschuwen. Zij herinnerde zich hoezeer de onthulling over Hewitt hem had gekwetst en nam geen enkel risico. Bovendien wist ze dat foto's van haar en Dodi terwijl ze elkaar kusten, later zouden verschijnen – niet het minst omdat haar nieuwe minnaar de 'spontane' foto's zelf had geregeld. Diana nam William in vertrouwen en sprak met hem over de verschillen tussen Dodi en Khan, naar wie zij nog altijd verlangde. Het was een merkwaardig onderwerp voor een gesprek tussen een moeder en haar vijftienjarige zoon, maar hij was het gewend. Als ze Williams zegen voor haar relatie met Dodi wilde hebben, dan kreeg ze die. Dodi maakte zijn moeder aan het lachen, hij leek haar echt gelukkig te maken. Eindelijk had Diana in haar privéleven weer geluk gevonden en iedereen – met inbegrip van haar ex-echtgenoot – was blij en opgelucht. Diana belde William op 30 augustus 1997 vanuit de Imperial Suite van het Ritz Hotel in Parijs, dat eigendom was van Fayed. Ze praatten ongeveer 20 minuten met elkaar. Ze vertelde hem dat ze niet kon wachten om hem de volgende dag weer te zien, nadat ze elkaar een maand hadden moeten missen.

William en Harry sliepen al toen de eerste berichten binnenkwamen dat er iets mis was. Om ongeveer één uur 's nachts werd prins Charles gewekt en kreeg hij telefonisch te horen dat er een ongeval was gebeurd in de Almatunnel in Parijs. Er werd hem verteld dat Dodi dood was. Zijn ex-vrouw was gewond. De prins verwittigde de koningin. Toen, enkele momenten later, kwam het telefoontje met het verschrikkelijke nieuws dat Diana dood was. De prins, gekweld door schuld en verdriet, stortte in en huilde.

Het moet vreselijk zijn geweest. De koningin adviseerde wijselijk de jongens niet wakker te maken. 'Laat ze nu maar slapen', adviseerde zij, wetend dat ze in de komende dagen en weken weinig slaap zouden hebben. In plaats daarvan liep Charles door de gangen terwijl zij sliepen. Overmand door angst bij het vooruitzicht dat hij zijn zonen het verschrikkelijke nieuws moest vertellen vertrok hij voor een eenzame wandeling over de heide. Toen hij terugkwam om zeven uur 's morgens was William al wakker. Charles liep Williams kamer binnen met gezwollen ogen die rood waren van de tranen en vertelde hem het afschuwelijke nieuws.

Ze omhelsden elkaar zoals ze nog nooit eerder hadden gedaan. Op het moeilijkste moment van Williams leven dacht hij, heel dapper en heel attent, aan zijn jongere broer, die nog steeds sliep in de slaapkamer ernaast. Charles en William namen samen de taak op zich om het Harry te vertellen. Voorzichtig legden ze hem uit dat Diana gewond was geraakt en dat het medische team had gevochten om haar te redden, maar dat het daarin niet was geslaagd. Terwijl ze elkaar omhelsden, huilden ze onbeheerst en het geluid van hun pijn echode in het oude huis. Niets zou ooit nog hetzelfde zijn voor hen.

In de sombere momenten na de dood van zijn moeder toonde William, die zoveel had verloren en zoveel verdriet had moeten verduren, een karaktersterkte en waardigheid die eenvoudigweg koninklijk was. Charles verspreidde een warmte waartoe zijn critici hem niet in staat hadden geacht. Diana's broer, graaf Spencer, was zeker geen fan van het koningshuis. Bij de begrafenis van zijn zus in Westminster Abbey hield hij een grafrede vol bedekte maar ook openlijke kritiek op de koninklijke familie. Hij stond erop dat de jongens onder toezicht zouden blijven van zijn familie. Hij suggereerde dat haar bloedverwanten de beste mogelijkheden boden voor een goede opvoeding door hen uit de klauwen van meedogenloze opvoeders met een traditionele koninklijke achtergrond te redden.

Deze woorden ergerden en kwetsten Charles; ze raakten een gevoelige snaar. Zijn eigen traditionele koninklijke opvoeding was immers niet zo'n succes geweest. Diana's bezoeken aan daklozencentra, pretparken en fastfoodrestaurants leken een bepaald effect te beogen en hadden hem in het verleden doen ineenkrimpen. Maar Charles kon zien dat haar toewijding en onconventionele opvoedmethoden resultaat hadden opgeleverd. William en Harry waren veelzijdige jongens met een frisse en zelfverzekerde uitstraling – ondanks alle onrust die het liefdesleven en de scheiding van hun ouders had veroorzaakt.

Charles zag in dat hij ervoor moest zorgen dat zij niet zouden bezwijken onder de verantwoordelijkheden en verplichtingen van hun geboorterecht. Hij annuleerde alle afspraken die hij de komende tijd had. Diana had hem er in het verleden van beschuldigd dat hij een altijd afwezige vader was geweest, en die beschuldigingen echoden in zijn hoofd. Misschien was hij een armzalige echtgenoot geweest, nu zij er niet meer was zou hij ervoor zorgen dat hij niet weer tekort zou schieten als de beschermer van de zonen die hun beiden dierbaar waren. Charles wierp zich op de rol van toegewijde alleenstaande vader. Hij nam Harry met zich mee op een officieel koninklijk bezoek aan Zuid-Afrika, luisterde naar hun denkbeelden en omarmde aarzelend het moderne leven. Het ene moment poseerde hij met de Spice Girls, het volgende moment omhelsde hij kinderen met aids. Charles triomfeerde vanuit zijn tegenslag – en dat deden ook zijn zonen.

Gezien de unieke nauwe band die William met zijn moeder had, waren degenen die in haar omgeving hadden verkeerd, verbaasd te zien hoe snel hij er weer bovenop scheen te komen. Anderzijds had William zijn kracht al eerder laten zien, toen zijn moeder hem nodig had en hem gebruikte als steun en toeverlaat voor haar emoties. Nu toonde hij diezelfde grootmoedigheid toen hij inzag dat Harry en zijn vader hem nodig hadden. Harry was een zorgenkind. De ondeugende kleine jongen die graag in het gezelschap van anderen verkeerde, maakte zichzelf bijna onzichtbaar. Hij trok zich in zichzelf terug, zoals hij ook had gedaan in de nasleep van de scheiding van zijn ouders. Maar ook hij herstelde zich geleidelijk, met de tijd als heelmeester, en met William en Charles en zijn 'grote zus' Tiggy. Er vloeiden nog wel tranen als ze alleen waren, maar Diana zou nooit meer terugkomen en het leven ging door.

Het feit dat de pers die mening niet was toegedaan, maakte hen van streek. Er volgden steeds nieuwe afleveringen van de Diana-familiekroniek en iedere keer weer werden artikelen over hun moeder op de voorpagina's gepubliceerd. Het verdriet dat aan hen knaagde en waarmee zij probeerden te leren leven, golfde met hernieuwde kracht over hen heen. Zij begonnen hun vader in bescherming te nemen en waren oprecht gekwetst door wat zij als onrechtvaardige kritiek op hem beschouwden. Ze legden een aandoenlijke persoonlijke verklaring af, waarin ze opriepen om een eind te maken aan de openbare rouw en aan de 'Diana-industrie' – de commerciële exploitatie van de prinses van Wales. William was vooral boos door wat hij beschouwde als het schaamteloos profiteren van zijn moeders naam, zoals bijvoorbeeld door haar eigen Memorial Fund, dat haar naam gebruikte op margarinekuipjes.

De twee prinsen lieten nadrukkelijk weten dat hun moeder 'gewild zou hebben dat de mensen verder gingen met hun leven, omdat zij wist dat de voortdurende herinnering aan haar dood alleen maar pijn bezorgde aan degenen die zij had achtergelaten'. De voortdurende verwijzingen naar hun moeders dood en de eindeloze speculaties en complottheorieën die hieruit voortkwamen, waarvan vele afkomstig waren van Mohamed al Fayed, berokkenden hun veel leed. Er kwam een vinnig antwoord van Al Fayeds woordvoerder, die meedeelde dat Al Fayed niet zou rusten voor hij de volledige waarheid over de dood van Diana en Dodi kende.

De jongens legden hun verklaring af op de dag dat William naar Eton terugkeerde, waar zijn broer zich bij hem voegde. Het was Williams idee, maar de oproep was aan dovemansoren gericht. Zij zouden nog een tiental jaren met de complottheorieën moeten leven. Toch ging het nog steeds goed met William op Eton. Zijn conrector, Andrew Gailey, afkomstig uit Noord-Ierland en een gewaardeerde historicus en muziekliefhebber, nam de prins opvoedkundig en emotioneel onder zijn hoede en oefende een belangrijke positieve invloed op hem uit. Intussen probeerde William zijn leven weer op de rails te krijgen. Hij werkte hard. Hij bewees voor zichzelf dat hij de snelste zwemmer van Eton van de laatste tien jaar was en hij werd aanvoerder van het zwemteam. Hij werd ook secretaris van de Landbouwclub en hij ontving Etons erezwaard – de hoogste prijs voor een eerstejaars.

Dit was de jongeman die in Canada uit het vliegtuig stapte, waarmee de rage rondom William, de waanzin van zijn verering, begon. Hij was niet langer een opstandige schooljongen, maar hij liep ook niet helemaal in het gareel. Hij was niet bang om tegen de stroom in te gaan. Een hoffunctionaris zei: 'God moge diegene die William vertelt wat hij moet doen helpen. Hij luistert, maar hij laat zich door het systeem niet de wet voorschrijven.' Dat werd pas goed duidelijk toen zijn vervolgopleiding ter sprake kwam. Waar zou hij naartoe gaan als hij was afgestudeerd?

Er werd lange tijd aangenomen dat de prins in zijn vaders voetsporen zou treden door naar Trinity College in Cambridge te gaan. William brak echter met de traditie en ging in plaats daarvan naar St. Andrews.

VII

De mooiste jaren

'Ik doe al mijn boodschappen zelf, ik ga uit, haal maaltijden, huur
video's, ga naar de bioscoop, ik doe gewoon alles wat ik leuk vind.'
Prins William over zijn leven op de universiteit

Ongeveer drieduizend toeschouwers stonden langs de straten van het
kleine, aan de oostkust gelegen stadje St. Andrews, een plaats waar
alles draait om het feit of men wel of niet bij de universiteit hoort,
net als in Durham, Oxford en Cambridge. In de ochtend van 24 september 2001 richtte alle aandacht zich op een donkergroene Vauxhall Omega. Prins Charles, die aan het stuur zat, probeerde door de
nauwe, met keien geplaveide ingang van het St. Salvador's College te
laveren.

Een scherpe wind blies over de beroemde oude koninklijke golfbaan toen Charles de auto voorzichtig onder de gotische klokkentoren parkeerde. Een groep nieuwsgierige studenten had zich op de
oude binnenplaats verzameld. Zij hielden in stilte borden omhoog
met anti-oorlogsleuzen en huiverden licht in de frisse herfstbries.
Hun aanwezigheid was te verwachten. Het was een vredige, maar
opportunistische poging om gebruik te maken van de publiciteit die
door de hoofdattractie van die dag werd veroorzaakt: de aankomst
van prins William, die zich in het studentenleven stortte.

De negentienjarige William droeg een spijkerbroek, een pastelkleurige trui en sportschoenen, het standaarduniform van de
moderne student. Hij leek van zijn stuk gebracht door de omvang
van het welkomstcomité dat zich had opgesteld ter gelegenheid van
deze gebeurtenis. William herstelde zich snel en toonde zijn typerende brede glimlach. Hij stapte energiek uit de auto en met een passende glimlach en met uitgestrekte hand liep hij rechtstreeks naar de
rector van de universiteit, Brian Lang. Lang stond kleintjes voor een
groep academische hoogwaardigheidsbekleders, hij glimlachte net te

enthousiast. Hij keek ernaar uit om de vipstudent te ontmoeten, die ondanks zijn prinselijke status niet anders dan andere eerstejaars zou worden behandeld. In die oude universiteitsgebouwen zou William de volgende vier jaar doorbrengen. Als hij al nerveus was over wat hem te wachten stond, deed hij zijn best om het niet te laten merken.

In de weken voorafgaand aan de aankomst van de prins had Lang een waarschuwing laten horen. Hij verzocht de media dringend om de wensen van de prins en andere studenten te respecteren en hen hun gang te laten gaan bij de colleges zonder dat hun privacy werd geschonden en ze werden lastiggevallen. Maar achter de gesloten, eikenhouten deuren moet Lang zich stilletjes hebben verheugd over Williams keuze, die alleen maar gunstig voor zijn universiteit was.

Om te beginnen kan men St. Andrews nauwelijks een onbekende stille plek noemen. Het is de oudste universiteit van Schotland en doordrenkt van geschiedenis en mythes. De universiteit domineert het stadje en kijkt uit op een stuk zandstrand en over de wereldberoemde, door de wind geteisterde golfbanen. De aanmeldingen voor colleges waren met vierenveertig procent gestegen sinds William besloten had zich hier in te schrijven. In sommige fantasierijke berichten werd beweerd dat vrouwelijke studenten al trouwjaponnen hadden besteld, vooruitlopend op zijn aankomst.

William zag er helemaal uit als een student – volstrekt anders dan zijn vader toen die vierendertig jaar eerder op de universiteit aankwam. Charles was ook met een auto gearriveerd, maar dat was dan ook het enige wat hetzelfde was. Hij verscheen op Trinity College in Cambridge in 1967, in de zogenaamde *Summer of Love*, toen het gebruik van bewustzijnsverruimende middelen op zijn hoogtepunt was. Iedereen had de uitdrukking flowerpower in de mond en hippieachtige types zwierven rond met de weeïge lucht van etherische olie en wierook in hun kielzog. Niet dat dit enige invloed had op Charles' gevoelens en stijl. Hij kwam op Cambridge aan als een achttienjarige jongeman die eruitzag als veertig, stijf als een plank en onberispelijk gekleed in een prachtig maatpak. Hij kon zo solliciteren naar een baan in het zakencentrum van Londen.

Zijn zonen wilden een normaal leven, maar Charles heeft dat nooit geambieerd. Hij wist dat hij anders was en hij heeft er gewoon nooit iets van begrepen. William daarentegen hunkerde naar de zeer geprivilegieerde versie van het gewone leven dat hij zo af en toe tijdens zijn kindertijd had leren kennen. Als student was hij vastbesloten niet op te vallen. En dat was gedeeltelijk ook de reden van zijn beslissing om in St. Andrews te gaan studeren.

De jonge prins raakte vooral geïrriteerd door geruchten dat men zich binnen de koninklijke familie had verzet tegen zijn keuze van St. Andrews, waar hij in het eerste jaar kunstgeschiedenis, geografie en antropologie zou gaan studeren. William instrueerde hoffunctionarissen om de geruchten te ontkennen dat de oudere leden van de koninklijke familie inderdaad hadden gewild dat hij de universiteit van Oxford of Cambridge zou bezoeken. De familie, zoals de functionarissen nadrukkelijk volhielden, was er gelukkig mee dat William de traditie achter zich liet, niet het minst omdat zijn keuze de hechte band die de monarchie met Schotland had, nog eens benadrukte.

Tijdens een interview dat werd gepubliceerd op de dag voordat hij zich als student inschreef nam William de tijd om zijn keuze te motiveren. Hij had een studie in Edinburgh uit zijn hoofd gezet omdat de stad te groot en te druk was. Hij stelde: 'Ik hou van Schotland. Er is veel ruimte. Ik hou van de heuvels en de bergen en ik vond dat St. Andrews als een hechte gemeenschap aanvoelde. Ik heb nog nooit dicht bij de zee gewoond, dus het zal allemaal heel anders zijn. Ik hoop alleen dat ik mensen zal ontmoeten met wie ik kan opschieten. Hun achtergrond kan mij niet schelen.'

Ik ben ervan overtuigd dat de prins, die een voorstander is van gelijkheid, meende wat hij zei, hoewel hij een universiteit had uitgekozen met het hoogste percentage studenten uit privéscholen.

Hoezeer William er ook naar verlangde om rustig en onopgemerkt aan het studentenleven deel te nemen, er waren al concessies gedaan vanwege zijn status. Hij arriveerde een week na aanvang van het studiejaar, omdat hij had besloten de introductieweek over te slaan. In Engeland betekent dit dat hij niet deelnam aan de beruchte feestweek. Traditioneel worden er zeven dagen gereserveerd voor allerlei activiteiten voordat het studiejaar officieel begint. Pas aangekomen studenten dompelen zich in het studentenleven onder, maar houden zich nog niet met hun studie bezig. William miste het ruwe gedrag dat hoorde bij de feestjes van dronken eerstejaars. Dat zou alleen maar voor opwinding in de media zorgen, zei hij. 'En dat is niet fair tegenover de andere studenten. Bovendien dacht ik dat ik misschien als een compleet wrak in de goot zou eindigen. En de mensen die ik in die week zou ontmoeten, zouden uiteindelijk toch geen vrienden worden. Maar het betekent ook dat ik nog een week vakantie kan nemen.'

Het was een goed ingestudeerd verhaal, dat was opgesteld door de pr-functionarissen van het paleis, grappig en positief. Wat William zei was juist, maar hij roerde ook de onderliggende en onvermijdelijke spanning aan die ook een aspect is van het studentenleven. Want voor de meeste studenten wordt het plezier van de introductieweek tenietgedaan door vernederingen die men het liefst snel wil vergeten. Als er een paar compromitterende foto's worden genomen of enkele onbezonnen relaties worden aangegaan, dan is wat geplaag op de studentenkamer of de woede van de decaan het ergste wat de aankomende intellectueel kan overkomen. Maar de toekomstige koning, hoe normaal hij ook wil zijn, kan niet uit studentenkroegen vallen en in de bedden van studentes belanden zonder dat dit een schandaal veroorzaakt en leidt tot een openbaar debat, dat gewoonlijk gereserveerd lijkt voor koppige leden van de ministerraad. Terwijl andere studenten zich druk maken over wat hun medestudenten misschien denken, of zweten bij de gedachte dat een autoriteit van de universiteit hun ouders al of niet op de hoogte zal stellen, moest William zich serieus afvragen wat de natie van hem zou denken als de dolle pret van de studenten uit de hand zou lopen. Hij moet altijd discreet zijn en zijn vrienden zorgvuldig uitkiezen.

Met dit in gedachten had prins Charles heel wijs prins William wat vaderlijke raad gegeven. De basisregels, zei hij, waren erg simpel: gebruik geen drugs, pas ervoor op dat je niet in compromitterende situaties met meisjes wordt betrapt. Geen gekus in het openbaar, geen buitensporig drankgebruik, en probeer niet aan je lijfwachten te ontsnappen. Charles waarschuwde zijn zoon heel serieus voor de gevaren die je loopt als je met de verkeerde meisjes omgaat en voor de verschrikkelijke consequenties als details van een affaire in een venijnig roddelverhaal belanden. Tijdens zijn verblijf op Eton was William alles over de bloemetjes en de bijtjes bijgebracht. Nu was het Charles' taak om hem buiten de colleges om alles te leren over valkuilen op het gebied van de liefde. Hoezeer de omgeving van de prins ook met geschiedenis is doortrokken en hoezeer men zich er ook op bewonderenswaardige wijze bezighoudt met het vergaren van kennis, dat alles schrikt een bepaald soort berekende vrouw niet af. William zou op zijn hoede moeten zijn.

In het interview dat werd gehouden voordat hij naar de universiteit ging, had William gezegd dat hij vertrouwen had in zijn vermogen om de oprechtheid van vreemden in te schatten. 'Mensen die proberen mij beet te nemen en iets van mij willen, heb ik direct door en ik knijp er dan snel tussenuit. Ik ben niet achterlijk', zei hij. Natuurlijk had hij datzelfde zekere gevoel ook bij vrouwen. Bovendien moet het voor William niet gemakkelijk zijn geweest om zich zijn vaders advies te laten welgevallen, gezien diens houding tegenover het andere geslacht. Net als elke andere tiener op de rand van de volwassenheid moet hij hebben gedacht dat zijn vader op grond van zijn relatief vergevorderde leeftijd niet wist waar hij het over had. William zou niet de eerste tiener zijn die ernstig en stil luistert naar goedbedoeld ouderlijk advies, terwijl hij ondertussen denkt: het is mijn leven en ik doe wat ik wil, of: arme oude sukkel, hij weet niet waar hij het over heeft.

Prins Charles zal misschien heimelijk hebben vermoed dat zijn eigen ervaringen hem in een nogal zwakke positie plaatsten als het erop aankwam William advies te geven over zijn gedrag tegenover vrouwen. Hij moet zeker hebben geweten dat zijn oudste zoon het andere geslacht niet onverschillig liet. De verlegenheid die veel commentatoren en royaltywatchers bij hem hadden ontdekt, werkte in die tijd, volgens sommigen van Williams schoolvrienden, in zijn voordeel, want meisjes werden erdoor aangetrokken. Op vele manieren was 'de verlegen William' een persoonlijkheid die hij had bedacht – een heel effectieve dekmantel voor een jongen wiens zelfverzekerdheid dagelijks toenam. Hij hield later vol dat hij nooit verlegen was geweest, maar dat hij er niet van hield om gefotografeerd te worden. Hij dacht dat als hij zijn hoofd vooroverboog de mensen hem niet zouden herkennen. In een interview ter gelegenheid van zijn eenentwintigste verjaardag onthulde William: 'Het is grappig. Ik werd verlegen genoemd omdat ik mijn hoofd zo omlaag hield in het openbaar. Dat deed ik niet omdat ik verlegen was. Het was eigenlijk heel naïef, en niemand heeft mij ooit terechtgewezen. Ik weet dat het dwaas is en dat iedereen erom zal lachen, maar ik dacht dat als ik in de publieke belangstelling stond, ik niet zoveel gefotografeerd zou worden als ik mijn hoofd boog. Daardoor, dacht ik, zouden de mensen niet weten hoe ik eruitzag en kon ik mijn eigen gang gaan, maar nu weet ik dat mijn plannetje natuurlijk geen kans van slagen had. Ik dacht dat de mensen me niet zouden herkennen en dat ik nog gewoon met vrienden zou kunnen uitgaan en gewone dingen doen. De mensen zouden alleen maar de bovenkant van mijn hoofd zien. Maar gewoonlijk werd ik gefotografeerd met gebogen hoofd terwijl ik opkeek vanonder mijn haar. Het zag er idioot uit. Ik zou niet zeggen dat ik liever onopgemerkt blijf, maar ik ben wel iemand die niet graag in het middelpunt van de belangstelling staat.'

Jammer genoeg voor William hoort dat er nu eenmaal bij. In werkelijkheid hebben zijn achtergrond en training hem meer dan voorbereid op wat hem te wachten staat. De opleiding in Eton staat erom bekend dat ze iemand zelfvertrouwen bijbrengt, een zelfvertrouwen dat soms grenst aan arrogantie. En de toekomstige koning was geen uitzondering.

Een jonge aristocratische vrouw, ooit ten onrechte door de media aan William gekoppeld, vertrouwde mij toe dat de prins toen hij nog een tiener was erom bekendstond dat hij steeds naar andere meisjes keek. Hij kon de indruk wekken dat hij volledig in beslag werd genomen door iets wat een meisje vertelde, terwijl hij ondertussen de kamer screende op beschikbare andere meisjes. De tiener William stond erom bekend dat hij enthousiast meedeed met zijn leeftijdgenoten die vaak doelloos bezig waren, die alles hadden wat hun hartje begeerde en op zoek waren naar de stimulering en opwinding van een eindeloze stroom feestjes. Hij wist dat het andere geslacht hem aantrekkelijk vond en het was, zoals mijn informante zei, niet ongebruikelijk dat hij bij elke geschikte gelegenheid het mooiste meisje in de ruimte benaderde en met haar praatte. Toen hij op Eton zat, werd hij vaak tijdens feestjes in de keuken aangetroffen, met een flesje bier in zijn hand en omringd door een stel snaterende mooie meisjes die allemaal duidelijk ontzag voor hem hadden. Ze konden niet genoeg van hem krijgen en hij vond het heerlijk.

Voordat hij Kate ontmoette waren die meisjes vaak van een voorspelbaar type: mager en langbenig, met blond haar en blauwe ogen en met trustfondsen achter zich die steviger waren dan hun bouw en hun dubbele, soms zelfs driedubbele achternamen. Zij gingen geen bijzondere relatie met hem aan, maar ze waren vaak grappig, ze kwamen uit zijn kringen, ze hadden de juiste achtergrond en ze waren beschikbaar.

In 1999 maakte hij een cruise naar de Griekse eilanden met een gezelschap dat werd omschreven als een harem zelfverzekerde meisjes. Onder degenen die uitgenodigd waren, bevonden zich een meisje uit de societykringen, Emilia D'Erlanger, die zorgde voor geroddel toen zij zich toevallig voor dezelfde colleges als William op St Andrews inschreef; Arabella Musgrave, wiens vader de Park Polo Club in Cirencester beheert; Davina Duckworth Chad, wiens broer James opperstalmeester van de koningin was en wiens vader een voormalige hoge bestuursambtenaar in Norfolk was, waar hij een gigantisch landgoed bezit; en Lady Katherine Howard, dochter van de graaf van Suffolk. Andere meisjes van wie werd verondersteld dat Williams oog op hen was gevallen, waren Emma Parker Bowles, Camilla's nichtje, Victoria, de dochter van de voormalige politicus Jonathan Aitken, en Alexandra Knatchbull.

Het is geen toeval dat Alexandra een achterachterkleindochter is van graaf Mountbatten en een achternicht van Amanda Knatchbull, die Mountbatten ooit aan Charles hoopte te koppelen. De familie gaat al generaties om met leden van het koningshuis en prinses Diana was Alexandra's peettante. Het is dan ook niet verwonderlijk dat zij in het begin ook terechtkwam in de grote, maar ondiepe poel van Williams mogelijke vriendinnen. Natuurlijk waren sommige speculaties overduidelijk onzin. Toen hij achttien was, werd beweerd dat William een e-mailcorrespondentie had onderhouden met de Amerikaanse popprinses Britney Spears waarin hij met haar had geflirt. Men dreef openlijk de spot met deze suggestie; privé vond William het zowel grappig als vleiend.

Tegen de tijd dat William aan het studentenleven begon en zich klaarmaakte om zijn toegenomen vrijheid (hoe beperkt die ook zou blijven) te benutten, was hij zich goed bewust van zijn macht over de vrouwelijke sekse. Maar zoals een andere adellijke dame die ooit aan hem werd gekoppeld mij liet weten, had hij tegelijkertijd genoeg van de meisjes die traditioneel als zijn type werden beschouwd. Ze zei: 'Hij voelde zich aangetrokken tot meisjes met wie de omgang gewaagder was en hij hield van een uitdaging. Maar veel van de aristocratische meisjes aan wie hij werd gekoppeld, zouden hem te veel problemen opleveren. Het is interessant dat hij genoegen heeft genomen met een gewoon meisje uit de middenklasse. Dat komt omdat zij niet de bagage heeft die sommigen van deze adellijke meisjes hebben: problemen zoals anorexia, drugs, drank. Hij wil al die problemen niet.' Zoals deze bron zo beknopt zei, moest William eerst enkele problemen die hij zelf had zien op te lossen voordat hij aan zijn leven met Kate kon beginnen.

Ondanks het feit dat hij voor zijn aankomst op St. Andrews aan talrijke meisjes was gekoppeld, was niemand in zijn ogen echt speciaal. Tijdens het interview ter gelegenheid van zijn eenentwintigste verjaardag hield William vol dat hij geen vaste vriendin had, maar hij zei wel dat als hij het juiste meisje zou ontmoeten, hij er gauw achter zou komen of ze werkelijk van hem hield. In navolging van zijn vader leek William zich het hoofd te breken over de uitwerking die het uitgaan met een prins op deze meisjes zou hebben. 'Over elk meisje met wie ik uitga wordt veel gespeculeerd en dat irriteert mij nogal na een tijdje, temeer omdat het voor de meisjes een nachtmerrie is', zei hij. 'Die arme meisjes die ik net heb ontmoet en met wie ik word gefotografeerd, zijn óf vriendinnen van mij óf ze komen plotseling in de schijnwerpers te staan, hun ouders worden opgebeld enzovoort. Ik vind dat niet eerlijk. Ik ben eraan gewend omdat het tegenwoordig vaak gebeurt. Maar het is moeilijk voor hen en dat vind ik helemaal niet leuk.'

Hij was zoals steeds voorzichtig, om te voorkomen dat er in de media zou worden gespeculeerd over bepaalde meisjes. 'Ik heb geen vaste vriendin. Als ik een meisje leuk vind en ik mag haar echt en zij mij ook – wat zelden voorkomt – dan vraag ik haar mee uit. Maar tegelijkertijd wil ik hen niet in een vervelende situatie brengen. Enerzijds begrijpen veel mensen niet helemaal wat er gebeurt als ze met mij omgaan. En anderzijds hebben ze geen idee wat voor een opschudding het waarschijnlijk zou veroorzaken als ze mijn vriendin zouden zijn.'

Zoals dit commentaar aantoont, wantrouwt William vreemden van nature, iets wat zijn moeder er bij hem ingehamerd heeft. In die zin was Charles' raad voordat hij zijn zoon bij St. Andrews aflevere misschien wel overbodig. Toch kan men nooit te voorzichtig zijn. In het eerste semester op St. Andrews was Williams levenswijze het toppunt van koninklijke gereserveerdheid en tact. Het was geen combinatie die de jonge prins veel ruimte liet voor plezier.

Het universiteitsleven moet ongetwijfeld een shock voor het systeem zijn geweest. Het moet voor William ontmoedigend zijn geweest, hoewel hij had beweerd dat hij uitkeek naar de periode dat hij zijn tijd 'in een relaxte omgeving' kon besteden. Ondanks zijn plechtige verklaring dat hij naar gelijkheid streefde en zijn ervaringen met deze gelijkheid in het overbruggende jaar, genoot William als hij in een van de koninklijke paleizen verbleef met alle mogelijke prinselijke comfort.

Als hij in Balmoral, Highgrove, Buckingham Palace, Windsor Castle, Sandringham of Clarence House verblijft, is William omringd door weelde en regelmaat. Hij ontwaakt gewoonlijk 's ochtends om halfacht als een bediende zijn kamer binnenkomt met een blad met een pot koffie en een paar crackers. Dit wordt geplaatst op een tafel naast Williams bed. Hij drinkt de koffie zwart zonder suiker. De bediende zet daarna de radio aan, die gewoonlijk op BBC Radio 4 is afgestemd, zodat hij naar het nieuws kan luisteren. Dan trekt de bediende, en niet William, de gordijnen open zodat de ochtendzon kan binnenvallen. William staat dan direct op, scheert en doucht zich en werkt een trainingsprogramma af van de Canadese luchtmacht, een elf minuten durende combinatie van buikspieroefeningen, opdrukken, stretchen en ter plaatse lopen. Dit programma heeft hij geërfd van zijn vader en zijn grootvader. De jonge prins doet dit graag, want hij kan het gemakkelijk in zijn eigen kamer doen. Tegen de tijd dat hij daarmee klaar is, heeft een van zijn bedienden zijn chique kleren neergelegd, maar in plaats van die aan te trekken, schiet hij een trui en een spijkerbroek aan. Het ontbijt bestaat uit cornflakes met koude melk en vers fruit. In de regel mijdt hij het Engelse ontbijt dat altijd beschikbaar is.

Ondanks het feit dat hij wel wist dat zijn leven op het internaat minder bevoorrecht zou zijn, moet zijn studentenkamer in St. Andrews hem niettemin als spaarzaam gemeubileerd zijn voorgekomen toen hij die voor het eerst betrad. Hij had zijn eigen dekbed bij zich, zijn kussens, een televisietoestel en een stereoapparaat, evenals een koffer met kleding, persoonlijke bezittingen en geselecteerde boeken uit de indrukwekkende lijst met aanbevolen werken die tijdens de zomermaanden aan de studenten was gestuurd. De volgende dag zou hij zijn studentenkaart gaan afhalen en aan zijn eerste college beginnen, over kunst in de renaissance.

William begon met zijn kamer huiselijker te maken, hij hing foto's op en pakte boeken en mappen uit. Wat verder op de gang ging zijn persoonlijke lijfwacht, iemand van Scotland Yard, op dezelfde wijze te werk. Door de aanwezigheid van deze man werd William voortdurend herinnerd aan de privileges en gevaren van zijn status.

Op een andere verdieping van hetzelfde studentenhuis – gemengd, maar verdeeld in mannelijke en vrouwelijke verdiepingen – had een zekere Kate Middleton al afscheid genomen van haar familie. Zij had hetzelfde gevoel als William, een mengeling van angst en opwinding toen zij aan de nieuwe fase in haar leven begon. Voor William werd de opwinding getemperd door het besef dat zijn leven kritisch werd bekeken en geleid door zijn familie. Terwijl hij zich er misschien op had verheugd nog even zijn zin te kunnen doen, hielden de koningin en prins Philip en hoffunctionarissen allang een lijst bij van de juiste soort meisjes die op een dag een geschikte bruid voor de toekomstige koning zouden kunnen zijn. Hoewel de koningin en Philip graag wilden dat William plezier had en van zijn studentenleven als vrijgezel zou genieten, is het geen geheim dat zij er de voorkeur aan gaven dat hij zo snel mogelijk een rustig leventje zou gaan leiden.

St. Andrews heeft, net als vele andere Britse universiteiten, een studentenondersteuningsnetwerk, opgericht om eerstejaars te helpen. Oudere studenten kunnen zich vrijwillig aanmelden om 'peter' te worden van eerstejaars. Zij kunnen hun tips geven die ze anders tijdens hun gehele studentenleven nooit zouden krijgen en kunnen die vragen beantwoorden die studenten anders nooit zouden durven stellen. Williams 'meter' was Alice Drummond-Hay uit Connecticut in de Verenigde Staten, de kleindochter van de graaf van Crawford en Balcarres, een voormalig seniorlid van de hofhouding van de koningin-moeder. Zijn 'peter' was een oud-Etonscholier, Gus McMyn.

Zowel de universiteit als het paleis houdt vol dat zij geen speciale eisen hebben gesteld aan de kwaliteiten van diegenen die Williams peetouders zouden worden. Het paleis beweert eveneens dat zij geen enkele voorkeur hebben getoond. Maar gezien de antecedenten van Alice en Gus lijkt het nauwelijks te geloven dat zij niet eerst gescreend zijn. Als William hen als klankbord zou gebruiken, zouden zij volkomen betrouwbaar moeten zijn en met kop en schouders moeten uitsteken boven de kwebbelende 'Yahs' die in de eerste maanden van zijn studentenleven om William heen zouden zwermen.

De verwaande studenten van de universiteit worden 'Yahs' genoemd omdat ze vaak de uitdrukking 'Okay, yah' in plaats van 'yes' gebruiken. Het is een bijnaam die zowel betrekking heeft op de echte aristocratische studenten als op degenen die erop willen lijken. En er zijn er veel die erop willen lijken – de meesten meisjes. De colleges over de door William gekozen onderwerpen werden nog nooit zo druk bezocht en er was nog nooit zoveel glamour te zien. De meisjes hingen buiten rond bij de gebouwen waar zijn colleges werden gehouden, met hun namaakpashmina sjaals, hun kunstmatig in de war gebrachte haar, te veel parfum en zorgvuldig opgebrachte make-up, nonchalance voorwendend en vurig hopend om zijn blik op te vangen. Sommigen, die meer moeite deden om de kliek waarvan hij de spil was te infiltreren, schurkten zich tegen hem aan in de studentenbar. Een meisje ging nog een stap verder door heel vrijpostig in zijn achterste te knijpen, maar zij kreeg slechts een woedende blik. Bij hun pogingen om indruk te maken bezorgden anderen zichzelf een slechte naam door zich moed in te drinken, en zij betreurden hun vergissing achteraf bitter. Een bijzonder mooi blond meisje had de pech om William te ontmoeten kort nadat ze had moeten overgeven door te veel drank. Hij schudde haar de hand om haar op haar gemak te stellen. 'Het enige waaraan ik kon denken,' zei ze, 'was: o mijn God, ik ontmoet prins William en er zit kots in mijn haar en op mijn hand, en ik schud zijn hand.'

En er waren natuurlijk echte Yahs zoals William, jongelui met een aardig fortuin achter zich, met dure kappers en de glanzende huid van mensen die rijk en jong zijn. Zij hadden goede manieren en kasjmieren truien, onderdeel van het uniform bestaande uit jeans, shirt met opstaande kraag en sweater dat zij, net als William, bijna bij elke gelegenheid droegen, behalve als er avondkleding werd gevraagd.

Kate paste er op dit gebied niet helemaal bij. Haar ouders zaten er dan wel warmpjes bij, maar zij had niet die financiële achtergrond die haar tot een lid van de vermogende elite maakte. Maar ze maakte ook geen wanhopige indruk, waardoor ze in het kamp van diegenen die erbij wilden horen terecht zou zijn gekomen. Ze was anders. Maar William is geen conformist. Hij mag dan wel een super-Yah zijn, hij is altijd in staat tot iets onverwachts. In het begin wees hij het lidmaatschap van de meest elitaire en reeds jarenlang bestaande studentenvereniging op de universiteit van de hand. Ook van de Kate Kennedyclub, die alleen voor mannen was, werd hij geen lid, terwijl iedereen had aangenomen dat hij daarvan juist wel lid zou worden. Hij schreef zich alleen in voor de waterpoloclub, een sport waarin hij al sinds zijn schooltijd uitblonk.

Vanaf zijn eerste semester op St. Andrews maakte Kate, die nauwelijks in aanmerking kwam als huwelijkskandidate, deel uit van een vriendenclub die omzichtig door William was samengesteld. Kate had net als William een jaar vrij genomen en een deel daarvan in Chili doorgebracht. Vanaf het begin hadden zij een gemeenschappelijke basis. Net als William was ze wat verlegen, maar dat vormde voor haar geen barrière. Ze was desondanks populair. Net als William hield ze van sport. Ze kon goed skiën en paardrijden, blonk uit in hockey en netbal en ze was gek op zeilen. Ze hadden behoorlijk wat dingen gemeenschappelijk en ze waren beiden jong en aantrekkelijk. En ze zullen zeker bij een drankje of een broodje bacon met toenemende openhartigheid en vertrouwelijkheid over hun beider levens hebben gesproken.

Toen William in die eerste dagen voorzichtig een vriendenclub aan het opbouwen was, wilde hij het liefst dat de pers hem met rust liet, zodat hij van het studentenleven zou kunnen genieten. Met dat doel was een deal gesloten tussen het bureau van prins Charles en de Britse media. In ruil voor af en toe een georganiseerde fotosessie waarbij de prins soms ook een paar vragen zou beantwoorden, zou William met rust worden gelaten, zodat hij kon studeren en zich daarna ontspannen.

Tot op zekere hoogte was het een deal die werkte. Ja, er waren paparazzi in St. Andrews en ja, er werd al eens een compromitterende foto genomen, maar het grootste gedeelte van de kranten heeft die niet gepubliceerd. Het was echter een tijdelijk, broos bestand en de rector van de universiteit, de voormalige redacteur van de *Sunday Times* Andrew Neil, wist dat dat op een dag zou worden verbroken. Andrew Neil is de man die, in de tijd dat hij voor de gerespecteerde krant werkte, Andrew Mortons briljante biografie van Diana in afleveringen publiceerde. Maar niemand had kunnen voozien wie de afspraak zou schenden.

Enkele dagen nadat William op de universiteit was gearriveerd, gebeurde er iets sensationeels, dat zowel komisch als ridicuul was. Het leidde tot een rel in het openbaar en trof het hart van de koninklijke familie. Want Williams privacy was inderdaad geschonden, niet door verslaggevers van de sensatiebladen maar door zijn eigen oom, toen cameraploegen van Ardent Productions, waarvan prins Edward eigenaar is, op de universiteit neerstreken. Ardent dook op in St. Andrews om die foto's te maken die voor de rest van de pers verboden terrein waren, zoals zij nadrukkelijk te horen hadden gekregen. Ze waren in het stadje om een deel van het radio- en televisieprogramma *An A-to-Z of Royalty* te filmen. Het programma moest Ardent uit de schulden krijgen. Wanhopige tijden lijken om wanhopige maatregelen te vragen wat Edward betreft.

Toen dit verhaal uitkwam sprong Charles zoals te begrijpen is uit zijn vel. Hij gaf zijn jongste broer een flinke uitbrander en vroeg de koningin woedend om ervoor te zorgen dat Edward eens en voor altijd koos tussen zijn openbare verplichtingen en zijn televisieproductiebedrijf. Velen vonden dat dit bedrijf leunde op Edwards titel voor het beetje succes dat het had. De relatie tussen de broers bereikte een nooit gezien dieptepunt, omdat St. James's Palace Edward in het openbaar bekritiseerde vanwege zijn bezigheden en het optreden van zijn productiebedrijf. In ongewoon heftige termen liet een woordvoerster namens prins Charles weten dat hij 'heel erg teleurgesteld was'. Andere, betrouwbare functionarissen vertelden mij hoe woedend Charles hierover was. Het woord 'witheet' werd gebruikt en ik hoorde dat prins Charles in een telefoongesprek heftig tegen zijn broer tekeer was gegaan.

Ook vóór het incident kreeg Edwards televisieprogramma weinig steun van de oudere leden van de koninklijke familie. Alleen prins Philip, die dol is op zijn jongste zoon, verleende hem een persoonlijke gunst en ging ermee akkoord dat hij voor de camera zou worden geïnterviewd. Maar zelfs hij kon dit niet door de vingers zien. William was ook woedend. Hij vond dat de activiteiten van het bedrijf van zijn oom de zorgvuldig gekoesterde relatie tussen St. James's Palace en de media dreigden te ondermijnen en op zijn beurt de overeenkomst tussen hem en de pers. Het was een beetje te veel voor de uitgevers, journalisten en fotografen dat zij weg moesten blijven en geen foto's mochten maken of verhalen mochten publiceren die erom vroegen gepubliceerd te worden, terwijl een lid van de koninklijke familie druk bezig was om alles voor veel geld te verkopen.

Het was ontzettend pijnlijk voor de familie. De woorden van rector Andrew Neil verrieden nog een beetje zijn journalistische achtergrond: 'Wij wisten toen [we de afspraak maakten] dat iemand die op een dag zou verbreken. Maar dat die afspraak verbroken zou worden door een bedrijf dat eigendom is van zijn oom – tja, dat kun je toch niet bedenken.' Edward bood zijn excuses aan in een telefoongesprek met Sir Stephen Lamport, Charles' privésecretaris, in plaats van zich rechtstreeks tot Charles te wenden. Hij deed een poging om tot een verzoening te komen, maar daarbij hielp de manier waarop Ardent probeerde om zonder averij uit de storm te komen bepaald niet. Malcolm Cockren, voorzitter van Ardent, zei: 'Voor de goede orde, het filmen in St. Andrews door Ardent Productions is drie weken geleden tot stand gekomen met medeweten en medewerking van het persbureau van de universiteit. Ardent Productions ondersteunt volledig de beperkingen die de pers zijn opgelegd met betrekking tot het filmen van prins William op de universiteit van St. Andrews. De filmploeg probeerde ook op geen enkel moment om prins William te filmen, om onrechtmatig toegang tot de universiteit te verkrijgen of op de campus te filmen.' Het was een armzalige verdediging. Later, te laat, bood het bedrijf alsnog zijn excuses aan en daarmee was deze hele hilarische episode voorbij.

Ondanks dit probleem bleek dat Williams eerste paar maanden relatief vlot waren verlopen. De deal met de pers werd nagekomen en dat betekende dat William in staat was om in het studentenleven te integreren en zich te ontspannen. Hij was nog steeds enthousiast bezig om een kerngroep van vrienden op te bouwen die hij kon vertrouwen en die hij, zodra ze eenmaal deel uitmaakten van zijn club, exclusief voor zichzelf zou willen houden. Hij was nog steeds zijn weg aan het zoeken. Een van de vrienden die hem daarbij hielp, was ene Kate Middleton, die een traplengte verwijderd woonde van zijn eigen bescheiden kamer.

Ze woonden zo dicht bij elkaar in het studentenhuis, dat gewoonlijk St. Sallies werd genoemd, dat het gemakkelijk moet zijn geweest om elkaar vaak te ontmoeten zonder dat ze daarvoor uitvoerige afspraken hoefden te maken. Hun levens gingen als vanzelf over in hetzelfde ritme. Ze ontmoetten elkaar in dezelfde bars en speelden zelfs tennis met elkaar. Kate was een goede speelster en had haar school in deze sport vertegenwoordigd. William zal zo af en toe zijn vrienden voor een drankje op zijn kamer hebben gevraagd, en Kate zal er steevast bij zijn geweest. Tijdens het eerste semester aan de universiteit had William een goede reden om Kate niet op te merken, tenminste, op romantisch gebied.

In de weken na zijn aankomst ontmoette hij een andere mooie brunette, Carly Massy-Birch, en hij begon een intieme relatie met haar. Ze voelden zich onmiddellijk tot elkaar aangetrokken. Haar natuurlijke gereserveerdheid en charme intrigeerden de prins. Hij bleef aandringen en ze gingen ongeveer twee maanden met elkaar om. Toen bekoelde de relatie en in oktober 2001 gingen ze uit elkaar. Toen hij pas was aangekomen en nog eerstejaars was, werd William achternagezeten door een hele reeks enthousiaste mooie jonge vrouwen, die blij waren met zijn aandacht en onder de indruk waren van zijn stan-

daardversiertruc: 'Op een dag ben ik koning, wat vind je daarvan?'
Kort nadat ze uit elkaar waren gegaan, viel de prins voor Kate, wat
kennelijk tot wedijver tussen de twee meisjes leidde. In 2008 bevestig-
den Carly's ouders dat hun dochter en William iets met elkaar hadden
gehad en bijna twee maanden samen waren geweest toen ze eerstejaars
waren. Volgens Mimi en Hugh Massy-Birch was er geen onenigheid
tussen Carly en Kate. Ze waren nog steeds goede vrienden. Toen de
relatie openbaar werd gemaakt zei Mimi Massy-Birch: 'Carly zal echt
geschokt zijn dat dit is uitgekomen. Ze ging zes of zeven weken met
William toen ze net op St. Andrews waren aangekomen. Maar Kate en
zij hebben absoluut geen ruzie. In feite zijn ze alle drie nog de beste
vrienden. Carly heeft haar eigen vriend, van wie ze erg veel houdt. Ze
hoopt oprecht dat Kate met Will zal trouwen, zodat ze voor hun bruiloft wordt uitgenodigd. Ze maakt zich zorgen dat ze misschien zal
worden overgeslagen als hij voor iemand anders zou kiezen.'

Het echtpaar Massy-Birch heeft de relatie van hun dochter, die
nu actrice is, en de prins steeds voor zich gehouden. Spoedig nadat
de relatie beëindigd was, vergezelde William Kate op feestjes van de
universiteit. Volgens een verhaal van de ervaren journalist Celia Wal-
den van de *Daily Telegraph* koesterde Carly nog steeds wraakgevoelens
ten opzichte van Kate. De ambitieuze actrice gaf William een venij-
nige les in trouw en deed het publiek versteld staan door tijdens een
opvoering van *Othello* te zeggen: 'Dat is een liefdestrofee van een of
ander rotwijf en ik moet dit [borduursel] kopiëren? Daar, geef het
maar terug aan die snol van je!' terwijl ze een boze blik op William
wierp, die met Kate naar de voorstelling was komen kijken.

Maar Carly's moeder zegt: 'Dat is echt onzin. Carly was altijd erg
close met Kate en William en dat is nooit veranderd. Ze heeft zo haar
best gedaan om haar vriendschap met hem stil te houden – we hebben dat allemaal gedaan – en ze zal hierdoor erg van streek zijn. Het
was iets wat gebeurde en iedereen ging daarna gewoon door met zijn
eigen leven. Ze wil gewoon acteren. Ze woont en werkt in Londen
en heeft al in een paar toneelstukken opgetreden, inclusief een paar
hoorspelen op Radio 4.'

Bronnen uit dezelfde tijd op St. Andrews beweren echter dat de
werkelijke reden van het mislukken van Williams eerste relatie als

eerstejaars was dat Carly herhaaldelijk weigerde toe te geven aan zijn prinselijke charmes en seks strikt afhield. Het maakte Carly niet uit dat haar vriend een toekomstige koning was. Ze maakte de breuk zelfs publiek (hoewel ze Williams naam tactvol verzweeg). Ze verwees naar haar koninklijke relatie in een artikel over dating in het studentenblad The Saint, dat getiteld was 'Op zoek naar liefde'. Toen haar werd gevraagd waarom ze alleen was, onthulde ze: 'Geen seks voor het huwelijk.' En toen men polste hoe lang het geleden was dat ze met iemand naar bed was geweest, legde ze uit: 'Zie hierboven.' Carly verscheen ook in het stuk 'Verdrietig, eenzaam en wanhopig' in The Saint nadat de relatie met William beëindigd was. Ze beweerde toen dat haar ideale date de acteur Hugh Grant was.

Toen alles weer normaal was, dus toen hij en Carly uit elkaar waren, namen Williams gevoelens van onzekerheid weer toe. Hij werd steeds ongelukkiger en onzekerder. Misschien vormen onzekerheid, wat heimwee en desillusie wel de keerzijde van een normaal studentenleven. Dat had hij zich tevoren onvoldoende gerealiseerd. In april 2002 verschenen de eerste berichten dat het niet goed ging met de prins. Hij was blijkbaar teleurgesteld in zijn studiekeuze en zijn omgeving verveelde hem. Hij overwoog serieus een verandering van omgeving. Misschien bood de universiteit van Edinburgh, met alle attracties en bedrijvigheid van een stad, hem meer mogelijkheden. Het Schotse kuststadje St. Andrews, dat weinig meer te bieden heeft dan een paar pubs, wat charme en een door de wind geteisterde kuststrook, was niet, althans zo leek het, wat hij eigenlijk had gehoopt.

De prins was ongelukkig. Ooit was er een crisis ontstaan toen zijn oom prins Edward besloot om zijn opleiding bij de marine niet af te maken, hoewel hij de zware opleiding bijna achter de rug had, om zodoende een lange neus te kunnen maken naar zijn dominerende vader. Dit had een schandaal kunnen worden en het paleis wilde dat in de kiem smoren. De pers stortte zich op Edwards mislukking en probeerde er alles uit te halen. Met onvergeeflijke botheid trokken ze alles in twijfel, van zijn verdiensten als lid van het koningshuis tot zijn seksualiteit. Niemand wilde dat William aan een dergelijke ruwe behandeling werd blootgesteld. Bovendien laten prinsen – in het bijzonder degenen die bestemd zijn om koning te worden – de boel niet in de steek. Niet meer.

Twijfels over Williams beslissing om voor St. Andrews te kiezen verschenen in de pers toen hij met Kerstmis naar huis ging. Hij was gedeprimeerd, voelde zich ongemakkelijk en dacht dat hij de verkeerde keuze had gemaakt. Hij besprak de zaak met zijn vader en legde hem uit waarom hij de vier jaar durende studie wilde opgeven. Charles stelde zich eerst sympathiek op maar was, zoals te begrijpen valt, gealarmeerd. Paleisfunctionarissen onthulden dat Charles zich zoveel zorgen maakte over zijn zoons ongelukkige start in het studentenleven, dat hij zijn staf vroeg om een strategie te ontwikkelen die William in staat zou stellen zich zo nodig van de universiteit terug te trekken.

De twee oudste leden van de staf van de prins, Sir Stephen Lamport en Mark Bolland, waren geschokt door het idee. 'Het zou voor William persoonlijk een ramp zijn geweest – hij zou worden gezien als iemand die de boel in de steek laat – en het zou een nog grotere ramp voor de monarchie zijn geweest, in het bijzonder in Schotland', deelde een naaste medewerker van het paleis in vertrouwen mee. Uiteindelijk gooide Charles het over een andere boeg en stelde zich onverzettelijk op. Hij adviseerde zijn zoon met klem om de universiteit niet te verlaten, omdat de meeste studenten tijd nodig hebben om aan de situatie te wennen en hij drong er bij hem op aan om te blijven. Prins Philip was zoals te verwachten veel bruusker en directer. Hij gebood William in niet mis te verstane bewoordingen, typerend voor hem, om gewoon 'door te gaan'.

Williams twijfel en besluiteloosheid in verband met het universiteitsleven hield ook verband met zijn omgang met een 'mooi prmeisje'. Hij bleek vier maanden een relatie te hebben gehad met de eenentwintigjarige Arabella Musgrave voordat hij naar de universiteit ging. Hoewel ze waren overeengekomen 'het te laten bekoelen', voelde hij nog steeds iets voor haar. Zijn vriendschap met Kate was hechter geworden na de breuk met Carly, maar was niet meer dan dat: vriendschap. De geruchten dat William nog steeds naar Arabella smachtte waren waarschijnlijk ongefundeerd, maar het is een feit dat hij nu vaker in het weekend naar Highgrove terugkeerde, hoewel het honderden kilometers van de universiteit ligt.

Er werd gesuggereerd dat Arabella zijn eerste 'serieuze' vriendin was geweest en dat hij haar miste. Ze probeerden hun relatie in het voorjaar van 2002 nieuw leven in te blazen, al wist William ergens wel dat de langeafstandsrelatie moeilijk vol te houden was. Hun romance was begonnen in juni 2001. Ze kenden elkaar al verschillende jaren omdat Arabella's familie in een prachtig huis bij Stroud woonde, niet ver van prins Charles' landgoed Highgrove House. Haar vader, Nicholas, was manager van de Cirencester Park Poloclub in Gloucestershire en zij was een bekend lid van het jongerenteam. Tijdens de periode dat William en Arabella samen waren, brachten ze rustige weekends in de Cotswolds door. Ze werden vaak gezien als ze iets gingen drinken in de Tunnel House Pub in het dorpje Coates, zo'n drie kilometer van Cirencester.

Arabella, die tot op de dag van vandaag goede vrienden met William is, had in de tijd dat de *Sunday Mirror* had gemeld dat zij de reden van Williams heimwee was, een vriend. Ze vond de situatie niet leuk en wilde het verhaal eens en voor altijd de wereld uit helpen. Ze verklaarde in een interview: 'Ik haatte het om beroemd te zijn omdat ik met William uitging. Ik heb een nieuwe vriend die handelt in onroerend goed.'

Maar William had geen keuze. Toen hij zelf uitlegde hoe hij worstelde met het idee om de universiteit te verlaten, zei hij: 'Het gerucht dat ik ongelukkig was, is enigszins uit de hand gelopen. Ik denk niet dat ik heimwee had. Ik was eerder ontmoedigd.' Hij gaf toe dat er een probleem was geweest en dat zijn vader hem goed had geholpen. 'We hebben veel gepraat en uiteindelijk realiseerden we ons allebei dat ik terug moest', voegde hij eraan toe. Maar als je wordt verteld om je mond te houden en je serieus aan je studie te gaan wijden, is dat niet echt een oplossing voor dieperliggende zorgen. William ging terug, maar hij speelde nog steeds met de gedachte om zich te verontschuldigen en te vertrekken.

Toevalligerwijs weifelde ook een andere eerstejaars. Kate worstelde met de overgang van middelbare school naar de universiteit. Ze had momenten waarop ze huilerig was, naar huis belde en zich zorgen maakte. Het was iets wat zij en William gemeen hadden toen zij zijn vertrouweling werd en hij de hare. Er was iets aan het veranderen tussen hen. Het was Kate die suggereerde dat William niet een verandering van omgeving nodig had, maar een andere studierichting. Het was Kate die voorkwam dat er een crisis ontstond over zijn eventuele vertrek als eerstejaars van de universiteit. In plaats van te vertrekken besliste William om van kunstgeschiedenis over te schakelen naar geografie – een onderwerp waarvoor hij altijd bijzonder veel interesse had gehad. Dit besluit was perfect en volkomen acceptabel.

Voordat hij naar St. Andrews ging, had William al toegegeven dat hij 'veel meer interesse had om iets met het milieu' te gaan doen. Dat was iets wat zijn vader er bij hem op jonge leeftijd had ingehamerd. Hij veranderde van studie en ging zich direct gelukkiger voelen, alsof een zware last van zijn schouders was gevallen. Zijn sociale leven ging er ook op vooruit. Tot dan toe had de prins zich terughoudend opgesteld en was hij tot geen enkele club toegetreden, maar nu werd hij lid van de Kate Kennedy-eetclub voor mannelijke studenten. Kate richtte een soortgelijke club voor vrouwen op, de Lumsden Society. Ze maakten deel uit van een groep vrienden die vaak gingen eten in de lokale pizzarestaurants en naar Ma Belles gingen, een favoriete studentenbar in de stad, waar zij een paar glazen dronken, maar nooit buitensporig. William dronk graag bier en wijn, maar het meest hield hij van cider; daar dronk hij dan zo'n twee glazen van. Overdag dronk hij alleen bronwater. Drankjes zoals cola dronk hij al sinds zijn tienerjaren niet meer. Het leven was weer leuk, en Kate was daarin blijkbaar een vaste waarde.

Kate was nu bekend bij het publiek als een vriendin van de toekomstige koning. In april 2002 verschenen foto's in de pers waarop de brunette paradeerde op een studentencatwalk voor het goede doel. Ze werd gadegeslagen door een duidelijk gebiologeerd kijkende William. Ze droeg een zwartkanten jurk over een bandeau-bh en een zwart bikinibroekje.

William had 200 pond betaald voor een stoel op de eerste rij en hij had voor geen geld ter wereld de show met Kate als sexy model willen missen. Een medestudent tipte de *Mail on Sunday* en op 7 april 2002 verscheen het verhaal onder de kop 'WILLIAM EN MEDESTUDENTE KATE GAAN EEN STUDENTENFLAT DELEN'. Er stond *undie graduate* (in ondergoed afgestudeerd) in plaats van *undergraduate* (studente). Eerder die maand had hij op het punt gestaan om de uni-

92

versiteit te verlaten en nu, na een openhartig gesprek met Kate, was hij bezig naar een flat uit te kijken waar hij samen met Kate en twee vrienden kon gaan wonen.

De tipgever onthulde: 'Kate is de ware reden achter Williams beslissing om [naar de modeshow] te gaan. Ze maakt deel uit van een groepje goede vrienden die samen op stap gaan. Zij hebben hem door de afgelopen maanden heen geholpen. Kate is een aardig meisje en je kunt plezier met haar maken. Maar ze zijn alleen vrienden, niets meer dan dat. Ze gaan met zijn vieren in het tweede jaar een flat delen.' De *Daily Mail*, die Kate en de prins omschreef als 'hechte vrienden', pikte het verhaal op. De krant bleef echter aan de oppervlakte. Tot nu toe was Kate anoniem geweest. Nu stond zij op de publieke radar. Zogenaamde 'vrienden' waren er vlug bij om de pers in te lichten in de hoop gemakkelijk geld te verdienen, en zij vertelden details van Kate en Williams vriendschap.

Dat was precies wat William had willen vermijden, maar er was niets dat de stroom informatie kon tegenhouden. De pers had beloofd William met rust te laten, wat betekende dat ze niets zouden publiceren wat niet aantoonbaar van publiek belang was, maar dit verhaal was te mooi om te laten liggen. Informatie over Kate lag ook, vonden sommigen, op het terrein van het openbaar belang. Bovendien stond er niets negatiefs in de artikelen. 'Ze schieten goed met elkaar op. Ze is een erg aardig meisje maar erg bescheiden. Ze is sprankelend maar ook discreet en loyaal naar William toe', deelde een vriend in vertrouwen mee. 'Ze behandelt hem net als elke andere student. Veel meisjes, vooral Amerikaanse, volgen hem overal waar hij maar gaat of staat als schapen, en daar heeft hij een hekel aan. Hij wil gewoon met die mensen omgaan van wie hij weet dat ze hem accepteren als persoon en bij wie hij zichzelf kan zijn', zei een andere vriend. Hij wilde gewoon als vriend met Kate samenwonen.

Toen William begon uit te kijken naar accommodatie buiten de campus, zodat hij weg kon uit het studentenhuis waar hij woonde, waren waarnemers verbaasd dat hij en Kate, samen met hun vriend Fergus Boyd, overwogen om naar een huis in de stad te verhuizen. Vanwege zijn privacy had men aangenomen dat William iets verder weg zou zoeken. Toen het eenmaal zover was, verhuisde het viertal naar een iets afgelegen woning, Balgove House, dicht bij de golfbaan van St. Andrews. Het was nog steeds dicht genoeg bij de stad om makkelijk af te kunnen spreken met het selecte kringetje waartoe William behoorde. Maar tegelijk was het was ver genoeg om uit de buurt van nieuwsgierige blikken te blijven. Op het terrein van het 'landgoed' Strathtyrum, zoals het werd genoemd, in feite een boerderij, stond een aantal woningen. Het domein lag vlak bij de A91 op een kilometer vanaf de buitenwijken van de stad. Het was eigendom van de neef van Kates beste vriendin aan de universiteit, Alice Warrender. Alice was een medestudente kunstgeschiedenis en dochter van de bekende artiest Jonathan Warrender. Zij was iemand op wie Kate altijd kon rekenen en vormde samen met haar vriendinnen Bryony Daniels en Ginny Fraser een goed netwerk dat haar steunde. Kate zou hen spoedig nodig hebben.

De verhuizing naar het landgoed luidde een enorme verandering in in Williams houding tegenover het leven. Sommigen zagen dit als een gewoon groeiproces, maar volgens anderen was het aan Kates invloed te danken. William en Kate groeiden naar elkaar toe, maar er was er een klein probleem: Kate had een vriend. Terwijl William zich hield aan zijn vaders advies om op te letten met romantische avonturen, was Kate gevallen voor een goed uitziende jongen, Rupert Finch genaamd. Hij was haar tweede serieuze vriendje, nadat zij en Ian Henry uit elkaar waren gegaan. Rupert was donker en knap en hield net als Kate van sport. Hij excelleerde in vele disciplines, maar hield het meest van cricket. Hij was tijdens een tournee zelfs aanvoerder van het cricketteam van de universiteit. Hij wilde advocaat worden en alles wees erop dat hij succesvol zou zijn; hij had zijn hersens en uiterlijk alvast mee. Hij was in vele opzichten een goede partij voor Kate. Meer haar 'niveau' dan de toekomstige koning, zouden sommigen zeggen.

Toen haar vriendschap met William openbloeide, moet Kate in tweestrijd hebben gestaan. Al die gesprekken, al die gedeelde vertrouwelijkheden, al die momenten waarop ze hun hart hadden gelucht, moesten er wel voor zorgen dat het haar duizelde, en dat was ook zo. Tegenover iemand van koninklijken bloede maakte de toekomstige advocaat Rupert geen enkele kans, vooral omdat William kennelijk

Kates geheime liefde was, zij het in de vorm van een tienerverliefd-heid jaren eerder. Naarmate William en Kate closer werden, werd datgene wat doorging voor vriendschap duidelijk meer. Kates gevoe-lens voor Rupert werden minder, en dat was eigenlijk een logische gang van zaken. Uiteindelijk was de relatie al snel ontstaan nadat ze als groentjes aan de universiteit waren gekomen. Ze was niet bestand tegen het feit dat Kate ging samenwonen met William – hoezeer de twee ook bleven benadrukken dat er niets tussen hen was. Finch bleef discreet over die periode in een interview met de gerespecteerde jour-naliste Laura Collins van de *Mail on Sunday*. Hij vertelde haar in duide-lijke bewoordingen dat hij niets kwijt wilde over zijn relatie met Kate en de omstandigheden waarin die beëindigd werd. 'Daar zal ik nooit over praten. Het is iets tussen Kate en mij, en het is lang geleden.'

Alleen Kate en William weten wanneer precies hun vriendschap in liefde veranderde en de platonische relatie een intieme verhouding werd. Toen ze in hun tweede studiejaar gingen samenwonen, kenden ze een normaal studentenbestaan. 'Ik doe al mijn boodschappen zelf. Ik ga uit, haal maaltijden, huur video's, ga naar de bioscoop, ik doe gewoon alles wat ik leuk vind', zei William. Hiermee bevestigde hij dat de deal die met de media was gesloten, werkte. Sommige avonden bleef hij thuis en kookte. Later, toen zijn vaardigheden in de keuken ter sprake kwamen, vertelde hij: 'Ik heb wel eens gekookt voor mijn medebewoners op de universiteit en dat was vrij veel werk, want een paar van hen aten nogal veel.'

Het feit dat William en Kate het samen zo gezellig hadden, leidde onvermijdelijk tot speculaties dat ze een stel waren en dus niet alleen maar goede vrienden. Een medestudent vertelde mij: 'Er waren geruchten omdat ze samenwoonden. Maar ze waren in het openbaar zo voorzichtig dat je nooit had kunnen denken dat ze iets hadden samen. Ze speelden het spel perfect. Fergus Boyd [hun huisgenoot] wist er natuurlijk meer van, maar in het begin werden ze alleen als goede vrienden beschouwd.'

En misschien waren ze dat ook wel, althans in het begin. In mei 2003 voelde Kates vader zich geroepen om de geruchten dat Kate Wil-liams vriendin was te weerleggen. 'Ik heb een paar dagen geleden nog met Kate gesproken en ik kan absoluut bevestigen dat ze niet meer dan goede vrienden zijn. Ze delen met twee jongens en twee meisjes een flat. Ze zijn vaak samen omdat ze goede kameraden zijn. Maar verder is er niets. We vinden de gedachte dat wij de schoonouders van prins William zouden worden amusant, maar ik denk niet dat dit zal gebeuren.' Ondanks het feit dat haar vader alles ontkende, onderschatte niemand de grote rol die Kate in Williams leven speelde.

Of Kate haar vader niet op de hoogte had gesteld of dat er weer een rookgordijn was opgetrokken, is niet duidelijk. Ondanks het feit dat haar vader het met klem ontkende, waren de media ervan overtuigd dat Kate Williams vriendin was. Een maand na Michael Middletons verklaring werd Kate eenentwintig. Haar ouders gaven een groot feest op hun domein. Daarop was een groot aantal oude schoolvrienden aanwezig, evenals haar kliek uit St. Andrews. Er was champagne en er werd gedineerd aan tafels in een grote tent, waarbij iedereen op verzoek van Kate gekleed was volgens de mode van 1920. Ook William kwam naar het feest. Hij glipte onaangekondigd de tent binnen. Hij en Kate wisselden veelbetekenende blikken uit. William zei dat ze er prachtig uitzag. Ze glimlachte dankbaar en daarna praatten ze een tijdje ontspannen met elkaar. William vertrok na het diner, toen het feest nog in volle gang was. Discretie was altijd een belangrijk punt in William en Kates relatie.

Misschien sprak Michael Middleton wel de waarheid, want William gedroeg zich verder niet als een jongeman met een relatie. Als hij niet aan de universiteit was, bezocht hij regelmatig de hedonistische nachtclub Purple, gevestigd op het terrein van voetbalclub Chelsea en favoriet bij de plaatselijke yups. Harry kwam ook graag in de club. Het waren wilde tijden. William genoot van zijn vrijheid, hij had geen vaste relatie en hij sloeg zijn vleugels uit.

Zijn gedrag bracht hem die zomer echter in de problemen en op de voorpagina's. In juni 2003 moest prins Charles zich namens zijn oudste zoon verontschuldigen bij een aristocraat. Deze had William beschuldigd van 'onbeschoft rijden in een aftandse auto' na een agressief incident. Toen de 76-jarige graaf Lord Bathurst met hoge snelheid werd ingehaald door de prins op een privéweg op zijn landgoed, ging hij achter de waaghals aan. William had net een polowedstrijd gespeeld in Cirencester met zijn vader en negeerde de maximum-

De officiële foto van de prins en prinses van Wales met hun eerstgeborene William (29 juli 1982).

Prinses Diana met baby William op de luchthaven van Aberdeen in 1983. Aan haar linkerhand de ring die William bij de verloving aan Kate zou schenken.

Een gezinswandeling in Londen. William aan de hand van zijn moeder prinses Diana, met prins Charles (1984).

Op de begrafenisplechtigheid van prinses Diana: (v.l.n.r.) prins Philip, prins William, graaf Spencer (de broer van Lady Diana), prins Harry en prins Charles volgen de kist van de overleden prinses op weg naar Westminster Abbey (6 september 1997).

Prins William in maart 2009 tijdens een liefdadigheidsplechtigheid in de Sladmore
Contemporary Art Gallery in Londen.

Kate op haar doopfeest, samen met haar grootmoeder Dorothy Goldsmith (de moeder van haar moeder) (20 juni 1982).

Kate Middleton
toen ze zes jaar was.

Kate Middleton op het Cheltenham Festival op Gold Cup Day (16 maart 2007).

Kate in een glitteroutfit op weg naar een seventiesparty in nachtclub Mahiki (juli 2007).

De ouders van Kate, Michael en Carole Middleton, in de tuin van hun huis in het dorpje Bucklebury (Berkshire).

James Middleton, Kates broer,
tijdens de London Fashion Week
in februari 2010.

Pippa Middleton, Kates jongere zus,
schaatsend bij Somerset House
in Londen in november 2010.

snelheid. Daarop ging een woedende Lord Bathurst hem toeterend en flitsend met zijn lichten achterna in zijn Land Rover. Williams lijfwachten kwamen tussenbeide.

Ondanks het feit dat er excuses werden gemaakt, leverde de aristocraat openlijk kritiek op Williams gedrag. Hij zei: 'Het kan mij niet schelen wie het is. Of het nu een lid van de koninklijke familie is of niet, hard rijden is op mijn landgoed niet toegestaan. De maximumsnelheid bedraagt dertig kilometer per uur. Als ik zo zou rijden in Windsor Park, zou ik in de Tower eindigen. Ik dacht dat hij de een of andere lamstraal was in een wrak van een auto.' Toen hij de prins geen uitbrander kon geven, richtte de graaf zijn gramschap op Williams lijfwachten, die hij omschreef als 'mannen die eruitzagen als een stelletje tuig'. Charles' hoffunctionarissen bagatelliseerden de feiten als 'een onbelangrijk incident waarbij niemand gewond is geraakt'. Maar het toonde wel aan dat William roekeloos is.

In september 2003 werd prins Charles' waarschuwing om voorzichtig om te gaan met de andere sekse weer actueel, toen William weerom achtervolgd werd door een verhaal. Het was niet het meest sensationele roddelverhaal. Het ging alleen maar om een kus en niets meer. Nadat een Australisch model William had ontmoet in de Purple, vertelde ze haar moeder dat ze met de toekomstige koning had 'geknuffeld'. Het verhaal kwam al snel op de voorpagina's van kranten over de hele wereld terecht. De moeder van de negentienjarige Elouise Blair kon niet wachten om iedereen die het maar wilde horen te vertellen over de ontmoeting die haar dochter met William had gehad. En voordat ze het wist, was ze op televisie met haar verhaal. 'Elouise belde mij op', vertelde ze uitvoerig, 'om te zeggen dat ze uitgenodigd was voor een privéfeestje met prins Harry en prins William in een nachtclub, de Purple in Chelsea. Ze was helemaal opgewonden dat ze daar naartoe ging. Ze hoopte dat ze veel plezier zou hebben en dat ze hen zou tegenkomen in de mensenmenigte. Een paar uur later belde ze weer en zei: "Raad eens, mam, ik heb de hele nacht met prins William doorgebracht. We hebben gedanst en gelachen en plezier gemaakt." Ze was er erg enthousiast over.' Het model was op het balkon van de nachtclub aan het dansen, zei haar moeder, toen William naar haar toe kwam en zei: 'Hey, ik ben Will en, eh... zou je met me willen dansen?' Harry kwam erbij staan en zei: 'Je staat een beetje te veel in de schijnwerpers.' De moeder van het model vertelde verder: 'William zei: "Het is fantastisch, we kunnen hier geweldig met z'n allen dansen – kom, we gaan naar beneden" en hij pakte haar hand en ging met haar naar beneden. Daar bleven ze de rest van de nacht.'

Mevrouw Blair zei dat ze elkaar kusten tijdens de vier uur die ze samen doorbrachten. Toen haar gevraagd werd of William een charmante prins was, antwoordde ze: 'Dat is hij zeker, ze zei dat hij net zo lief en net zo normaal als elke andere jongen was. Ze hebben gepraat over muziek en reizen. Hij vroeg haar hoe Perth was. Daarom vond ze dat hij een heel normale, lieve jongen was en vond ze het fijn in zijn gezelschap te zijn.' Moeder Blair vertelde nog dat de avond van haar dochter met de prins eindigde toen zijn lijfwachten hem meenamen. 'Ze zou hem graag willen terugzien omdat ze echt van zijn gezelschap heeft genoten. Als het zover is, tja, dan zien we wel weer.'

De aandacht maakte dat het de eerste en meteen ook de laatste avond uit was van Elouise met de prins. Het was op een manier heel nuttig omdat William erdoor besefte hoe discreet Kate altijd was geweest. Tegen Kerstmis van dat jaar was het duidelijk voor diegenen die hen kenden dat de situatie veranderd was. Hij en Kate waren nu meer dan alleen maar goede vrienden; ze waren een stel, ook al bleven ze dit in het openbaar tegenspreken. Op een bal van de waterpoloclub dat die Kerstmis werd gehouden in het Sea Life Centre in St. Andrews, werd William gezien met een 'mysterieuze brunette', die hij in een hoek kuste. Ze was welgevormd en geheel op haar gemak met de prins. Volgens ooggetuigen leek ze opmerkelijk veel op Kate.

Maar William was nog steeds het doelwit van opportunisten. Op een nacht verscheen William in vrijetijdskleding bij de Purple, betaalde de 15 pond entree en ging met zijn lijfwacht en drie vrienden naar de viproom voor een avondje met als thema 'Dirty Disco'. Het had een nacht vol plezier moeten worden, maar William amuseerde zich niet en zat wat mistroostig biertjes te drinken aan een tafeltje in een hoekje. Hij leek op het punt te staan om te vertrekken toen de blonde en langbenige Solange Jacobs uit Essex opstond. Solange, een negenentwintigjarige alleenstaande moeder uit Chigwell, flirtte met William en bracht uiteindelijk drie uur in zijn gezelschap door.

Ze wisselden ook telefoonnummers uit.

Achteraf vertelden de vrienden van het meisje aan een zondagskrant dat de twee de hele nacht met elkaar hadden geflirt. Ze beweerden dat William beslist geïnteresseerd was in méér. Ze waren slim genoeg om haar naam uit de krant te houden en vertelden alleen over 'een meisje uit Essex'. Een week later, toen bleek dat het serieus was met Kate, verklaarde Solange in het openbaar – misschien was ze toch wat gekrenkt – dat ze drie uur met de prins had geflirt. Zij sprak met het zelfvertrouwen van iemand die William al jaren in plaats van uren kende, en haar boodschap aan Kate was duidelijk: 'Wills kijkt nog steeds naar anderen en is niet trouw.' Vervolgens vertelde ze haar verhaal aan het zondagsblad *People*.

'Uit de manier waarop hij met mij omging,' zei ze, 'zou je niet afleiden dat hij verliefd was op iemand anders. Hij praatte ook met een danseres en keek verlekkerd naar een meisje in de vipruimte. Je zou niet zeggen dat hij iets had met Kate. Wills was duidelijk op zoek, dus Kate kan maar beter goed uitkijken als ze niet voor de gek wil worden gehouden.'

De alleenstaande moeder beweerde dat William haar had verteld dat ze er goed uitzag en hij had gezegd, duidelijk als grap, dat hij haar zou uitnodigen op Buckingham Palace voor een feestje. Solange voegde eraan toe: 'Wills zei niets over een vriendin. Ik denk niet dat Kate het leuk zal vinden dat hij mij probeerde te versieren. Hij was een heer, en ik blijf het vreemd vinden dat hij mijn telefoonnummer noteerde. In ieder geval wens ik Kate veel geluk. Ze zal het misschien nog nodig hebben.'

Dat was een nogal botte waarschuwing voor het meisje met wie hij, zoals werd verondersteld, al vier maanden uitging. Misschien was de waarschuwing ook wel nodig. Toen William in augustus naar dezelfde club terugkeerde, ging Kate met hem mee.

Tegen die tijd was hun relatie een publiek feit geworden. In april 2004, vier maanden na het kerstbal, publiceerde de The Sun foto's van William en Kate op wintersportvakantie in Klosters. De krant had al gespeculeerd over de aard van de relatie en berichtte dat deze relatie floreerde dankzij een aantal uitstapjes naar hun toevluchtsoord Alltcailleach, een cottage die de koningin aan William en Harry had geschonken.

De hoffunctionarissen reageerden woedend op de publicatie van de vakantiefoto's van het paar. 'We zijn erg ongelukkig met wat *The Sun* heeft gedaan', zei een functionaris van Buckingham Palace. Clarence House sloot *The Sun* alvast uit van komende officiële fotosessies van prins William en prins Harry. Het was freelancefotograaf Jason Fraser, de man die zo'n succes had gehad met de foto's van Williams moeder, die de foto's van Kate en William aan *The Sun* verkocht. Tot zijn primeurs hoorde de beruchte geënsceneerde laatste kus tussen Diana en Dodi al Fayed op hun liefdesvakantie. De legendarische royalty-fotograaf van *The Sun* Arthur Edwards, die tot Lid van de Orde van het Britse Rijk werd benoemd voor zijn journalistieke verdiensten, had niets te maken met de foto's van William en Kate in Klosters. De uitgever van *The Sun* Rebekah Wade (nu Rebekah Brooks en hoofdredacteur van *News International*) had deze beslissing gewoon genomen omdat ze geloofde dat Kate een serieuze kandidaat was voor de titel van prinses. In dat geval was het verhaal te goed en te zeer in het openbaar belang om het niet te publiceren. Het was gedurfd en briljant: publiceer de foto's en je wordt verdoemd. De te verwachten reactie van Paddy Harverson uit Clarence House was inderdaad: publiceer ze en je wordt in de ban gedaan. Het was een totale pr-catastrofe. Voor het paleis was het erger dat *The Sun* de bestraffing niet over zijn kant liet gaan. De krant legde een uitdagende verklaring af in harde bewoordingen. Ze hielden vol: 'Nu William volwassen is, wil het publiek graag weten waar de belangstelling van de prins op romantisch gebied naar uitgaat. Een van Williams vriendinnen kan op een dag koningin worden. Haar onderdanen hebben het recht om alles over haar te weten.' En er werd venijnig aan toegevoegd: 'Ons verhaal over prins William en zijn vriendin Kate Middleton is honderd procent waar. De lezers hebben er daarom belang bij dat deze mooie foto's worden gepubliceerd.' Brooks argumenten waren steekhoudend en ze had gelijk dat ze voet bij stuk hield. Harverson gaf later onofficieel toe dat hij de situatie verkeerd had ingeschat, in het bijzonder met betrekking tot Arthur Edwards, de bewonderde en zeer gewaardeerde fotograaf die hij veel te hard had aangepakt voor iets waar hij niets mee te maken had. Later, in 2005, organiseerde *The Sun* een feestelijke bijeenkomst in de RAC Club in Pall Mall om zijn werk te eren en zijn vijfenzestigste verjaardag te vieren. Harverson en zijn persteam van Clarence House, Lord Janvrin, de privésecretaris van de koningin en het communicatieteam van Buckingham Palace waren allen aanwezig. De koningin en prins Philip, Charles en Camilla en Edwards allerhoogste republikeinse baas Rupert Murdoch zonden hartelijke persoonlijke boodschappen aan de fotograaf.

Edwards lag niet voor de eerste keer in zijn carrière in de vuurlinie. Een andere Engelse sensatiekrant, de Mirror, beweerde ook dat Kate en William een stel waren en dat het verhaal belangrijk genoeg was om het te publiceren. Zij beweerden dat ze al minstens vier maanden een relatie hadden en dat alleen nauwe vrienden van het paar ervan wisten. De krant beweerde ook dat Fergus Boyd, hun huisgenoot, geheimhouding had moeten zweren en dat William en Kate heel ver gingen om er zeker van te zijn dat hun gevoelens voor elkaar privé bleven. Ze hielden elkaars hand nooit vast en toonden hun liefde nooit in het openbaar.

Elke keer dat ze hun flat verlieten, deden ze hun uiterste best om gewone huisgenoten te lijken. In de onmiddellijke nasleep van het verhaal in de The Sun, geschreven door de in het koningshuis gespecialiseerde verslaggever Paul Thompson, bleken mensen uit de omgeving van William die dachten dat ze goed op de hoogte waren, in verwarring gebracht en overrompeld te zijn.

Zoals te verwachten viel, publiceerde Clarence House een chagrijnige verklaring waarin ze probeerden de zaak wazig te houden. Ze wezen erop dat William en Kate 'niet samenleefden', tenminste niet als stel. Ze hadden gedurende achttien maanden samen in een studentenhuis gewoond. Ze beweerden ook dat ze niet in hetzelfde bed sliepen. Ik twijfel er niet aan dat ze dat niet behoefden te doen, in die zin dat Kate haar eigen slaapkamer had en zonder twijfel ook haar eigen bed. Het was echter een feit dat William en Kate wel samen sliepen in de betekenis waarop de Mirror zinspeelde – dus dat hun relatie zowel emotioneel als fysiek was.

In zijn privéleven had William, die nog maar net tweeëntwintig was, trots met Kate gepronkt en het mooie donkerharige meisje aan verschillende vrienden voorgesteld. Vóór het uitstapje naar Klosters in april waren hij en Kate uit St. Andrews vertrokken om zich aan te sluiten bij een vriendengroep die deelnam aan de Middleton Hunt, een vossenjacht in North Yorkshire. Dat die dezelfde naam had als Kate was toeval. Zelfs daar deden ze veel moeite om niet te laten zien hoe ver hun relatie ging. Een waarnemer merkte op: 'Ze zaten niet aan elkaar. Ze waren echt heel voorzichtig. Toen iedereen ging eten, verdwenen ze.' Voor Kate was het goed om aan William te worden gelinkt. De soms prikkelbare prins was duidelijk veel rustiger als zij erbij was.

Tijdens die vakantie in Klosters maakte Kate deel uit van een groep van zeven 'koninklijke' skiërs. Ze waren allen vanuit Heathrow naar Zürich gevlogen. Bij de groep bevonden zich Harry Legge-Bourke (de jongste broer van Tiggy, Williams inofficiële nanny), Guy Pelly, William van Cutsem, zoon van Charles' oude vriend Hugh, een landeigenaar uit Norfolk, en Van Cutsems vriendin Katie James.

Kate was al minstens drie keer op Highgrove House te gast geweest en had ook Sandringham al bezocht, het landgoed van de koningin in Norfolk. William had haar in de weekends ook al meegenomen naar de cottage van Balmoral die hij en Harry van de koningin hadden gekregen. Het was ondenkbaar dat Kate niet zou opvallen. Ze was tenslotte zijn eerste serieuze vriendin. In Klosters maakte ze deel uit van een levendige groep rijke jongelui die zich iedere avond opmaakten om van de après-ski te genieten, nadat ze een dag lang actief waren geweest op de skihellingen. William maakte een opmerkelijk zorgeloze indruk met zijn vriendin aan zijn zijde. Op een avond nam hij de microfoon om een indrukwekkende vertoning in de karaokebar ter beste te geven. Kate zat aan een tafel met Charles, die daar met zijn oude vrienden Charlie en Patty Palmer-Tomkinson was. Zij lachte om Williams pogingen en was geheel op haar gemak in het hoge gezelschap. Ze zag eruit als een plaatje. William deed geen enkele poging om te ontkennen dat Kate zijn vriendin was nadat de foto's in *The Sun* waren verschenen. En hij gaf geen verklaring uit, zoals hij met Jecca Craig een paar maanden eerder wel had gedaan, waarin hij ontkende dat ze meer dan gewoon vrienden waren. Toen was de prins ondubbelzinnig in zijn verklaring: 'St. James's Palace ontkent dat er enige romantische verbintenis tussen prins William en Jessica Craig is of ooit geweest is.' Maar nu was er alleen stilte en foto's waarop te zien was hoe gelukkig ze waren. Na alle geruchten die twee jaar eerder al de ronde deden bij de beelden van Kate op de catwalk, bestond er eindelijk geen twijfel meer over dat ze Williams vriendin was. Het punt waarover de royaltywatchers, inclusief ikzelf, nu verdeeld waren, was: hoe belangrijk was Kate?

VIII

Te jong om te trouwen

'Luister eens, ik ben pas tweeëntwintig, in godsnaam,
ik ben nog veel te jong om te trouwen. Ik wil niet trouwen voor
ik minstens achtentwintig of misschien zelfs dertig ben.'
Prins William tegen een verslaggever

Als de oudste van de jongens en degene die fysiek het meest op zijn overleden moeder, prinses Diana, leek, was William de meest geschikte woordvoerder van de koninklijke broers. De gelijkenis met zijn moeder deed er het meest toe, tenminste voor het grote publiek. De officiële gedragslijn was dat zowel William als zijn jongere broer prins Harry 'verheugd' waren dat hun vader prins Charles gelukkig was omdat hij eindelijk met de vrouw die al zo lang zijn geliefde was, Camilla Parker Bowles, kon trouwen. De ervaring had mij geleerd om op mijn hoede te zijn voor de officiële gedragslijn. Als het officiële tintje eraf zou zijn, zou vrijwel zeker blijken dat de prinsen er eerder toe neigden haar te 'accepteren' dan blij te zijn bij het vooruitzicht dat Camilla hun stiefmoeder zou worden. Ze was in feite de belangrijkste vijand van hun moeder geweest tijdens een leven vol beproevingen en geen enkele zoon, hoe loyaal hij ook tegenover zijn vader is, kan zoiets van de ene op de andere dag van zich afzetten.

Het duurde tot eind maart 2005, enkele weken nadat mijn artikel over de verloving van Charles en Camilla in de London Evening Standard was gepubliceerd, voordat ik de kans kreeg om zelf te peilen of de reactie van de prinsen oprecht was. Bij een officiële persbijeenkomst in Klosters, waar William en Harry met hun vader op vakantie waren, vroeg een verslaggever William hoe hij dacht over het huwelijk. Hij wachtte een paar seconden voor hij de verzamelde pers met zijn upper-classaccent antwoordde: 'Ik ben erg gelukkig, erg blij. Het wordt een mooie dag.' Toen hem werd gevraagd naar zijn rol als getuige bij de ceremonie voegde hij eraan toe: 'Zolang ik de ringen maar niet verlies, is alles in orde. Maar met zo'n grote verantwoordelijkheid kan het bijna niet anders dan dat ik iets verkeerds ga doen.'

Hij zag er heel ontspannen uit. Er waren ongeveer vijftig journalisten en fotografen aanwezig, die speciaal voor die gelegenheid naar de Zwitserse Alpen waren gevlogen. Ik was er zelf ook bij. In tegenstelling tot zijn zonen voelde Charles zich duidelijk niet op zijn gemak, hij had zelfs een slecht humeur. Harry deed zijn best om zijn vader op te monteren en probeerde hem de grappige kant van de zaak te doen inzien. Hij draaide zich om naar Charles en zei sarcastisch: 'Dit is zo leuk.' Harry onthulde dat de jongens een geïmproviseerd vrijgezellenfeestje hadden georganiseerd en dat hij blij was dat de horde mediamensen dit had gemist. Hij voegde er schalks aan toe: 'We hebben veel plezier gehad.' Toen een andere verslaggever vroeg of Charles was vastgeketend, was de kroonprins van zijn stuk gebracht – tot prins Harry hem uitlegde dat dat weleens gebeurt op dergelijke feestjes.

De persbijeenkomst, georganiseerd door de communicatieassistent van de prins, Paddy Harverson, werd berucht vanwege Charles' slechte humeur en zijn aanval op de pers met een chagrijnige, terloops gemaakte opmerking. De prins was zelfs zo onredelijk om de onfortuinlijke BBC-correspondent Nicholas Witchell uit te kiezen als kop van Jut toen die de volstrekt legitieme vraag stelde hoe de prinsen over het huwelijk dachten. Omdat alleen prins William had geantwoord, herhaalde de doorgewinterde journalist zijn vraag. Charles, die dat duidelijk niet leuk vond, antwoordde: 'Het is een prettige gedachte. Ik ben erg blij dat u er in ieder geval iets over hebt gehoord.' Daarna mompelde hij bijna onverstaanbaar de gevleugelde woorden die door de tv-microfoons werden opgepikt: 'Deze verschrikkelijke mensen. Ik kan die man niet uitstaan. Hij is echt vreselijk.'

Hier was geen excuus voor. Het zal Charles vermoedelijk niet zijn opgevallen dat de microfoons die aanvankelijk te ver weg stonden, door zijn eigen persteam bij zijn voeten in de sneeuw waren geplaatst. Dit leidde onvermijdelijk tot ruzie met de BBC, die haar medewerker verdedigde. In antwoord hierop gaf de BBC een verklaring uit, waarin werd gesteld: 'Nicholas Witchell was in Klosters op uitnodiging van Clarence House. Hij is al zeven jaar onze correspondent voor het koningshuis, hij werkt al bijna dertig jaar voor de BBC en is een van onze beste medewerkers. Zijn vraag was onder de gegeven omstandigheden volstrekt redelijk.' Het was een flater die beter paste bij zijn vader prins Philip en het overschaduwde al het andere die dag – of liever, bijna alles.

Nieuws staat nooit stil en zelfs aan de vooravond van Charles' en Camilla's huwelijk werd prins William voor de eerste keer door een journalist van de televisie gevraagd of er nog een andere koninklijke bruiloft in zat – die van hemzelf misschien. Williams goede humeur veranderde. Hij verstijfde zichtbaar. Zijn gezicht liep rood aan. Nu stond zíjn privéleven in het middelpunt van de belangstelling en daar hield hij absoluut niet van.

'Nee, ik denk het niet', zei hij na een korte pauze. 'Ik snak er alleen naar om weer te gaan skiën.'

De persconferentie was voorbij. Williams relatie met Kate Middleton, die al twee jaar duurde, was even op een zijspoor terechtgekomen. Niettemin was er een nieuw roddelverhaal in omloop dat niet zo gemakkelijk zou kunnen worden ontkend. De persmuskieten hadden bloed geproefd en zij waren niet van plan het op te geven.

Het was een lange nacht geweest in Casa Antica, een nachtclub in de Zwitserse Alpen die een populair trefpunt vormt voor de après-ski-liefhebbers in Klosters. Het is een van prins Williams favoriete nachtclubs. Op de avond van 30 maart 2005 was het geen verrassing dat hij daar kon worden aangetroffen te midden van de rook en de muziek. Hij hield hof aan een tafel in een halfduistere en afgescheiden ruimte achter in de club.

Hij zat naast een rood aangelopen prins Harry, die er niet al te best meer uitzag. Plots deed William iets wat volstrekt niet bij zijn karakter paste. Hij zag een verslaggever van een sensatieblad praten met zijn lijfwachten en spontaan nodigde hij hem uit voor een geïmproviseerd gesprek. Duncan Larcombe, een jonge verslaggever bij *The Sun* voor het koninshuis, was net na middernacht in de club aangekomen omdat hij vermoedde dat de prinsen en hun vrienden er zouden zijn. Hij had zich wijselijk bekendgemaakt bij de lijfwachten en had hun aangeboden te vertrekken als zij dachten dat zijn aanwezigheid een probleem was. Sommigen van hen had hij ontmoet toen hij Harry's eerdere vakantie in Afrika met zijn toenmalige vriendin Chelsy Davy versloeg.

Geheel toevallig kwam op dat moment Guy Pelly, Williams excentrieke, jolige vriend die door velen als zijn hofnar wordt gezien, plotseling binnen. Hij was slechts gekleed in een bruine zijden onderbroek en ging op de schoot van de verslaggever zitten. Misschien hield hij hem voor een nieuwe lijfwacht. Zo begon hij een praatje met de lijfwachten. Tot groot vermaak van William verdween Pelly net zo snel als hij was gekomen toen een van de lijfwachten de man op wiens schoot hij zat voorstelde als 'de nieuwe verslaggever van het koningshuis van *The Sun*'.

Misschien vreesde William dat er de volgende dag een pijnlijke kop in de krant zou staan. In ieder geval gaf hij de lijfwachten te kennen graag met de indringer te willen praten. William had zich moed ingedronken en besloot een interview te geven. Blijkbaar gaf de prins op geen enkele wijze te verstaan dat hun praatje vertrouwelijk was, maar de volgende ochtend beweerde een opgewonden Paddy Harverson, pr-man voor de jongens op skivakantie, dat het gesprek privé was geweest en niet bedoeld voor publicatie. De uitgever van *The Sun*, Rebekah Wade, die op het hoofdkantoor van de krant de tekst nalas, hield terecht voet bij stuk.

De journalist en William praatten over de laatste foto die van de prins en Kate op de skihellingen was genomen. Het jaar ervoor was *The Sun* in de ban gedaan omdat ze zulke paparazziachtige foto's hadden gepubliceerd. Maar dit jaar deed William niet moeilijk over die foto's, hoewel hij oprecht verrast leek dat er zo'n grote belangstelling voor was. De verslaggever suggereerde dat dit kwam omdat er gespeculeerd werd of deze relatie tot een huwelijk zou leiden en dat er misschien spoedig een verloving zou volgen. Misschien waagde de journalist de gok omdat het een vertrouwelijk gesprek was, maar hij had geen antwoord verwacht. Hij had het huwelijk bijna schertsend ter sprake gebracht, maar hij had niet voorzien dat William erop zou ingaan. 'Luister eens, ik ben pas tweeëntwintig, in godsnaam. Ik ben nog veel te jong om te trouwen. Ik wil niet trouwen voor ik minstens achtentwintig of misschien zelfs dertig ben.'

Met die woorden had William *The Sun* een opvallend en exclusief verhaal bezorgd. De volgende ochtend publiceerde de krant in vijf pagina's een neerslag van het gesprek. In het artikel werden de details van het buitengewone moment waarop de jonge prins voor een van hun verslaggevers 'zijn hart had geopend' weergegeven.

Kate Middleton bevond zich in dezelfde ruimte als waarin hij informeel met de verslaggever had gesproken, maar William had er op geen enkel moment aan gedacht haar voor te stellen. Als Kate had gehoord dat William publiekelijk ontkende dat hij van plan was om haar in de nabije toekomst een aanzoek te doen, zou dat haar natuurlijk hebben geschokt.

Kates plezier in het leven werd er door Williams openhartigheid echter niet minder op. Ze leek niet onder de indruk van zijn woorden en nam die avond enthousiast deel aan de dronkenmansspelletjes. Er werd lol getrapt, met als resultaat dat iemand de kralen armband die Harry droeg, een geschenk van zijn vriendin Chelsy, beetpakte en brak. Toen hij op de vloer van de club rondscharrelde en probeerde de kralen terug te vinden, doken Kate en zijn vrienden kreten slakend boven op de benevelde prins en dreigden zijn broek en onderbroek naar beneden te trekken. Slap van het lachen, glimmend en warm die avond, zag Kate er nauwelijks uit als een meisje dat er net getuige van was geweest hoe degene van wie ze hield een vreemde had verteld dat hij nog steeds openstond voor losse scharrels.

William is erg handig in zijn contact met de media. In zijn vriendenkring vermoedden velen dat het exclusieve verhaal, waarbij hij er ogenschijnlijk zorgeloos uit had geflapt dat hij elke serieuze gedachte aan een huwelijk verwierp, in feite een rookgordijn was, opgetrokken om de opwinding van de media in verband met zijn vaste vriendin te laten bekoelen.

Ondanks de sensationele publiciteit die het gesprek kreeg, verraste deze verklaring niemand van de journalisten van het koningshuis. Hij wilde zowel het een als het ander. Hij zag wat er met zijn moeder en zijn vader was gebeurd. Zijn vader had de catastrofale vergissing gemaakt de vrouw van wie hij hield, Camilla, dertig jaar eerder te laten gaan en was jarenlang ongelukkig. Zijn moeder was dan weer veel te jong getrouwd en hij wilde niet dezelfde vergissing begaan.

Wat Williams reden om dit te zeggen ook was, de woorden zijn voor het nageslacht bewaard. Als hij inderdaad in 2011 trouwt, zal men William aan zijn commentaar herinneren – ofwel als een overmoedige verklaring, ofwel als een wijs moment van vooruitziendheid. Velen echter, inclusief ikzelf, geloven dat William die nacht onoprecht was.

De prins, die zijn vaders kijk op de media deelt, grapt vaak met zijn vrienden dat 'de waarheid bij de pers vaak moet wijken voor een goed verhaal'. Maar William en zijn adviseurs weten heel goed dat de groep journalisten die over het koningshuis schrijft en die met een mengeling van irritatie en genegenheid 'de bende koninklijke bloedhonden' wordt genoemd, het de laatste jaren maar al te vaak bij het rechte eind heeft gehad. Legendarische journalisten zoals James Whitaker en Richard Kay hebben jarenlang de koninklijke familie op de voet gevolgd en met niet-aflatende accuraatheid verhalen over hen gepubliceerd. Geen geringe prestatie als men bedenkt dat hun onderzoek vaak stuitte op een stroom van leugens, halve waarheden en ontkenningen van paleisfunctionarissen en zelfs uit de mond van leden van de koninklijke familie zelf. Net als zijn overleden moeder, prinses Diana, en ondanks zijn betrekkelijk jeugdige leeftijd, weet William hoe hij de media moet bespelen. Is het dan verwonderlijk dat hij, in een poging om de pers af te schepen om zijn relatie met Kate de tijd te geven om zich te ontwikkelen, hen met een truc misleidde door minachtend over een huwelijk te spreken?

Een oudere hoffunctionaris liet tegenover mij tijdens dezelfde skivakantie geen twijfel bestaan over de toekomst van de prins en zijn vriendin. Hij onthulde: 'De prins wist precies wat hij deed, hij zou zich niet blootgeven aan een verslaggever die hij nauwelijks kent, ongeacht de hoeveelheid drank die hij tot zich had genomen, zonder er eerst over na te denken. Het was voor de show, een manier om de speculaties over hem en Kate te doen bekoelen, een manier om haar tegen de pers te beschermen.'

Dat Kate zich duidelijk geen zorgen maakte toen ze met haar vriend een feestje aan het bouwen was, toont aan hoe goed het stel het met elkaar kon vinden. Zij wist, net als de anderen die William van dichtbij kennen, dat wat hij ook zou zeggen hij altijd Kates belang voor ogen had – ondanks de krantenkoppen van de volgende ochtend. William beschermt instinctief al zijn vrienden als het op de pers aankomt. Hij heeft dezelfde stijl als zijn uiterst loyale vader. Dat is begrijpelijk gezien zijn positie en zijn verleden. Emotioneel heeft hij veel littekens opgelopen door de dood van zijn geliefde moeder. Hij gelooft nog steeds, net als Diana's verbitterde broer graaf Spencer, dat de paparazzi de prinses de dood in hebben gedreven.

Misschien kan hij nu accepteren dat de echte fout bij Henri Paul ligt, de chauffeur die de wettelijk toegestane dranklimiet ver had overschreden toen hij op 31 augustus 1997 achter het stuur ging zitten van Diana's Mercedes. Hij heeft zowel haar als haar minnaar, Dodi al Fayed, in de Almatunnel in Parijs de dood ingejaagd. Velen herinneren de jonge prins er nog altijd even aan dat geen enkele van de gebeurtenissen die leidden tot zijn moeders dood, hadden plaatsgevonden als de onverzadigbare pers hen niet was blijven achtervolgen. De media zouden niet in een staat van opwinding hebben verkeerd, plannen zouden niet veranderd zijn in de laatste minuut, er was geen wanhopige jacht met hoge snelheid geweest, geen auto als lokaas. In werkelijkheid waren de paparazzi minder een gevaar voor Diana dan de mannen die voor haar veiligheid verantwoordelijk waren.

Geen wonder dat William met zulk een ontnuchterend voorbeeld voor ogen er zeker van wilde zijn dat Kate zo veilig is als maar mogelijk is voor de meedogenloze excessen van sommige journalisten. Als dit betekent dat er af en toe misleidende opmerkingen moeten worden gemaakt, dan moet het maar. In feite betreurde William later de stoutmoedige uitspraak die hem die nacht gedeeltelijk door de alcohol was ingegeven. Een oudere paleisfunctionaris vertelde mij later dat de prins met een zeker gevoel van onbehagen aan zijn woorden terugdacht en lachend maar beschaamd toegaf dat hij wat 'overhaast' was geweest met zijn uitspraak.

Vanaf die avond nam Paddy Harverson de verantwoordelijkheid op zich voor Williams uitlatingen tegenover de pers tijdens zijn vakantie in Klosters. Hij zou Williams chaperon zijn bij alle daaropvolgende bezoeken aan nachtclubs, wat het midden hield tussen kameraadschappelijk gezelschap en de bemoeizucht van een ongetrouwde tante. Zoals zo vaak gebeurt in dergelijke gevallen, werd de put door de pr-man gedempt toen het kalf al verdronken was.

Harverson wist niet dat verslaggevers al meer dan een week in dat gebied in het geheim aan het werk waren. Zij konden alle dronken fratsen van de jonge prins in al hun glorie gadeslaan, met inbegrip van Harry's poging om de rollen om te draaien door een camera weg te grissen en hen huilend van het lachen te achtervolgen terwijl hij foto's maakte. De langdurige relatie van het koningshuis met de pers – vooral met de sensatiepers – is altijd al een kat-en-muisspelletje geweest. Dit speciale koninklijke 'mannenuitje', zoals het werd genoemd, was de laatste vakantie die Charles en zijn zonen samen zouden doorbrengen voor zijn huwelijk met Camilla in april 2005.

Enkele dagen later hoorde ik een ander verhaal van een betrouwbare bron – in dit geval misschien betrouwbaarder dan de prins zelf. Een oudere hoffunctionaris liet zich tijdens een gesprek ontvallen dat de relatie van William en Kate erg serieus was en zich met grote snelheid ontwikkelde. Het klonk waarheidsgetrouw.

'De relatie ontwikkelt zich erg goed. Dat zij verkiezen om de dingen privé te houden en alles voor zich te houden wil nog niet zeggen dat de relatie verslechtert. Verre van dat: het tegendeel is waar', vertelde een ouder contact mij.

Gezien het aantal dienstjaren van deze man aarzelde ik niet om dit verhaal te publiceren. De volgende ochtend bracht de *Evening Standard* een artikel op de voorpagina met daarboven de kop 'SERIEUS VERLIEFD'. Daaronder stonden de woorden: 'De romance van Will en Kate verloopt in sneltreinvaart volgens bronnen vanuit de koninklijke hofhouding.' Een foto van een glimlachende William die zijn vriendin liefdevol aankeek begeleidde het verslag. Die blik leek mij iets van de ware emoties van de prins te verraden. Bij de verklaring die hij in benevelde toestand had afgelegd, was dat niet het geval geweest.

Toen ik een paar dagen later naar Londen terugkeerde, hoorde ik van een insider dat Kate professionele instructies had gehad over hoe ze met de pers en de opdringerige paparazzi moest omgaan. Die kwamen van de persvoorlichters van Clarence House – de staf van prins Charles. Charles, die zich misschien had gerealiseerd hoe slecht Diana was voorbereid op haar publieke leven, had deze zelfde personeelsleden gevraagd om Camilla bij te scholen en haar alle precieze details bij te brengen wanneer ze de overgang zou maken van privépersoon naar lid van de koninklijke familie. Dat Kate nu eenzelfde instructie kreeg was een belangrijke stap en een teken dat zij werd voorbereid om, zij het voorzichtig, zowel aan Williams officiële leven als aan zijn privéleven deel te nemen.

Het was niet de laatste keer dat de prins uit bezorgdheid de hulp van het bureau van zijn vader zou inroepen om Kate begeleiding en bescherming te bieden. Het was ook niet de enige gelegenheid waarop zowel vader als zoon een grens probeerden te trekken voor de jonge vrouw van wie William innig hield en op wie ook Charles dol was. Samen hebben zij een preventieve campagne georganiseerd om Kates privéleven te beschermen. Beiden wisten maar al te goed dat de belangstelling met de tijd alleen maar zou toenemen, ook omdat Kates rol in Williams leven zou groeien. Als het verloop van Diana's leven de koninklijke familie iets had geleerd, dan was het wel dit: als het erom gaat de regels voor het privéleven van een koninklijke partner vast te leggen, dan kan men beter niet te snel of te agressief handelen.

In oktober 2005, zeven maanden na Williams ontkenning van elk serieus plan, demonstreerde een foto en de reactie die deze opriep, de waarheid van deze les. Het beruchte en sluwe paparazziteam van Brendan Beirne en Anthony Jones maakte de foto. Jaren geleden hadden zij al samengewerkt bij het volgen van Williams overleden moeder. Op deze speciale herfstdag was het doel opnieuw iemand van wie de prins erg hield. Er werd een foto van Kate geschoten, mooi en zich niet bewust van de camera's die op haar waren gericht om haar weemoedig starende blik vanuit het raam van een rode dubbeldekker in West-Londen te vangen. Ze was een van de duizenden aantrekkelijke jonge vrouwen die in de Britse hoofdstad werken. Ze komen net van de universiteit en beginnen aan hun carrière. Dat was gedeeltelijk haar charme en zoals Jones en Beirne heel goed wisten, was dat ook de charme van de foto. Hier was de vrouw die door de toekomstige koning van Groot-Brittannië en het Gemenebest het hof werd gemaakt, en ze reisde niet luxueus en privé, maar in een rammelende, lawaaiige en diesel zuipende bus van het openbaar vervoer.

Dankzij de digitale technologie werden de foto's genomen, verzonden en verkocht voordat Kate zelfs maar was opgeschrikt uit haar mijmeringen en op haar bestemming uit de bus was gestapt. De gerespecteerde beeldredacteur van de *London Evening Standard*, Dave Ofield, was niet de eerste die de foto's die dag zag. Ze waren al in heel Fleetstreet op de computerschermen verschenen van beeldredacteuren. In Fleetstreet zaten vroeger alle kranten en daarom wordt ze nog steeds met deze verzamelnaam aangeduid, meer uit nostalgie dan dat het werkelijk zo is. Beide fotografen wisten dat plaatsing in de *London Evening Standard* betekende dat de hele wereld hun foto's zou zien. Sommige beeldredacteuren begonnen zenuwachtig te worden, ondanks het feit dat er geen regels of perscodes waren gebroken bij het maken van de foto's. Kate bevond zich in het openbaar, net als de fotografen. De foto's waren inderdaad anders. Interessante en openhartige opnames van de vrouw die al meer dan twee jaar omging met degene die tweede is in de lijn voor de troonopvolging. Ze reisde zonder lijfwacht of gevolg, noch zag ze eruit als een rijke jongedame. Veel kranten proberen eventuele klachten bij de Commissie Persklachten te mijden, maar de uitgever van de *Evening Standard* Veronica Wadley in dit geval niet. Ze had de reputatie dat ze heel gedecideerd moeilijke beslissingen kon nemen. Ze vond de foto's mooi en kondigde ze aan in een kop die over de hele voorpagina liep, en publiceerde ze in kleur binnenin.

De komende jaren zullen de foto's misschien net zo belangrijk worden als die van de negentienjarige Lady Diana Spencer toen ze werd gefotografeerd op een kinderdagverblijf, lachend, zich er niet van bewust dat de zon door haar rok scheen. Men kende Diana niet, maar er deden geruchten over haar relatie met Charles de ronde. Met dit in hun achterhoofd trok een groep freelancepaparazzi naar het kinderdagverblijf waar ze werkte, ze drukten hun camera's tegen de ramen en begonnen foto's te maken. De kinderen begonnen te huilen en Diana ging naar buiten, in een poging om de jonge kinderen te kalmeren en de honger naar foto's van de paparazzi te stillen. In tegenstelling tot Kate op haar tocht als pendelaar wist Diana dat ze door de fotografen werd gezien. Maar ze zag er zo naïef uit dat de foto's ongekunsteld leken. Bij beide gelegenheden was het resultaat heel natuurlijk. Zulke foto's zijn onmogelijk te maken als de publiciteitsmachine van het paleis eenmaal in beweging is gezet.

Toen de foto van de drieëntwintigjarige Catherine Middleton in de *Standard* verscheen, was het koninklijke antwoord hard. De advocaten

Harbottle en Lewis, die optraden namens Kate maar op de loonlijst van prins Charles stonden, beweerden dat de vriendin van de prins het slachtoffer was van een onwettige inbreuk op haar privacy. De boodschap was bot maar duidelijk: laat haar met rust. De volgende dag bracht geen enkele andere krant de foto, maar de juridische tactiek bleek niet helemaal succesvol te zijn. Niemand houdt ervan op de vingers te worden getikt, vooral als de opgelegde straf buiten proportie is. Zelfs de betere kranten meenden dat Kate en haar jonge prins te ver waren gegaan. Ze waren te defensief geweest en hadden de situatie te serieus genomen. De *Daily Mail* gaf een steek onder water, typerend voor deze krant. Onder de kop 'DUS JE WILT ALLEEN ZIJN, KATE?' bracht de kwaliteitskrant een verslag van een andere gelegenheid, waarbij Kate perfect op haar gemak leek te zijn in de aanwezigheid van fotografen.

'De drieëntwintigjarige vriendin van prins William maakte ons duidelijk', stond er in het artikel, 'dat ze het leuk vond om te worden gefotografeerd toen zij en haar moeder Carole boodschappen voor Kerstmis deden.' Een toeschouwer die in het artikel werd geciteerd, beschreef de goedaardige scènes toen drie fotografen een vrolijke Kate achtervolgden: 'Op een bepaald moment botste ze bijna tegen een van de fotografen aan toen ze de hoek om kwam. Ze barstte in lachen uit.'

Een van de fotografen die zo af en toe foto's nam van Kate vertelde mij in die tijd: 'De hele gang van zaken is hypocriet. Kate is een erg mooi meisje en ze weet precies wat de camera wil. Het is duidelijk dat ze zich aan de regels van het paleis moet houden en daarom kan ze niet al te gretig met ons samenwerken. Haar afschilderen als een bang konijn dat gevangen zit in het schijnsel van de koplampen, of beter gezegd van de krantenkoppen, is gewoon absurd. Ze is een schrandere vrouw die weet hoe ze met de media moet omgaan. Ze lacht, ze charmeert de mensen. Natuurlijk mag het niet lijken alsof ze meewerkt. Als ze dat deed, zou ze haar kansen bij de prins verspelen. Op dit moment is alles voor haar een spelletje.'

Als het al een spelletje was, gebiedt de eerlijkheid me te zeggen dat zij aan het winnen was zonder dat ze er veel voor hoefde te doen. Ze kreeg aandacht van de pers en bescherming van het paleis. Er waren lijfwachten in de buurt als ze bij William was en de advocaten stonden klaar om haar bevelen uit te voeren. Sommigen zullen dit misschien een win-winsituatie noemen.

Er was niets nieuws aan Kates 'Greta Garbo-moment'. Toen Diana pas met Charles getrouwd was, voelde de koningin zich verplicht om stappen te ondernemen in verband met haar schoondochter, die te veel aandacht van de paparazzi kreeg. De perssecretaris van de koningin, Michael Shea, kreeg instructies om een vergadering te beleggen tussen de koningin, de uitgevers van kranten en de directies van televisie- en radiozenders. Voordat de koningin arriveerde, liet Shea de verzamelde directieleden weten dat de behandeling van Diana het onderwerp was van de bespreking en dat het paleis hen formeel verzocht om haar met rust te laten. Toen deed de koningin haar intrede voor de ongewone koninklijke audiëntie van de pers. Het ging niet goed.

De toenmalige uitgever van News of the World, Barry Askew, herinnerde de aanwezigen aan een klacht die Shea had geuit voordat de koningin arriveerde. Diana was door de pers gevolgd toen ze snoep kocht in een winkel in Tetbury, een dorpje in Gloucestershire vlak bij Charles' heiligdom Highgrove.

Askew, een man die de toepasselijke bijnaam 'het beest van Bouverie Street' (waar News of the World toentertijd gehuisvest was) had, was vastbesloten de koningin te laten zien dat hij niet geïntimideerd was. Hij richtte zich tot Hare Majesteit met de volgende vraag: 'Zou het niet beter zijn om een bediende naar de winkel te sturen om winegums voor prinses Diana te kopen?' De koningin wierp hem haar meest ijzige blik toe. Ze deed de hatelijke opmerking af met de woorden: 'Mr. Askew, dat is wel een erg pretentieuze opmerking.' Een paar weken later nam Askew ontslag – niet omdat hij de koningin had beledigd, maar die gebeurtenis zal hem zeker niet geholpen hebben.

Het is duidelijk dat de koningin niet op dezelfde wijze zou kunnen bemiddelen namens Kate omdat haar relatie met William informeel bleef. Zelfs al had zij haar tegen die tijd bij een aantal gelegenheden ontmoet en vond ze Kate aardig. Een dergelijk optreden zou neerkomen op een aankondiging van de verloving. Daarom is de snelle brief van de advocaten van Charles aan de krantendirecties in Fleet Street zo onthullend. Kate mocht dan wel geen andere status dan die van Williams vriendin hebben, haar bescherming was een belangrijke zaak voor de firma. Zeven maanden eerder had William een sportende opmerking gemaakt bij de gedachte aan een huwelijk, nu werd Kate behandeld als een gewaardeerde schoondochter. Misschien zag Charles oprechte liefde en geluk bij zijn oudste zoon, echo's van zijn eigen vroegere relatie met Camilla, die hij in eerste instantie verknalde door zijn geaarzel.

William deed zijn profijt met zijn vaders veelbewogen leven, waar hij lering uit kon trekken. Vanaf het begin was hij vastbesloten niet dezelfde vergissingen te maken. Zoals een informant uit zijn omgeving mij vertelde: 'William is zich scherp bewust van het verleden. Hij weet dat zijn unieke positie grote problemen voor iemands persoonlijke leven met zich mee kan brengen. Hij weet dat zijn vader veel dingen heeft verknoeid en hij is vastbesloten niet hetzelfde te doen. Hij en Harry denken dat het goed is dat hun vader met zijn latere leven tevreden is, maar zij weten ook dat hun moeder veel verdriet heeft gehad en willen niet op dezelfde wijze lijden. Ze zijn beiden vastbesloten om alleen om de juiste reden te trouwen: uit liefde en alleen maar uit liefde.'

Misschien was William vooral daarom zo koppig en resoluut wat zijn privézaken betreft. Anders dan Charles heeft William het voorrecht een vader te hebben die bereid is te luisteren en die zich leerde aan te passen. Charles gaf toe dat hij prins Philips advies nooit aannam toen hij een tiener was, maar men krijgt niet dezelfde indruk van de relatie tussen Charles en William. Jarenlang werd Charles onterecht als een afstandelijke vader gezien, waarschijnlijk doordat Diana zijn inspanningen afkraakte om zichzelf als de perfecte moeder voor te stellen. Hij haatte de lange periodes dat hij zijn zonen niet kon zien vanwege zijn verplichtingen. Waarnemers herinneren zich dat hij letterlijk huilde van vreugde als hij hen weerzag na een lange afwezigheid. Hij ging openlijk ook heel hartelijk met hen om, hij omarmde en kuste zijn jongens.

Toen William – zijn 'kleine wombat', zoals Charles hem noemde – op 21 juni 1982 om 9.03 uur 's ochtends in het St. Mary's Hospital in Paddington werd geboren, omschreef Charles die dag als de gelukkigste van zijn leven. In een brief aan zijn peettante Patricia Brabourne, dochter van graaf Mountbatten, beschreef hij zijn gevoelens als volgt: 'De komst van ons zoontje was een verbazingwekkende ervaring. Het betekende meer voor mij dan ik mij ooit had kunnen voorstellen... Wat had ik graag gewild dat je lieve vader nog leefde zodat hij hem had kunnen zien, maar misschien weet hij het toch wel.'

Het was aandoenlijk dat Charles zelfs op het gelukkigste moment in zijn leven aan de man dacht die hem misschien meer dan wie ook door de woelige tijd van zijn jeugd had geleid. Met het verstrijken van de jaren heeft hij geprobeerd om het voorbeeld van Lord Louis Mountbatten te volgen wat zijn kinderen betreft. Prins Charles vindt het tegenwoordig zonder meer goed dat William en Kate samen een kamer delen in Highgrove als ze blijft slapen. Hij heeft de liefhebbende en meelevende aard van een man die heeft geleden.

Zoals een informant uit het paleis stelde: 'De prins is geen man die zijn kinderen tot iets dwingt. Hij weet dat zij erg hebben geleden onder het verlies van hun moeder op zo'n jeugdige leeftijd. Hij heeft op vele manieren voor compensatie gezorgd. Ik wil niet zeggen dat hij hen hun gang heeft laten gaan, maar hij heeft zeker niet geprobeerd hun leven te regelen zoals de hertog van Edinburgh dat misschien voor hem heeft gedaan.'

Charles' vader en zijn oudoom Louis wilden dat hij bij de Koninklijke Marine ging, een weinig subtiele strategie om hem van Camilla te scheiden. Charles legde zich hierbij neer, maar William deed zulke dingen niet. Zijn grootvader, prins Philip, raadde hem met klem aan bij de Koninklijke Marine te gaan. William kreeg te horen dat het een geschikte keuze zou zijn voor een toekomstige koning. Maar hij toonde zijn sterke karakter, besloot zich niet van het door hem gekozen pad te laten afbrengen en volgde het advies niet.

Het vooruitzicht maanden op zee te moeten doorbrengen sprak hem niet aan. In plaats daarvan koos hij voor een opleiding op Sandhurst, een militaire eliteacademie. Harry was daar al cadet – hij zou in april 2006 de dienst verlaten – toen William zich liet inschrijven. Het was een beslissing die voor veel schrijvers over het koningshuis aanleiding was om er vrolijk op te wijzen dat William zijn jongere broer moest salueren als hij hem tegenkwam, want die was immers zijn superieur. Dat zou hem wel eens in verlegenheid kunnen brengen. Maar dat was voor William geen probleem, en hij deed het graag als hij daardoor in de buurt van Kate kon blijven.

Als hij bij de Koninklijke Marine zou gaan, zou dat betekenen dat er maandenlang geen contact zou zijn. Sommige mensen, zoals Diana's voormalige privésecretaris, de gewezen kapitein-luitenant-ter-zee van de Koninklijke Marine Patrick Jephson, dachten dat het misschien wel goed zou zijn. 'Dat is precies de reden waarom de hertog van Edinburgh het adviseerde. Hij is een pragmaticus. Hij weet dat jongemannen zich al gauw te veel aan iemand hechten en het zou een prachtig excuus zijn om William uit de buurt te krijgen, zo ver als maar mogelijk was.'

Maar William zelf deelde deze opvatting niet. Hij hield voet bij stuk en kreeg zijn zin. Later kreeg hij wel een tijdje een taak als 'luitenant-ter-zee derde klasse Wales', toen hij ter ondersteuning van de bemanning met het fregat HMS Iron Duke meevoer tijdens een tocht door de Caribische Zee, in de zomer van 2008, enkele maanden voordat hij stopte met zijn militaire carrière.

Als officier in opleiding op Sandhurst kon hij Kate uitnodigen voor diners en bals, en als William de barakken mocht verlaten, kon het paar samen zijn. Niets stond hun relatie in de weg, zodat deze zich kon verdiepen. Net als zijn vader al die jaren geleden was William een jongeman die verliefd was en onder druk stond. Maar in tegenstelling tot zijn vader leek hij vanaf het begin vastbesloten zich niet te laten dwingen tot een huwelijk met iemand uit zijn eigen kringen. Hij was verliefd geworden op een leuk meisje uit de middenklasse tot wie hij zich niet alleen fysiek aangetrokken voelde, maar die op intellectueel gebied zijn gelijke was. Beiden rondden hun studie af met een *upper second* aan de universiteit van St. Andrews, hij in geografie, zij in kunstgeschiedenis. Ze hebben dezelfde interesses en, wat misschien wel het belangrijkste is (en hoogst ongebruikelijk voor een jongeman in Williams exclusieve wereld), ze kunnen elkaar troosten, elkaar alles vertellen en elkaar absoluut vertrouwen.

Zijn vrienden hebben gemerkt dat alleen Kate William de huid mag vol schelden. Niemand is beter in staat om hem op te monteren als hij het moeilijk heeft. Ze hebben een moderne relatie, een band in de geest van de eenentwintigste eeuw. Ze hebben openlijk samengewoond, eerst in St. Andrews in een huis vol vrienden, later in Londen, wat nooit eerder in de geschiedenis voorkwam bij een koninklijk paar. En ze hebben zelfs het bed gedeeld in een koninklijk paleis voordat ze getrouwd waren, zonder dat iemand de wenkbrauwen fronste. De jonge prins mag zich dan wel terughoudend opstellen, hij toont wel een betrokkenheid die zijn vader verzuimde te laten blijken tegenover elke vrouw in zijn leven.

Natuurlijk komen er in zo'n 'echte' relatie, die in de verste verte niet lijkt op de theevisites in de landhuizen van vrienden of de gearrangeerde verbintenissen waarmee zijn vader te maken had, ook meer echte meningsverschillen voor. William en Kates relatie is niet altijd van een leien dakje gelopen. Er zijn stevige ruzies geweest, ongemakkelijke stiltes en openlijke flirts met anderen, en ze gingen tijdelijk uit elkaar.

Kate heeft ook een paar vriendjes gehad. Zoals we hebben gezien, had ze een relatie met de knappe Rupert Finch toen zij en William elkaar voor de eerste keer ontmoetten. Het zal niet gemakkelijk geweest zijn voor Kate noch Finch om te accepteren dat haar vriendschap met William zich ontwikkelde tot een romance. De gevoelens van Kate waren ook gemengd, want ze kende Williams verleden en liefdes. Ze las als intelligent meisje de kranten en zeker de artikelen over hem. Uiteindelijk was ze als tiener al smoorverliefd op William. Een meisje met minder zelfvertrouwen zou zich gemakkelijk hebben laten afschrikken door de geruchten en artikelen over rivalen over de hele wereld die op papier geschikter leken.

Maar het enige meisje dat ooit echt een gevaar voor Kate betekende, was Jecca Craig. Jecca werd door William omschreven als een vriendin en niets meer dan dat. Hij was daar vrij fel in en nam haar duidelijk in bescherming. Maar waarnemers waren niet overtuigd door zijn protesten. De prins en de vierentwintigjarige Jecca hebben een lange geschiedenis samen. Ze ontmoetten elkaar voor de eerste keer in 1998. Toen William in 2001 vier maanden door Afrika reisde, ging hij in mei 2001 naar het Keniaanse wildpark Lewa Downs, eigendom van Jecca's ouders. Het domein is zo'n 22 hectare groot en ligt op vier uur rijden ten noorden van Nairobi. Hij had net zijn schooltijd in Eton achter de rug en begon aan een lange reis. Achteraf bekeken zou dat het meest zorgeloze jaar van zijn leven blijken: hij was in het buitenland, bevrijd van elke verantwoordelijkheid en verplichting, vrij van schoolwerk en, het allerbelangrijkste: bevrijd van de opdringerige pers.

Met haar lange honingkleurige haar, haar natuurlijk gebruinde huid en een soort wilde, onconventionele opvatting van mode, was de in Kenia geboren Jecca voor de prins een verademing vergeleken bij het gezelschap van kakelende kippen en meisjes uit de provincie. Het schijnt dat beiden genoten van de relatieve privacy van postkoloniaal Kenia. Haar vrienden beschrijven Jecca als 'lief, loyaal en gek op het buitenleven', dezelfde eigenschappen die aan Kate worden toegeschreven. In 2005 nam William Kate mee voor een bezoek aan Lewa Downs en verbleef hij met haar in het prachtige adembenemende vakantieverblijf Il Ngwesi, hoog gelegen op een heuvel vanwaar men de Ngare Ndare-rivier kan overzien. Het paar sliep buiten onder klamboes, zodat ze naar de heldere Keniaanse sterrenhemel konden kijken. Als Kate zich al afvroeg of William ooit eenzelfde ervaring met Jecca had beleefd, was ze ongetwijfeld veel te fijngevoelig om het te vragen. Toch moet Kate zich bewust zijn geweest van de artikelen over Williams verhouding met Jecca. Niemand zou het haar hebben verweten als ze haar prins zou hebben gevraagd of hij alleen maar op de schoonheid van de plek en de geïsoleerde ligging verliefd was geworden. Hij had immers de vakantiehuizen in Il Ngwesi al tweemaal bezocht voordat ze er samen een bezoek brachten.

Er werd van Jecca en William gezegd dat ze het zo goed met elkaar konden vinden dat ze in 2000 een zogenaamde verlovingsceremonie hielden in het wildreservaat van haar ouders, aan de voet van Mount Kenya. In juni 2003 vloog Jecca duizenden kilometers om bij William te zijn als eregast op het feest ter ere van zijn eenentwintigste verjaardag. Er werd toen druk over hen gespeculeerd. De vriendschap bleef nog lange tijd bestaan nadat Kate al een relatie had met de prins en zou een minder zelfverzekerd meisje zeker aan het twijfelen hebben gebracht.

In november 2004 werd Jecca gefotografeerd toen ze door de zijingang van de kathedraal van Chester naar binnen glipte bij het huwelijk van Hugh van Cutsem en Lady Tamara Grosvenor (respectievelijk de zoon van goede vrienden van Charles en de dochter van de hertog van Westminster). William en Harry waren beiden bruidsjonker op de spectaculaire societygebeurtenis, die ook door de koningin en prins Philip werd bijgewoond. Jecca zag er geweldig uit. Ze droeg een soort cowboyhoed en haar lange glanzende haar hing los over haar schouders. Ze droeg laarzen tot aan haar knieën en haar turkooiskleurige mantel werd aan de voorkant bijeengehouden met leren riempjes. Kate was veel conservatiever gekleed. Ze droeg een strak wit jasje, versierd met geborduurde zwarte krullen. Het kant van haar modieuze hoedje viel weelderig over haar gezicht, ze droeg een kokerrok en pumps met hoge hakken. Beide meisjes moeten hebben geweten dat alle ogen op hen waren gericht, omdat men veronderstelde dat ze rivalen waren wat Williams genegenheid betreft. Jecca hield zich op de achtergrond. Kate glimlachte gereserveerd.

Maar een aantal ongekunstelde foto's onthulde meer dan wat ook de ware staat van William en Kates relatie op die druilerige novemberdag. Terwijl ze op een weggetje vlak bij het landgoed van de hertog van Westminster, waar een luxueuze receptie werd gehouden, aan het wandelen waren, werden William en Kate op de gevoelige plaat vastgelegd. Het paar dat elkaar in die tijd in het openbaar beslist niet aanraakte, deed dat ook nu nauwelijks, maar de foto toonde aan hoe intiem ze waren. Ze liepen weg van de camera, de opname was op enige afstand van achteren genomen. William, breed en groot in zijn jacquet, wandelde naast de ranke Kate, die er plotseling ontzettend glamorous uitzag en het silhouet van een filmster uit 1940 had. Hun hoofden bogen zich naar elkaar toe toen Wiliam zijn hand teder over Kates rug heen en weer bewoog. Zelfs de grootste cynicus zou niet kunnen ontkennen dat dit intieme beeld bewees dat ze van elkaar hielden.

VIII

Business rond het koninklijk huwelijk

'Trouwen met prins William? Dat zou ik wel willen.
Wie wil er nu geen prinses zijn?'
Britney Spears

Tegen de zomer van 2006, hun relatie duurde toen al vier jaar, werd bij elke foto van Kate in een krant of tijdschrift het bijschrift 'de prinses in de wacht' gezet. Voor de media was het nog maar een kwestie van tijd voordat Kate Middleton Williams bruid zou zijn. In maart 2006 bracht de *Evening Standard* over de volle breedte van de krant foto's van Kate die een hoed van bont droeg op de paardenrennen van Cheltenham. In het artikel werd erop gewezen dat haar gevoel voor mode de controversiële voorliefde van de leden van het koningshuis voor bont weerspiegelde. Doorgewinterde royaltywatchers waren minder onder de indruk van de keuze van haar hoed dan van het feit dat ze werd gefotografeerd in het exclusief voor leden van het koningshuis bestemde vak, samen met prins Charles en zijn nieuwe echtgenote Camilla, nu hertogin van Cornwall. William vergezelde Kate deze keer niet omdat hij zijn intensieve opleiding op de militaire academie Sandhurst voortzette. Toch was Kate aanwezig, lachend en volkomen op haar gemak bij prins Charles en Camilla en hun gevolg. De mate waarin de 'firma' Kate had geaccepteerd werd hierdoor maar al te duidelijk. Toen een verslaggever van de *Standard* later een functionaris van Clarence House vroeg om officieel commentaar te leveren op Kates hoed, was het antwoord even intrigerend als onthullend. De betreffende functionaris legde uit dat er geen commentaar kon worden gegeven omdat Kate een privépersoon was en 'nog geen' lid van de koninklijke familie.

Het zou een voorspelbaar antwoord zijn geweest als het intrigerende woordje 'nog' niet was gebruikt.

Nu werd gesuggereerd wat het onvermijdelijke gevolg van Williams relatie zou zijn, namelijk dat het slechts een kwestie van tijd was voordat zij commentaar zouden geven namens haar als volledig geaccepteerde prinses en lid van de familie.

De obsessie van de media voor het huwelijk van een erfgenaam van de troon is niet nieuw, noch de fascinatie van het publiek voor de partner die hij of zij kiest. Misschien verschilt alleen de manier waarop ze tot uitdrukking komt. Tegenwoordig kan iedereen zijn mening kenbaar maken via opiniepeilingen gehouden door journalisten, die de resultaten opdelen in percentages volgens de aard en de kracht van de algemene visie. Toen Hendrik VIII zijn eerste vrouw, de Spaanse Catharina van Aragon, dumpte om met Anna Boleyn, de moeder van koningin Elizabeth I, te trouwen en haar tot koningin te maken, gebeurden de dingen minder wetenschappelijk. De mensen die zich in de stinkende straten van Londen hadden verzameld om getuige te zijn van de ceremonie, die met veel luister plaatsvond op 29 mei 1533, lieten hun afkeuring blijken over Hendriks beslissing om te scheiden en, wat nog erger was, over de keuze van zijn nieuwe bruid.

Natuurlijk kon Hendrik VIII naar eigen goeddunken trouwen, scheiden en zijn vrouwen zelfs laten terechtstellen, wat hij ook deed met Anna Boleyn en haar nicht Katherine Howard. Hendrik, een absoluut heerser, maakte zich niet echt zorgen over de reactie van het publiek. De problemen van een jonge prins, blootgesteld aan de kritische blikken van de media en het publiek, dat minder terughoudend en soms zelfs gewoon agressief is, zijn tegenwoordig veel intenser en nadrukkelijker. Geen wonder dat de huidige leden van het koningshuis de methoden van hun voorvaderen, die veel meedogenlozer waren, niet helemaal hebben opgegeven. Op de dag van prins Charles' huwelijk met Camilla bijvoorbeeld was men erg bezorgd dat vurige aanhangers van de overleden prinses Diana de dag zouden ruïneren met luidruchtige protesten. Die bezorgdheid was zo groot dat een 'vriendelijke' groep medewerkers van liefdadigheidsinstellingen en diegenen van wie men wist dat ze het paar steunden, kaartjes kregen en zich mochten verzamelen achter hekken binnen de muren van Windsor Castle. De camera's werden zorgvuldig opgesteld om er zeker van te zijn dat deze positieve foto's de hele wereld werden rondgestuurd als het paar na de ceremonie verscheen. Buiten werd de route door agenten in uniform en in burger bewaakt. Er was één persoon die een anti-Camillabord ophield, maar hem werd vriendelijk gevraagd dat te laten zakken.

Voor een prins uit de eenentwintigste eeuw is het vinden van een evenwicht tussen zijn publieke rol en zijn privéleven bijna onmogelijk. Ongeacht hoe het in het verleden gebeurde, verwacht de grote meerderheid dat prinsen uit liefde trouwen. Dat betekent dat een lid van het koningshuis dat de meest persoonlijke keuze van zijn leven maakt, te maken krijgt met onaangename reacties en zelfs met een veroordeling door het publiek. De liefde kan van ons allen dwazen maken, en ook William weet dit. Maar terwijl een huwelijk met de verkeerde vrouw voor een gewone man vooral oorzaak is van hartzeer en financiële belasting, kunnen voor de toekomstige koning en zijn familie de gevolgen van een verkeerde keuze catastrofaal zijn. Een bruid vinden is een beladen zaak, maar ook van vitaal belang.

Een erfgenaam van de troon kan zich gerust bezighouden met geld inzamelen voor noodlijdenden en de aandacht vestigen op een belangrijke zaak die hem aan het hart gaat. Hij mag streven naar een zekere mate van sociale verandering. Hij kan de kroon en het land op gedistingeerde wijze vertegenwoordigen in het buitenland, zijn soeverein ondersteunen door handen te schudden en indrukwekkende, tot nadenken stemmende toespraken te houden voordat hij minzaam poseert voor fotografen met paupers, presidenten en politici. Maar hij heeft één essentiële plicht: de erfgenaam van de troon moet een geschikte partner vinden en zich voortplanten. In dat opzicht is hij weinig meer dan een fokhengst op een boerderij, zij het dan een met een indrukwekkende stamboom in een maatpak van Savile Row.

Als iemand weet hoe belangrijk de keuze van een bruid voor de erfgenaam altijd, zowel grondwettelijk als persoonlijk, is geweest, dan is het wel Williams grootmoeder, koningin Elizabeth II. Ze hoeft alleen maar te kijken naar de generatie voor haar en die erna, die als het ware de steunpilaren van haar regering vormen, om te beseffen dat de gebeurtenissen die de koninklijke familie op de rand van de afgrond hebben gebracht steeds verband hielden met een ondoordachte en verkeerde partnerkeuze. Daardoor werd de monarchie op de knieën gedwongen en stond zij bloot aan de spot van de mensen wier steun ze nodig heeft, wil dit niet-gekozen en ondemocratische instituut overleven.

Het kiezen van de juiste bruid die in de toekomst prinses en eventueel koningin zal worden mag niet lichtvaardig gebeuren. Een prinses van de eenentwintigste eeuw is iemand anders dan in het verleden. In het verleden werd alles eerst uitgeprobeerd en getest. Prinsen huwden om politieke en dynastieke redenen, niet uit liefde. Ze trouwden met een dochter van een buitenlandse koning om een alliantie te vormen tussen staten of kozen uit een aantal geschikte nichtjes. Die meisjes wisten door hun opvoeding wat hun te wachten stond. Ze waren zich bewust van hun taken en na verloop van tijd gingen de echtgenoten misschien van elkaar houden. Prinsen vonden passie in de armen van hun minnaressen, gewoonlijk een discrete aristocrate en steevast de vrouw van iemand anders. In het verleden gaven eigenaren van kranten, gewoonlijk zelf baronnen en graven, hun redacteuren en verslaggevers de instructie om elke koninklijke buitenechtelijke activiteit te negeren.

In deze eeuw regeert geld de wereld en kwalijke seksschandalen doen kranten verkopen. Er worden allang geen afspraken meer gemaakt om iets discreet te behandelen. Leden van het koningshuis en hun affaires zijn een gemakkelijke prooi voor de roddelpers. Voor een moderne prins zoals William moeten de missers van zijn voorouders een belangrijke rol spelen. De consequenties waren uiteindelijk bijna fataal voor het instituut waarvan hij op een dag het hoofd zal zijn. De monarchie schudde op haar grondvesten door de crisis die in 1936 leidde tot de troonsafstand van Edward VIII en Williams overgrootvader George VI met de troon opscheepte.

Er bestaat in de Britse koninklijke familie geen traditie met betrekking tot troonsafstand – en met redenen. In sommige Europese landen, zoals bijvoorbeeld Nederland, trekt een ouder wordende monarch zich terug. Maar bij William is het er van jongs af ingestampt dat de monarch in Groot-Brittannië alleen door de dood afstand doet van de troon. William kan zich als kind misschien tegen zijn geboorterecht hebben verzet en er zelfs bang voor zijn geweest, maar zijn plichten zijn hem heel duidelijk gemaakt en zijn bestemming is afgebakend. De troonsafstand van Edward VIII, minder dan een jaar nadat hij koning was geworden, was een unieke gebeurtenis in de Britse koninklijke geschiedenis, een catastrofe die ooit onvoorstelbaar, maar nu onvergetelijk is. De generaties die alleen maar de regering van zijn nicht, Elizabeth II, hebben meegemaakt, kunnen zich nauwelijks voorstellen wat een verwoesting Edwards vertrek aanrichtte.

Vandaag de dag wordt de hertog van Windsor, de titel die Edward kreeg na zijn troonsafstand, door sommigen nogal romantisch gezien als de koning die afstand deed van de troon omwille van de liefde. Films, toneelstukken en documentaires hebben van zijn relatie met Wallis Simpson een pakkend verhaal gemaakt, waarbij gemakshalve wordt genegeerd dat zij hem later ontrouw was en affaires had met jongere exotische mannen; misschien omdat die niet passen in een verhaal over de grote liefde waar wij in ons hart zo graag in geloven. Maar we weten wel dat Edward boven alles heeft gehouden van de gescheiden Amerikaanse Wallis Simpson. Voor deze grote liefde deed hij afstand van zijn geboorterecht, en daarmee van een zware verantwoordelijkheid. In zijn interessante memoires *A King's Story* – het enige boek ooit door een koning geschreven – zegt Edward dat de liefde alles overwint, in welke levensfase men zich ook bevindt.

Er zat echter bijzonder weinig romantiek in zijn sombere speech van 1936, waarin hij de natie op de hoogte stelde van zijn besluit om af te treden – misschien omdat premier Stanley Baldwin erop stond als laatste zeggenschap te hebben over de woordkeuze. Er was ook geen romantiek in zijn besprekingen met Baldwin, die zijn hoop om Wallis koningin te maken kelderde. Baldwin vertelde de koning dat het Britse publiek haar niet zou accepteren. En er was ook geen romantiek in de overdracht van de last van de monarchie op de minder sterke schouders van zijn jongere broer Bertie, toen de hertog van York en al spoedig daarna koning George VI.

De troonsafstand, die de verguisde Wallis de koning zelf had afgeraden – ze had zelfs aangeboden het land te verlaten –, verscheurde hele rijk en trof op pijnlijke wijze het hart van de koninklijke familie. Het instituut wankelde en dreigde te kapseizen. Het was de taak van de vader van de huidige koningin om zijn kleine familie door deze crisisperiode te loodsen. Nog steeds rouwend om de dood van zijn eigen vader en met zijn ogen knipperend tegen het harde licht van een leven in het openbaar, met alle verplichtingen van dien, leidde Bertie, zoals hij door zijn familie werd genoemd, zijn vrouw – de stoïcijnse voormalige Lady Elizabeth Bowes-Lyon, later koningin Elizabeth, de koningin-moeder – en de prinsessen Elizabeth en Margaret de koninklijke wereld binnen. Het was een leven waarop niemand was voorbereid. Als koning George VI was hij plotseling de verdediger van de monarchie in een crisisperiode, een monarchie die op het punt stond ten onder te gaan, zoals sommigen oprecht geloofden. Achteraf gezien is het gemakkelijk je af te vragen waarom er zoveel opwinding ontstond. Voor de koninklijke familie en voor de stoïcijnse nieuwe gemalin van de koning en haar dochters was en is het antwoord heel duidelijk: de opwinding ging alleen over de verkeerde partnerkeuze.

In 1996 maakte Elizabeths jongste zoon prins Edward een documentaire over het leven van de hertog van Windsor onder de titel *Edward on Edward*. Deze documentaire werd ook op de televisie getoond. Hierin werd de liefdesaffaire van zijn oudoom in kaart gebracht en de daarop volgende jaren in Frankrijk, waar hij in ballingschap leefde. Het was een van de beste producties van zijn controversiële televisiemaatschappij Ardent. Er was grondige research verricht en de jonge Edward deed het voortreffelijk als gezicht van de reportage. Maar ondanks alle sympathie die prins Edward liet blijken werd nergens aangeroerd of het gedrag van de hertog van Windsor door enig lid van de koninklijke familie ooit vergeven of goedgekeurd was. Het is bekend dat de koningin hem voor zijn dood tijdens een officieel bezoek aan Frankrijk in mei 1972 opzocht. En nadat zijn lichaam was overgebracht voor de begrafenis in Frogmore werd zijn vrouw gezien terwijl ze op het domein van Buckingham Palace wandelde. Maar dit zijn blijken van normaal christelijk fatsoen van de monarch, zijn nicht. Het betekent niet dat alles vergeven was.

De tijd heeft deze wonde niet geheeld, tenminste wat de koningin betreft. Edward VIII maakte een verkeerde keuze, en het leven van de koningin en dat van haar kinderen werd erdoor bepaald. Een vrouw die zo vervuld is van plichtsgevoel als de koningin, vond dit des te erger omdat ze wist dat de werkelijke misstap van Edward VIII was dat hij zijn plicht had verzaakt. Hij schoot tekort omdat hij niet deed wat de prins van Wales hoort te doen: de juiste vrouw als bruid kiezen. Deze fout werd herhaald door zijn achterneef en Wiliams vader, prins Charles. Dit drukt op prins William als tweede in de lijn voor de troonopvolging met al het gewicht en de onontkoombaarheid van de geschiedenis.

Koning Edwards vergissing met Wallis Simpson werd nog verergerd doordat het hele rijk haar resoluut afwees. Prins Charles' vergissing met de oogverblindende Diana daarentegen werd nog vererergerd doordat de hele wereld haar resoluut aanvaardde. Het gevaar was niet dat hij afstand zou doen van de troon en zijn volk, maar dat zij afstand van hem zouden doen. Charles, die hier bang voor was, reageerde soms prikkelbaar en geïrriteerd. Zijn wanhopige pogingen om de gunst van het publiek terug te winnen – of beter gezegd de pogingen van zijn personeel – leverden weinig op en dat bracht hem en de hofhouding in paniek, wat nog nooit eerder was gebeurd. Daarbij liep hij soms het risico niet alleen zijn moeder, maar het instituut van de monarchie zelf te beschadigen.

Pragmatici zullen stellen dat het huwelijk van Charles en Camilla op 9 april 2006 – een maand nadat mijn verhaal van hun verloving in de *Standard* was gepubliceerd – een perfect compromis was. Anders dan zijn oudoom pakte Charles de zaak goed aan. Hij kreeg de liefde van zijn leven én de mogelijkheid om te regeren. De gerehabiliteerde en gerestylede Camilla is een succes gebleken. De erfgenaam van de troon, zo vaak voorgesteld als een excentrieke man van middelbare leeftijd, lijkt nu compleet met een vrouw aan zijn zijde van wie hij niet alleen houdt, maar die ook in hem en zijn vele kruistochten gelooft. In de maanden na zijn scheiding van Diana werd Charles' troonopvolging ter discussie gesteld. Er waren toen aan de lopende band onthullingen over ontrouw en de wreedheden die ze elkaar tijdens hun huwelijk hadden aangedaan. De discussie laaide opnieuw op na Diana's dood in 1997.

Dezer dagen geloven maar weinigen dat de kroon rechtstreeks naar William zal overgaan. Het is geen gedachte die algemeen met vreugde wordt begroet. Als Charles het al zou willen, zou nog de goedkeuring van de koningin en het parlement nodig zijn, niet alleen in Groot-Brittannië maar in het hele rijk. Is de crisis dan voorbij? Nee, niet helemaal. Charles kan vinden dat hij recht heeft op geluk (hij zal van alle nakomelingen van de koningin ongetwijfeld het beste de situatie van zijn oudoom kunnen aanvoelen), en de koningin zal als moeder maar al te graag willen dat het persoonlijke leven van haar kinderen op orde is en dat zij gelukkig zijn. Anders dan zijn oudoom werd het Charles toegestaan om met een gescheiden vrouw te trouwen én zijn positie te behouden. Maar de vraag rijst: tegen welke prijs?

De koninklijke familie, en in het bijzonder de hofhouding van de prins van Wales, is in het openbaar vrijwel uitgekleed doordat ze te maken kreeg met spot, onderzoek en afkeuring. Het effect was verregaand. Hun uitgaven en belastingconcessies werden bekritiseerd. Er heersten in het land soms gevoelens die gevaarlijk naar republikeinse gezindheid neigden. De vorige twee mannen die de titel prins van Wales droegen hebben catastrofaal gefaald in hun plicht om een geschikte bruid te kiezen. Zou de familie opgewassen zijn tegen een derde generatie die dezelfde fout maakt? Het ziet ernaar uit dat dat niet het geval zal zijn.

Koningin Elizabeth heeft de relatie van haar kleinzoon met opvallende belangstelling gevolgd. De parallellen tussen William en Kate en de hen voorafgaande generatie kunnen de monarch niet zijn ontgaan. William was drieëntwintig en Kate vierentwintig toen duidelijk werd dat ze van elkaar hielden. Dat is dezelfde leeftijd als Charles en Camilla toen zij verliefd werden op elkaar. De koningin zal niet aan een opwelling toegeven, maar toch is de vraag 'wat als...?' verleidelijk. Wat zou er gebeurd zijn als Charles het de allereerste keer bij het rechte eind had gehad? Dan blijft er de knagende onzekerheid: wat als dat bij William niet het geval blijkt te zijn?

Het is te begrijpen dat prins Charles vastbesloten is zijn oudste zoon tegen de druk van zulke gedachten te beschermen, tegen het geschreeuw van de pers en de noodzaak om al te snel zijn koninklijke verplichtingen te vervullen. Maar William wordt nu al meer geprezen als een monarch die het volk zal aanspreken dan zijn vader als zijn tijd komt. Dat is misschien niet helemaal eerlijk. En hoewel achtentachtig jaar en twee dagen William scheiden van zijn overoudoom Edward

VIII kan hij alle lofprijzingen verwachten die zijn roemruchte voorganger kreeg in de beste tijd van zijn leven.

Buiten de paleismuren is de wereld onherkenbaar veranderd. In het leven van koning Edward VIII speelde het verbod om met Wallis Simpson te trouwen een grote rol. Charles' leven werd bepaald doordat hij genoodzaakt was met Diana te trouwen. William heeft de belangrijke taak de schandalen waar zijn voorgangers bij betrokken waren te vermijden en daarom moet hij een meisje vinden van wie hij houdt, dat ongetrouwd is, respectabel en geschikt voor een openbare rol. En uiteraard moet hij erfgenamen voortbrengen – bij voorkeur mannelijk, ofschoon dat misschien minder belangrijk wordt als er een einde komt aan het mannelijke eerstgeboorterecht tijdens Williams leven. Als er iets is wat hij van de missers van zijn voorgangers kan leren, dan is het wel dat het verloop van zijn carrière verre van eenvoudig zal zijn.

Het werd er voor William niet gemakkelijker op om zich aan zijn beperkte functiebeschrijving te houden doordat hij, als erfgenaam van de troon, automatisch de meest begeerlijke vrijgezel van het land was. Begerenswaardige vrijgezellen trekken de meest ongeschikte vrouwen aan. Een misstap is snel gemaakt, en in deze tijd van telelenzen, lekken en ontstellend verraad word je al vlug betrapt als je er een begaat. Ondanks hun betrekkelijke jeugdigheid en de af en toe voorkomende geruchten over een proefscheiding heeft William en Kates relatie de overgang van het universiteitsleven naar het werkelijke leven en nu naar een verloving overleefd. In de loop der jaren is Williams 'aanbiddelijke' Kate, aanvankelijk gewoon iemand met wie hij als student plezier kon maken, een veel belangrijkere rol in zijn leven gaan innemen – die van prinses en toekomstige koningin.

X

Het echte leven

'Op dit moment geniet ik zoveel als maar kan op de juiste plaatsen.'
Prins William, nadat hij zijn laatste universiteitsexamen had afgelegd

Als een ander stel aan het ruziën was geweest, zou niemand er veel aandacht aan hebben besteed. Maar de twee mensen die naast elkaar in een Volkswagen Golf zaten en in een ernstige woordenwisseling waren verwikkeld, waren niet zomaar een stel, maar prins William en zijn vriendin Kate. In plaats van te genieten van de tijd die ze samen doorbrachten, waren zij verwikkeld in een hevige ruzie. Hun trekken waren gespannen en hun lichaamstaal sprak boekdelen. Het geluid werd dan wel gedempt doordat de ramen van de auto dicht waren, maar het was duidelijk dat ze het niet met elkaar eens waren. Het was nauwelijks verrassend te noemen dat dit opzien baarde.

Het was de eerste keer dat deze twee mensen, die zo gesteld waren op hun privacy, openlijk ruziënd gezien werden. Het gekibbel viel des te meer op omdat William en Kate zich het afgelopen jaar zoveel moeite hadden getroost om hun relatie geheim te houden, tot op het paranoïde af. Wat de voorbijgangers, die desinteresse veinsden terwijl ze rondhingen bij de auto, niet wisten was dat William en Kate hadden afgesproken dat ze in het openbaar niet de geringste emotie naar elkaar toe zouden tonen. Tot dat moment hadden ze zich daar altijd aan weten te houden. Maar op deze zachte zomerdag, na een polowedstrijd in Berkshire, werd dat pact verbroken.

'Het was voor iedereen die voorbijliep duidelijk dat het er behoorlijk heftig aan toeging', zei een ooggetuige. 'We vroegen ons allemaal af waar het over ging.' William noch Kate houden van scènes en het feit dat ze hun discussie in zijn auto voerden, toont aan dat ze behoefte hadden aan privacy. Wat kon er gebeurd zijn dat zo'n uitbarsting had veroorzaakt?

Het was te verwachten dat hierover druk werd gespeculeerd. Misschien gingen ze net als elk ander jong stel dat meer dan een jaar samen is, door een moeilijke periode. De relatie was opgebloeid in de betrekkelijke beslotenheid van hun vriendenclub aan de universiteit, maar de prijs van privacy kan claustrofobie zijn. Het was onvermijdelijk dat op een bepaald punt irritaties en frustraties aan de oppervlakte zouden komen. Sommige waarnemers gingen nog verder en speculeerden dat de ruzie het einde van de romance aankondigde, enkele maanden nadat ze bekend was gemaakt. In een artikel uit die tijd werd gesuggereerd dat ze overeen waren gekomen op proef uiteen te gaan.

Dit was het soort speculatie dat normaal geassocieerd wordt met een stel dat al enkele jaren getrouwd is. Natuurlijk bleek dat de doemdenkers het bij het verkeerde eind hadden. Maar het was waar dat het na amper een jaar tot een uitbarsting kwam. Voor sommige spanningen in het afgelopen jaar waren William en Kate zelf verantwoordelijk, niet het minst omdat William erop stond hun relatie geheim te houden. Andere ontstonden door de omstandigheden, omdat het werk voor hun studie zich ophoopte. En nog andere zijn normaal in een relatie die al enige tijd duurt, want de werkelijkheid komt vaak niet overeen met de romantische verwachtingen, zowel voor een prins als voor een bedelaar.

Die dag toen ze ruzie maakten, botsten veel van hun denkbeelden. William was zich ervan bewust dat het einde van zijn leven als student in zicht was. Hij had driekwart van zijn opleiding achter de rug, het zand liep nu snel door de zandloper. William, toen net eenentwintig geworden, zou Kate hebben verteld dat hij hun relatie een tijdje wilde laten 'bekoelen'. Hij wilde zijn aandacht meer op zijn studie gaan richten. De mentoren en docenten begonnen hun studenten al te waarschuwen dat de eindexamens in zicht kwamen. Dat vormde voor Kate geen probleem.

Zij kende dezelfde spanningen en er wachtten haar dezelfde taken als William. Ze was misschien wel de meest leergierige van de twee. Wat haar veel meer zorgen baarde, waren Williams plannen om naar het buitenland te vertrekken na zijn studie. In plaats van bij haar in Schotland te blijven na het einde van de examens, wilde hij er alleen op uit trekken.

Het was nog erger dat William zei dat hij zich ingeperkt en claustrofobisch voelde door de relatie. In tegenstelling tot de meeste andere studenten, die erop los leefden en regelmatig van partner wisselden, zat hij al het grootste deel van zijn studententijd in een vaste relatie. Het huis dat ze deelden buiten de stad had meer weg van een comfortabel onderkomen voor mensen van middelbare leeftijd dan van een studentenflat. Het was een hoog achttiende-eeuws gebouw met vier slaapkamers, omgeven door boomgaarden en fuchsia's. Het interieur was een mengeling van vergane glorie en bohemienchic. Toen William, Kate en hun vriend Fergus Boyd er introkken, moet het hun het ideale huis hebben geleken om feestjes te bouwen. Het had een spelonkachtige keuken, heel veel ruimte op de begane grond waar gasten konden blijven slapen en geen buren waar ze rekening mee moesten houden. Maar hoewel ze af en toe een feestje gaven, veranderde het huis geleidelijk in een soort plaats waar ze zich terugtrokken en de relatie werd zo comfortabel dat ze leidde tot passiviteit. William was uiteraard niet de eerste die zich afvroeg of hij niets miste van het vrolijke studentenleven door zo snel met iemand te gaan samenwonen. Had hij misschien het juiste meisje op het verkeerde moment ontmoet?

Een oudere hoffunctionaris vertelde mij dat de discussies heel ernstig waren. 'Prins William slaat Kate hoog aan, maar hij heeft minstens één van zijn beste vrienden toevertrouwd dat de relatie een beetje afgezaagd aan het worden is en dat ze beter alleen vrienden zouden zijn. Hij is een tijdje ongelukkig geweest in de relatie, maar het laatste wat hij wil is dat ze onder de aandacht komen als ze uit elkaar gaan in de belangrijke maanden voor zijn afstuderen. In feite denkt hij dat ze elk hun eigen weg zullen gaan als ze in het voorjaar afstuderen.'

Hiermee leek de doodsklok over hun romance te zijn geluid. Voor elke jonge vrouw die zoveel tijd en emotie in een universiteitsrelatie had geïnvesteerd, zou dit een verschrikkelijke klap zijn. Voor Kate kwam het als een donderslag bij heldere hemel. Ze had uiteindelijk een relatie met de toekomstige koning en hun doen en laten werd uitgebreid in de kranten gevolgd. Aan het begin van het jaar was er geen enkele aanwijzing geweest dat zich donderwolken zouden samenpakken aan de horizon. Na hun vakantie in het voorjaar in Klosters verschenen er foto's van William en Kate op de witte hellingen die er als een prentbriefkaart uitzagen. De foto's onthulden de wereld hun liefde; er was geen hechter paar. Ik was erbij om er een artikel over te schrijven en in die tijd bestond er geen twijfel over dat William alleen oog voor Kate had.

In de zomer daarna brachten ze nog een luxeuze vakantie samen door op het afgelegen, zonovergoten eiland Rodrigues in de Indische Oceaan, en misschien realiseerden zij zich toen het onwerkelijke karakter van hun vakantie. Ze brachten hun dagen door met snorkelen en scubaduiken, nipten aan hun cocktails in strandbars en strekten zich uit in het zand op die lange, luie zonnige dagen. Het was een heerlijke en gelukkige tijd. Zes andere vrienden hadden zich bij hen gevoegd en ze genoten ten volle van deze onderbreking van hun leven op de universiteit.

William was er al eerder geweest, in september 2000, toen hij tijdens zijn sabbatjaar de ontberingen van de training met de Welsh Guards in Belize had verruild voor het witte zand van Mauritius. Het paleis had de buitenwereld verteld dat de prins samen met de Royal Geographical Society op deze 'leerzame reis' aan een niet nader genoemd project zou gaan werken. Ons leek het aannemelijker dat hij gewoon mooi bruin wilde worden. Het had helemaal niets met werken te maken, ondanks de voorspelbare protesten van hoffunctionarissen dat dit een 'belangrijke periode van persoonlijke ontwikkeling' was. Precies!

Die zonnige dagen waren geleden van 2000 en William kon niet wachten om terug te keren naar de eilanden in de Indische Oceaan. Toen hij dat deed, vóór zijn laatste jaar op de universiteit, koos hij een plek uit op een steenworp van Mauritius, om het meisje van wie hij onafscheidelijk leek het hof te maken. Toen hij er de vorige keer was, had hij genoten van de harmonieuze, eenvoudige leefwijze, hoewel zijn reis toen misschien een tikkeltje luxeuzer was geweest. Hij was geïntrigeerd door de verschillende culturele achtergronden van de mensen die hij ontmoette. Het was een omgeving die een onuitwisbare indruk op de prins had gemaakt. Hij voelde zich er ontspannen en liep graag op blote voeten rond. En hij wilde zijn ervaringen met Kate delen, want hij wist zeker dat zij er ook van zou houden.

De koraalriffen bij Rodrigues behoren tot de mooiste ter wereld en het eiland zelf, iets ten oosten van Mauritius, ligt afgelegen. Het is heuvelig en heeft een uitgestrekte rotsachtige kust met adembenemend mooie witte zandstranden. De zang van vreemde vogels weerklinkt er. Het staat bekend als een perfecte plek voor natuurliefhebbers die zich willen terugtrekken en vrede en rust zoeken. Het was ook het perfecte trefpunt voor een geheel ander soort liefhebbers. De Portugese ontdekkingsreiziger Diego Rodrigues verdiende er een voetnoot in de geschiedenis toen hij het eiland in 1528 ontdekte. Bijna vijf eeuwen later kreeg het zijn plaats in de gezamenlijke geschiedenis van William en Kate. Het leverde de achtergrond van hun zorgeloze vakantie die augustus. Ook al was het winter op het zuidelijk halfrond, het weer was nog steeds zacht.

Het was een verrukkelijke periode in hun relatie. William deed zijn best om indruk op Kate te maken door op zijn motor langs de kust te scheuren of vanaf motorsloepen in de Indische Oceaan te duiken. En de vonk van nieuwe passie was nog zichtbaar, hoe zorgvuldig hun vrienden ook probeerden het stel te beschermen tegen op de loer liggende paparazzi. Maar ze voelden zich goed in elkaars gezelschap. De onhandigheid die typisch is voor het begin van een relatie was allang voorbij.

Daarom was het verbijsterend dat Williams hartstocht voor Kate na die zomer bekoelde. Tijdens de rest van de zomervakantie bezocht Kate William in Highgrove, maar ze leek niet iemand die een vaste relatie met hem had. Misschien vond hij dat de situatie een beetje voorspelbaar werd, dat het een tikje afgezaagd was om weer voet op Engelse bodem te zetten, misschien leek het vooruitzicht van een toekomst met Kate hem minder rooskleurig dan voorheen.

Ze begonnen ruzie te maken. William probeerde afstand te nemen van Kate. Een andere vrouw met minder begrip zou hebben tegengestribbeld bij Williams duidelijke behoefte aan vrijheid. Ze zou misschien een ultimatum hebben gesteld, hysterische eisen hebben gesteld, haar klauwen dieper in haar buit hebben geslagen of er vandoor zijn gegaan. Maar op dit belangrijke moment toonde Kate zich opnieuw opmerkelijk zelfverzekerd. Ze was natuurlijk van streek en bang dat William hun relatie zou verbreken. Er wordt verteld dat ze bereid was zijn nogal onredelijke voorwaarden te accepteren. Er wordt zelfs verteld dat ze heeft overwogen het studentenhuis dat ze deelden te verlaten om William meer tijd en ruimte te geven.

Het leek allemaal ontzettend volwassen en redelijk. Maar anderen merkten dat Williams verzuchtingen dat hij zich opgesloten voelde, dat hij zich op zijn examens wilde concentreren en dat hij Kate steeds meer alleen als een vriendin zag, maar de helft van het verhaal vormden. In dezelfde mate had Kates verrassende tolerantie slechts betrekking op een gedeelte van de werkelijke situatie. Volgens sommigen was er nog een onderwerp waarover gediscussieerd werd: Jecca Craig.

William had onder andere een reis naar Kenia gepland om Jecca in het wildreservaat van haar ouders in Kenia op te zoeken. De mysterieuze en mooie Jecca was voor Kate altijd al een twistappel geweest. Ze wilde niet wanhopig lijken, maar ze wilde ook niet dat William over haar heen liep of bij haar wegging. Iedereen heeft zo zijn grenzen als het op tolerantie en begrip aankomt. Kates tolerantie hield op bij Jecca.

Na de explosieve ruzie in de auto liet William zijn plannen varen om naar Kenia terug te keren. Het valt echter te betwijfelen of Kate zichzelf heeft geprezen dat ze het pleit had gewonnen. Ze moet zeker hebben geweten dat voet bij stuk houden een gok was. En er zouden nog vele bezorgde maanden komen voordat ze er zeker van zou zijn dat het de moeite waard was geweest. Intussen bleef de onvrede sluimeren. Tegen het einde van augustus nam William de nogal provocerende beslissing naar Texas te reizen, naar een andere intieme vriendin, Anna Sloan, een ongelooflijke schoonheid die aan de universiteit van Edinburgh had gestudeerd. Men had Kate verzekerd dat hij en Anna nooit méér waren geweest dan vrienden. Volgens sommige vrienden wist Kate dat William, toen zij nog samen was met Rupert Finch, geprobeerd had Anna te versieren, maar hij was koel en duidelijk afgewezen. William was het niet gewend een nee te krijgen. Het was voor hem een nieuwe ervaring en misschien prikkelde het hem wel. Een ander belangrijk moment in hun relatie kwam in september, toen William Kate voor het hoofd stootte door mee op zeilvakantie rond de Griekse eilanden te gaan met een groep mannen. Hij zou er naar verluidt nog een schepje bovenop hebben gedaan door te staan op een volledig vrouwelijke bemanning. Zijn vriendin was niet onder de indruk, maar Kate was wel geïrriteerd en voelde zich vernederd. Ze zal zich hebben afgevraagd of William op een wat laffe manier probeerde haar tot het uiterste te drijven, zodat ze hun relatie zou verbreken.

Voor veel verliefde jonge vrouwen zou hij daarmee net iets te ver zijn gegaan. Hoewel William niet langer van plan was naar Kenia te reizen en tijd met Jecca door te brengen, was zij niet uit zijn leven verdwenen. Vanaf het eerste moment dat zij als Williams vriendin werd beschouwd, had Jecca de sociale status verworven die Kate, zelfs als Williams vaste vriendin, nog steeds werd ontzegd. In de modebladen werden Jecca's ongedwongen houding en haar schoonheid geprezen en men loofde haar onconventionele gevoel voor stijl, dat geheel tegengesteld was aan Kates veilige, goedverzorgde elegante uiterlijk. Ze werd nogal romantisch met een hert vergeleken dat rilde in het licht van de publiciteit, de aandacht vermeed en hunkerde naar privacy en de natuur. Tegen die tijd was zij studente in de antropologie aan de universiteit van Londen en een hert dat door nietsontziende elementen van de pers werd gevolgd. De bijbel van de Britse society, het tijdschrift *Tatler*, noemde haar de meest begerenswaardige vrouw van het land. Kate kwam niet eens op de lijst voor. Jecca mag dan wel de aandacht van de pers hebben gehaat, de situatie moet Kate erg dwars hebben gezeten.

Toen William en Kate een stel werden, had men gewoon aangenomen dat elke romantische band tussen Jecca en William was verbroken. Maar tegen het einde van 2004 begonnen de mensen zich te verbazen. In september dook William op bij de bruiloft van een oude vriendin, Davina Duckworth-Chad, aan wie hij in het verleden ook gekoppeld was. Een gast vertelde: 'Kate was in geen velden of wegen te bekennen, maar Jecca was er wel.' Rond die tijd hadden zij en William regelmatig contact, ze belden en mailden elkaar vaak. Het kan allemaal geheel onschuldig zijn geweest, maar Kate had geen ongelijk als ze zich bedreigd zou hebben gevoeld. In november 2004 veroorzaakte Jecca's aanwezigheid bij het societyhuwelijk van Edward van Cutsem en Lady Tamara Grosvenor een storm van belangstelling in de media. De Van Cutsems waren nauwe vrienden en behoorden tot de familiekring van prins Charles. William trad op als ceremoniemeester en Kate was er ook. Maar Jecca, in een bruin suède met turkoois afgezet

jasje, laarzen en een cowboyhoed, oogstte bewonderende en veelbete-
kende blikken.

Later die maand ging een krant zover om te beweren dat het weer
aan was tussen William en Jecca en dat hun relatie in de afgelopen
maanden zelfs intensiever was geworden. Iemand die dat gemerkt
had, zei: 'Dat ze dikke vrienden zijn, was nooit een geheim. William
is gek op Jecca. En hij schijnt momenteel nogal veel contact met haar
te hebben.' Het had niemand verrast als deze gezellige gesprekjes met
Jecca in de loop der tijd tot een verwijdering tussen Kate en William
hadden geleid.

Maar bij William is niets ooit wat het lijkt. Hij bewaakt zijn privéleven zó streng dat het aan paranoia grenst. In de tweede helft van
2004 deed hij heel wat moeite om zichzelf en iedereen in zijn buurt
uit de publieke belangstelling te houden. Hij zocht steeds exclusie-
vere evenementen uit die hij samen met Kate bezocht en nam haar
mee naar steeds geïsoleerdere plaatsen. Zo nodig kan William buitengewoon listig zijn en hij heeft er plezier in om een rookgordijn op
te trekken om zijn privéleven af te schermen. Het is een spelletje dat
hij tot op de dag van vandaag speelt. En hij geniet van het gevoel dat
hij aan de winnende hand is.

'Het wordt doorgaans vreemd gevonden als iemand zijn vriendin
niet meeneemt naar de bruiloft van zo'n goede vriendin als Davina',
vertelde iemand uit hun vriendenkring mij in die tijd. 'Maar ik zou
er niet van opkijken dat hij Kate opzettelijk niet heeft meegenomen,
zowel om haar tegen alle aandacht te beschermen als om de verwarring over hun relatie te vergroten. Dat vindt Wills leuk.'

Maar tegen het eind van 2004 kon men er niet meer omheen dat
er steeds vaker en steeds halsstarriger artikelen verschenen over problemen tussen William en Kate. Hartszaken zijn nooit eenvoudig. Bij
William en Kate werden de moeilijkheden en twijfels nog verergerd
door de kritische blikken van de buitenwereld en de druk waaronder William stond vanwege zijn positie. Hij ziet er goed uit en is een
atletische jongeman die uit de mooiste meisjes van zijn generatie kon
kiezen. De immer betrouwbare Kate moet soms wat saai hebben geleken. Dat beweerden althans sommige mensen uit de omgeving van
William.

William heeft de reputatie dat hij de rustigste is van de twee broers. Harry zien we per slot van rekening vaker uit nachtclubs tuimelen, of hij wordt kussend met zijn in minirok geklede vriendin Chelsy betrapt. Maar met de beste wil van de wereld kan men William niet preuts noemen. Hij is ook geen stijve hark. Hij houdt van feestjes net als iedereen van zijn leeftijd en hij is niet afkerig van pittige, zelfverzekerde meisjes. Soms leek het alsof hij zich door de gevoelige Kate belemmerd voelde. Hij beschikte bovendien over het perfecte vrijkaartje om uit zijn gevangenis te ontsnappen – hij kon haar altijd vertellen dat ze niet mee kon naar bepaalde gebeurtenissen omdat hij haar wilde beschermen. Op die manier had hij de vrijheid om, net als zijn vader voor hem, intieme relaties te hebben met meer dan één meisje als hij dat wilde. Oude gewoonten, vooral familie-eigenschappen, zijn moeilijk uit te roeien.

Maar de mensen uit Williams omgeving wijzen erop dat zijn zorgen in deze moeilijke tijd gedeeltelijk voortkwamen uit plichtsgevoel met betrekking tot zijn toekomst. Als toekomstige koning wist William dat zodra hij een zekere mate van intimiteit met een meisje had bereikt, het moeilijk zou zijn om de situatie terug te draaien. Hij wilde niet een verkeerde stap zetten. En dat leek hem het geval als hij te intiem zou worden en de relatie te vast zou worden, zelfs al koesterde hij diepe gevoelens voor het meisje.

Als dit het geval was, dan was Kates antwoord op de onzekerheid van haar koninklijke vriend een perfect voorbeeld van hoe je je man moet houden. Ze reageerde onverstoorbaar. Vergeet niet dat dit het meisje is dat, toen haar werd gevraagd of ze gelukkig was dat ze met een prins omging, zelfverzekerd antwoordde: 'Hij mag blij zijn dat hij met mij uitgaat.' Kate had misschien een bravourestukje opgevoerd, maar was slim genoeg om te weten dat het niet werkt als je te hulpbehoevend doet en te klef bent om zo'n partij als William vast te houden. Ze gaf hem de tijd en de ruimte die hij verlangde, maar tegelijk trok ze een grens: tot hier en niet verder.

Maar drie mensen zullen ooit werkelijk weten of William in de zomer van 2004 verliefd was op Jecca en hoe dicht William en Kate bij het punt kwamen om het bijltje erbij neer te gooien. Maar toen de herfst overging in de winter en het jaar ten einde liep, kon Kate er zeker van zijn dat ze zich weer veilig en zorgeloos kon voelen in de armen van haar vriend, die van haar hield. Meer dan dat: na de dip waren ze nog inniger met elkaar verbonden.

Net als zoveel andere tanende koninklijke liefdesaffaires, laaide hun liefde weer op in de mooie omgeving van de Schotse Hooglanden, waar William haar het hof had gemaakt in het begin van hun relatie, en waar hun vriendschap was veranderd in liefde. In februari 2005 gingen William en Kate herhaaldelijk terug naar hun schuilplaats op Balmoral. Ze reisden ten minste drie keer naar de cottage, die door de koningin aan William en Harry was geschonken. De wereld was getuige van hun genegenheid in maart 2005, toen hij Kate had uitgenodigd om mee te gaan naar Klosters op de skivakantie die zijn vader jaarlijks met zijn zonen hield, deze keer voorafgaand aan zijn huwelijk met Camilla. Ik was als professionele waarnemer aanwezig en kon zien, hoewel van een afstand, hoe William weer op de oude wijze met Kate omging. De chemie die misschien even tanend was geweest, deed in ieder geval weer haar werk.

'Wills heeft alleen oog voor Kate', dweepte de *Daily Mail*, en voorts merkte de krant op dat Kates aanwezigheid op de skihellingen op zo'n belangrijk moment in het leven van Charles en zijn zonen betekende dat ze was goedgekeurd door de koninklijke familie. Het was inderdaad veelzeggend. Tijdens een lunch die heel gemoedelijk verliep zat William naast zijn vader, maar hij kon net zo goed met Kate alleen zijn geweest, want zij stond voortdurend in het centrum van zijn aandacht.

Eindelijk leek de tweeëntwintigjarige prins zich in het openbaar meer met Kate op zijn gemak te voelen. Hij probeerde haar nog steeds tegen de aandacht van de pers te beschermen. De meeste ochtenden, als de groep naar de skilift trok, maakte William een ommetje voor de anderen uit, zodat Kate niet in de spotlights zou komen te staan. Niet-ingewijden vonden het misschien ongemanierd, maar dit was zijn manier om te proberen haar buiten beeld te houden.

William was misschien bezorgd, maar Kate leek zich perfect op haar gemak te voelen. Soms lukte het William om zijn natuurlijke wantrouwen opzij te zetten. Te midden van familieleden en vrienden toonde hij openlijk zijn liefde voor Kate. Op een bepaald moment zat zij op zijn knie, ze zag er gelukkig uit en ze haalden elkaar speels aan. Zijn vader was er ook en ook hij leek volkomen op zijn gemak in de aanwezigheid van Kate. Op dat uitstapje toonde Kate meer dan op welke andere vakantie ook hoe ver zij was gekomen: van studentenliefde tot geaccepteerde partner. Ze praatte geanimeerd met prins Charles terwijl ze zich verzamelden om in een restaurant op een berghelling te gaan eten. Bij een andere gelegenheid was ze druk in gesprek met Charles toen ze naast elkaar in een skilift zaten.

Het was de eerste keer dat prins Charles gefotografeerd werd met de vriendin van zijn oudste zoon. Dit bevestigde voor de camera's en de verslaggevers wat ik al enkele maanden eerder had gehoord: dat Charles het helemaal eens was met Williams partnerkeuze. Tegen die tijd waren er verschillende gelegenheden geweest waarbij hij en Camilla haar beter hadden leren kennen. Ze vonden Kate charmant gezelschap en waren erg op haar gesteld geraakt. Kate was op haar beurt op haar gemak in Williams familie en in het gezelschap van Harry en zijn vrienden, al had Chelsy Davy die keer de uitnodiging niet aangenomen omdat ze liever in Zuid-Afrika bleef. Die vakantie in maart was voor royaltywatchers het duidelijkste teken dat William een weloverwogen beslissing had genomen om Kate te laten kennismaken met zijn andere leven, het leven dat hem te wachten stond als hij eenmaal de universiteit had verlaten – het leven dat misschien ook Kate te wachten stond. Na bijna zes maanden vol zorgen in het afgelopen jaar bleek nu heel duidelijk dat Kate de juiste vrouw voor hem was.

In mei 2005 legde William zijn laatste geografie-examen af. Kate had haar examens ook beëindigd en haar proefschrift ingeleverd, getiteld *Angels from Heaven: Lewis Carroll's Photographic Interpretation of Childhood* (Engelen uit de hemel: Lewis Carrolls fotografische interpretatie van de kindertijd). Later zou ze toestemming geven om deze op de website van de universiteit te plaatsen zodat toekomstige studenten ze konden inkijken. Williams leeftijdgenoten aan de universiteit – misschien met inbegrip van Kate – wilden goede resultaten halen omdat dat hen zou helpen bij hun toekomstige carrière. De prins deed het echter alleen uit eergevoel. Of hij nu negens en tienen, een acht of met moeite een zes of een zeven haalde, deed niet ter zake op zijn weg naar het koningschap. Na zijn afstuderen zou Sandhurst volgen, zijn aanstelling bij een van de garderegimenten en vervolgens zou hij zijn koninklijke verplichtingen moeten vervullen, ongeacht hoe de examencommissie van de universiteit van St. Andrews zijn laatste prestaties beoordeelde. Maar William, een trotse en intelligente jongeman, wilde ontzettend graag een goed eindresultaat. Hij was vastbesloten om het goed te doen, zo niet zou dat onvermijdelijk tot hoongelach leiden bij de media en het publiek. William, waarschijnlijk de meest academisch begaafde van de koninklijke familie van de laatste tijd, wilde niemand teleurstellen; zichzelf nog het minst. Hij had zich goed voorbereid op de examens en toen die achter de rug waren, slaakte hij een diepe zucht van opluchting. Drie weken van feestvieren lagen voor hem, die hun hoogtepunt bereikten op 24 juni met een bal op de universiteit waarbij het afstuderen uitbundig zou worden gevierd. Er zou een traditionele Schotse band zijn, een popgroep en discomuziek. En hij zou zijn mooie vriendin Kate aan de arm hebben.

Die nacht strompelden studenten die als glamourfiguren waren gearriveerd, na het bal naar buiten en zochten hun weg over de met rommel bezaaide binnenplaats. Ze haakten bij elkaar in en wandelden naar het stuk strand dat bekendstaat als Castle Sands. De meest roekelozen onder hen doken het ijskoude water in dat glinsterde in de glorende dageraad. Kate, William en hun huisgenoot Fergus Boyd hielden hun voeten droog en wandelden langs het strand. Ongetwijfeld probeerden ze er niet aan te denken dat er een nieuwe dag aanbrak, en daarmee een nieuw tijdperk in hun leven. In vele opzichten verschilden Kate en William op dat moment niet van andere jonge stellen die zich afvroegen of hun romance, die aan de universiteit was begonnen, in de wereld daarbuiten stand zou houden.

Geen van hen wist wat hen te wachten stond, alleen dat ze bereid waren om het te proberen. Zovele relaties die op de universiteit tot stand waren gekomen, verliepen moeizaam als de colleges en de gemeenschappelijke ruimtes ingeruild werden voor een werkend leven. Ze waren zich er beiden volledig van bewust dat hun verbondenheid zou afnemen, de routine van hun levens zou nooit meer zo op elkaar zijn afgestemd als tijdens hun tijd op de universiteit. Maar ze kwamen overeen dat wat er ook gebeurde, ze altijd de beste vrienden zouden blijven en dat ze nergens spijt van zouden hebben.

William wist dat zijn gemakkelijke leventje voorbij was. Hij had geproefd van de betrekkelijke anonimiteit die een fulltimeopleiding hem had geboden. Voor hem had afstuderen meer gevolgen dan voor zijn leeftijdgenoten. Wat hij op dat moment ook zou doen, de werkelijkheid en de verwachtingen van zijn op handen zijnde koninklijke verplichtingen konden niet langer worden genegeerd. Uiteindelijk zou hij de druk vanuit zijn familie moeten accepteren, aan het werk moeten gaan en zijn schouders onder zijn verplichtingen zetten.

Een paar weken eerder had hij zich dit gerealiseerd en enige bezorgdheid geuit. Hij had toegegeven dat hij voorzichtig was met het op zich nemen van openbare verplichtingen: 'Ik wil niet te vroeg beginnen omdat ik er voor de rest van mijn leven aan vastzit.' Zijn medestudenten van de universiteit zullen William misschien benijd hebben om zijn financiële zekerheden, omdat zij zich zouden moeten inspannen om een baan te vinden en leningen zouden moeten afsluiten. Maar zij hadden tenminste de vrijheid om uit te proberen of een bepaalde carrière of levenswijze hen lag. Zo niet William. Als hij zich eenmaal inliet met het publieke leven, ging hij in feite een leertijd in die eindigde met het koningschap. En hoewel de prins naarmate hij ouder werd en meer ervaring kreeg zijn verlegenheid had overwonnen, was hij ontmoedigd door zijn vaders pogingen om die leertijd in een zinvolle rol om te zetten. Zoals een hoffunctionaris mij toentertijd vertelde, was William teleurgesteld in wat hij als een meedogenloze bagatellisering van zijn vaders inspanningen beschouwde. Zou dat ook zijn lot zijn? Als hij probeerde zijn vaders strijdlustige houding over te nemen zodra hij prins van Wales werd, als hij probeerde iemand te zijn die iets te zeggen had, iets bij te dragen, zou hij dan met dezelfde negatieve reacties te maken krijgen?

De oudere functionaris zei: 'William is erg loyaal tegenover zijn vader. Hij is geïrriteerd door wat hij beschouwt als de unfaire manier waarop de prins van Wales voortdurend belachelijk wordt gemaakt. Hij is ook gefrustreerd omdat bewonderenswaardige aspecten van Charles' werk, zoals bijvoorbeeld de Trust [een door de prins opgerichte charitatieve instelling die fondsen ter beschikking stelt voor allerlei doeleinden], niet de erkenning krijgen die ze verdienen.'

Dat is een bekende klacht over de media, maar een die ongegrond is.

Vele jaren lang zijn over de Trust van de prins uitvoerige en positieve artikelen geschreven. Dankzij de toewijding van respectabele mensen zoals de innemende Sir Tom Shebbeare, een man van de praktijk die iedereen motiveerde en verantwoordelijk was voor een groot deel van het succes, werd de instelling geprezen. Charles verwierf daardoor veel respect in de loop der tijd. Ik vind het erg dat de mening van klagende gunstelingen op Clarence House, wier voortdurende verwijten aan de pers duidelijk de frustraties van hun baas weerspiegelen, door William wordt overgenomen. In werkelijkheid is er een voortdurende wisseling van de wacht van de hoffunctionarissen. Elke twee tot drie jaar vertrekken zij weer, nadat ze even hun mondje hebben geroerd en hun cv hebben bijgewerkt. Dan arriveert er een nieuwe lichting hielenlikkers, enthousiast omdat ze voor het koningshuis werken, en die begint dan weer over dezelfde dingen te klagen.

Een oud-hoffunctionaris vertelde mij: 'Prins William zou er goed aan doen de kranten te lezen en zaken te verifiëren in plaats van zijn kop in het zand te steken net als zijn vader en de jaknikkers in het paleis. Sommigen onder hen, ook oudere functionarissen, zouden de prins nooit bekritiseren uit angst om hun baan te verliezen en daarmee de extraatjes en het respect verbonden aan hun positie. Eerlijk gezegd zorgen sommigen van hen ervoor dat het begrip lakei een slechte naam krijgt. Het resultaat van al dat gejammer is dat William vastbesloten is dat deel van zijn functie zo lang mogelijk uit te stellen, in plaats van het te omhelzen, zoals de koningin zou willen.

Zodra zijn dagen op de universiteit voorbij waren, werd het steeds duidelijker dat William zich terughoudend opstelde en dat hij zijn taken voor zich uitschoof. William heeft het voor elkaar gekregen om tot aan het einde van zijn dagen op de universiteit – tot zijn drieëntwintigste jaar – praktisch geen openbare verplichtingen op zich te nemen. Zijn vader was het tegenovergestelde. Het studeren ging hem veel minder gemakkelijk af, maar toen hij zo oud was als William was hij al een veteraan in het koninklijke circuit. Hij verrichtte zijn eerste overzeese taak in Australië op negentienjarige leeftijd en werd twee jaar later, in 1969, op Caernarfon Castle tot prins van Wales benoemd.

Een hoffunctionaris legde mij uit: 'Het probleem met prins William is dat hij er het liefst buiten wil blijven. Hij staat in tweestrijd.

Hij vindt dat hij nog voldoende tijd heeft om in zijn rol te groeien. Als hij niet te vroeg verwachtingen oproept, kan hij in zekere mate een normaal leven leiden, denkt hij.'

Prins Charles en zijn hoffunctionarissen hebben Williams houding altijd verdedigd. Ze argumenteren dat zijn situatie sterk verschilt van die van zijn vader, die als tiener al de rechtstreekse troonopvolger was. Het lijkt mij een kwestie van woorden. Over Williams plaats in de troonopvolging wordt tegenwoordig veel geschreven. Dat zal ook in de toekomst gebeuren. De resultaten van de opiniepeilingen die op de dag voor zijn afstuderen werden gehouden, brachten de jonge prins eerlijk gezegd op de rand van de wanhoop. Steed weer toonden opiniepeilingen aan dat bijna de helft van de bevolking liever zou zien dat de troon naar William ging in plaats van naar Charles. Zo werd erop aangedrongen dat de 'verwende' jonge leden van het konings-huis eindelijk eens uit de schaduw zouden treden. Zelfs Harry had al meer foto- en interviewsessies gedaan dan William in dat stadium. Commentatoren begonnen zich, zelfs voordat zijn studieresultaten bekend waren, onvermijdelijk af te vragen: 'Wat gaat William vanaf heden doen?'

Op 23 juni 2005 behaalde William zijn diploma in aanwezigheid van zijn vader, stiefmoeder en koninklijke grootouders en enkele honder-den andere ouders die net zo trots waren. William zag er zenuwachtig uit en beet op zijn onderlip. Hij wachtte samen met dertig medestu-denten geografie aan de zijkant van het podium in de Younger Hall. William was gekleed in een zwart zijden toga afgezet met een kersen-rode band. Hij droeg er een wit strikje bij. Toen de decaan, professor Christopher Smith, de naam 'William Wales' afriep, deed de prins een stap naar voren. Er barstte een applaus los en de toeschouwers maak-ten foto's. Op de eerste rij van de loge werden Charles en Camilla stil. Tot dat moment hadden zij geschertst en gelachen. Naast hen zat prins Philip het programma te bestuderen. De koningin, in een prachtig citroengeel pakje, had haar bekende strakke blik.

William liep naar de katheder in het midden van het podium, greep de koperen leuning met het wapen van de universiteit vast en knielde voor Sir Kenneth Dover, voorzitter van de raad van bestuur van St. Andrews. De ceremonie verliep geroutineerd. Net als bij alle andere afgestudeerde studenten tikte Sir Kenneth William zachtjes op zijn hoofd met de birretum, een zeventiende-eeuwse ceremoniele scharlakenrode baret. Het gerucht gaat dat hierin een gedeelte van de broek van John Knox, de grote presbyteriaanse hervormer, is verwerkt. Dover sprak de woorden 'Et super te' (En op jou) toen de stof Williams hoofd raakte. Daarop trok James Douglas, de universiteitspedel – een soort hoofdbutler – de rood-zwarte academische kap over de schouders van de knielende prins. Deze handeling betekende dat William, na vier jaar studie, afgestudeerd was als master in de sociale wetenschappen. Binnen enkele momenten was hij van het podium af en werd hem de rol met het certificaat van zijn academische titel overhandigd. Het hoogtepunt van vier jaar werken was plots voorbij. William trok nu met zijn medeafgestudeerden naar de hoofdstraat van de stad. Er scheen een waterig zonnetje. Ze hadden een heerlijk leventje geleid als student, maar dat was nu voorbij.

William werd opgewacht door honderden mensen langs de straten, net zoals bij zijn aankomst in St. Andrews. Hij zwaaide minzaam naar de menigte op zijn weg naar het politiebureau van het stadje, waar hij het korps ging bedanken omdat ze ervoor hadden gezorgd dat hem niets was overkomen. Zijn studententijd was een succes geweest, ondanks de moeizame start, en met het behalen van een 'upper second' had hij zelfs zijn vaders 'lower second' overtroffen. Maar de koningin zou de eerste zijn die hem erop zou wijzen dat er geen colleges worden gegeven over hoe je staatshoofd moet zijn.

Na de ceremonie werd er namens William een persbericht uitgegeven door Clarence House, waarin iedereen officieel werd bedankt. 'Ik heb enorm genoten van mijn tijd op St. Andrews en ik vind het jammer dat ik de universiteit ga verlaten. Ik wil hierbij iedereen die mijn tijd daar zo plezierig heeft gemaakt, heel erg bedanken.' Achteraf verklaarde hij: 'Ik was in staat om als student een leven te leiden dat net zo normaal was als ik had gehoopt en ik ben iedereen, in het bijzondere de lokale bevolking, dankbaar dat ze hebben geholpen om dit mogelijk te maken.' Onthullender was een opmerking tegen een genodigde die de afstudeerceremonie had bijgewoond. Hij knipperde met zijn ogen tegen de zon toen hij zich bij zijn medestudenten voegde, die hun trotse familieleden op het kortgemaaide gras van de binnenplaats van St. Salvador begroetten. Hij vertelde de genodigde met enige schroom dat het voor hem tijd werd om 'de grote wijde wereld' in te gaan. Maar hij zou dat niet alleen doen.

De jonge vrouw die meer dan wie of wat ook Williams studentenleven vorm had gegeven, had vijf rijen voor de prins gezeten, tussen tachtig anderen die ook afstudeerden. Ze droeg hoge hakken en een sexy korte zwarte rok onder haar toga. Ze werd aangekondigd als Catherine Middleton. Ze glimlachte breed toen ze naar haar plaats terugkeerde en Williams trotse blik opving.

'Het is vandaag een heel bijzondere dag', zei William, 'en ik ben erg blij dat ik dit met mijn familie kan delen, in het bijzonder met mijn grootmoeder, die hoewel ze zich niet lekker voelde, veel moeite heeft gedaan om te komen.' Daarna volgde een voorspelbare stijve samenvatting van de gebeurtenissen. Veel natuurlijker was de genegenheid waarmee de koningin haar kleinzoon op de schouder klopte toen hij haar op beide wangen kuste voordat ze vertrok. Onthullend en veel natuurlijker was ook de glimlach op Kates gezicht toen zij op aandringen van William haar ouders aan hun koningin voorstelde. Dat ze dat deed leek de gewoonste zaak van de wereld. Maar Kate sloeg er wel een nieuwe richting mee in. Zij en William hadden die dag samen een historische stap naar de volwassenheid gezet en Kate was nu werkelijk in de familie opgenomen.

St. Andrews verlaten betekende een uitdaging voor zowel Kate als William. Ze hadden al een moeilijke periode in hun relatie overleefd, maar er zouden nog zware tijden volgen. William kon zijn verplichtingen noch beslissingen voor zich uit blijven schuiven. Kate was een knappe, zelfbewuste jonge vrouw. Ze had al erg veel in William geïnvesteerd, maar haar vrienden wisten dat hij zich vergiste als hij dacht dat ze tevreden zou blijven met een leven zonder verder engagement. William van zijn kant worstelde nog steeds met zijn rol en was zich pijnlijk bewust van het feit dat de grondwettelijke klok tikte. 'Er zijn zoveel dingen die ik wil doen', zei hij. 'Ik ben zo bang dat ik daar de tijd niet voor zal krijgen.'

XI

De privacy van een non

'Ik heb één ding mee: ik bekijk de dingen altijd optimistisch.
Het heeft geen zin om pessimistisch te zijn of je te veel zorgen te maken;
daar is het leven te kort voor.'

Prins William in een interview in 2004

Toen de zon op een mooie zondagavond in juli onderging boven de vlakte, zat een trio op de veranda van hun Masai-hut terwijl ze van hun drankjes nipten en genoten van het adembenemende uitzicht over de Keniaanse wildernis. Toen hij het universiteitsleven vaarwel had gezegd, vroeg William zich misschien bezorgd af of hij nog wel de tijd zou hebben om de dingen te doen die hij graag wilde doen voordat de koninklijke verplichtingen zijn leven overnamen. Nu had hij nog even tijd om de werkelijkheid op afstand te houden.

En deze omgeving was zo ver als maar mogelijk is van de werkelijkheid verwijderd die zowel William als Kate te wachten stond. In de lucht vibreerden de geluiden van Afrika. In de verte dronken zebra's uit een waterpoel en trokken giraffen bladeren van de hoge bomen die overal welig groeiden. Olifanten trompetterden en leeuwen en neushoorns hielden zich schuil in de rimboe. De scène was zo indrukwekkend dat zelfs een prins zich er nietig bij voelde.

Toen de zon achter de horizon verdween, deed het gezelschap zich te goed aan een uitgebreide barbecue. Het was gemakkelijk te begrijpen waarom William deze geïsoleerde plek, duizenden kilometers van Engeland vandaan, had uitgekozen voor een romantisch reisje met Kate, nu de druk van de examens voorbij was. Het was misschien wel verrassend dat het verliefde stel op dit paradijselijke moment vergezeld werd door Jecca Craig, de mysterieuze schoonheid aan wie Kate, zoals overal werd gespeculeerd, nauwelijks een jaar eerder bijna haar prins kwijt was geraakt. In werkelijkheid was dit, hoe romantisch de omgeving ook was, eerder een groepsreis dan een vakantie met zijn tweetjes voor William en Kate. Het was dan ook niet vreemd dat Jecca als gids optrad voor het stel en de vrienden die hen vergezelden.

Hun bestemming was tenslotte de ranch Lewa Downs van Jecca's ouders. William had zo'n vijf jaar eerder een maand lang met veel plezier op de ranch gewerkt tijdens zijn sabbatjaar. Zijn overleden moeder had ooit opgemerkt dat William zich in Londen met zijn stijveboorden-mentaliteit en verkrampte leven opgesloten voelde als een leeuw in een kooi. En nog steeds, zoveel jaren later, vond William wijde open landschappen onweerstaanbaar en bevrijdend – of het nu in Gloucestershire was, dicht bij zijn vaders huis in Highgrove, of in het kale heidelandschap van Balmoral of de Afrikaanse wildernis die zinderde van de hitte.

Eerder die dag hadden Jecca, William en Kate een rit gemaakt over het landgoed. Jecca's familie had zich in 1924 in Kenia gevestigd. Het was haar thuis en had iets van een tweede thuis voor William, die er bijna elk jaar na zijn eerste bezoek naartoe was gereisd. Zeker een dozijn vrienden deed zich die avond te goed aan de barbecue. Het was een decadente dandyachtige scène die deed denken aan het Britse rijk in de negentiende eeuw. De prins had zijn beste vrienden op dit reisje getrakteerd. Onder hen bevond zich Thomas van Straubenzee, Jecca's vriend. Prins William had met geld gesmeten en 1500 pond uitgegeven voor de huur van Il Ngwesi die nacht. De meesten van de aanwezigen waren kort na de lunch te voet gearriveerd na een tocht van zes uur door de rimboe met gewapende bewakers. De zes *bandas* – met stro bedekte huisjes zonder binnenmuren – van Il Ngwesi lagen op een heuvel vlak bij de rivier Ngare Ndare. Ze waren zo ontworpen dat de logés ten volle van het landschap konden genieten. Ze hadden een adembenemend uitzicht over het gebied, van de met sneeuw bedekte toppen van Mount Kenya tot over de vlakte. Het was gewoon paradijselijk. Maar het was een vlucht uit de werkelijkheid en daar zou onvermijdelijk een einde aan komen.

Terug in Engeland maakte het einde van de zomer plaats voor de herfst van 2005 en begon voor Kate een ongemakkelijk proces. Het werkelijke leven moest assimileren met het koninklijke leven. Het werd menens. Zij noch William hadden daaraan gedacht toen ze genoten van hun Keniaanse zonsondergangen, maar ze waren nog maar een paar weken thuis of de spanningen liepen op. Kates 'dubbelleven' legde druk op haar, het veroorzaakte wrijvingen tussen het paleis en de media en het eiste zijn tol van haar relatie met William. En dat is ook niet zo verwonderlijk. Tenslotte dronk Kate de ene dag thee met de koningin op Windsor Castle en nam ze de volgende dag de bus, waar ze naast een vreemdeling zat die zich niet bewust was van het feit dat hij naast iemand zat die in koninklijke kringen verkeerde. Als ze William gezelschap hield, werd ze met alle egards behandeld en kreeg ze zelfs dezelfde beveiliging als een lid van de koninklijke familie. Ze werd mee uit genomen naar de beste restaurants en de chicste clubs en werd daarbij omgeven door bewapende veiligheidsagenten van Scotland Yard. Al deze voorrechten en glamour zouden menig jong meisje het hoofd op hol brengen. Maar dat gebeurde niet bij Kate. Ze was verstandig en had geleerd met beide benen op de grond te blijven. Hoewel dit haar zeker zal hebben geholpen, moet het niet gemakkelijk geweest zijn om met de onrust die dit vreemde leven veroorzaakte om te gaan – vooral als men bedenkt dat haar relatie met William een nieuwe fase inging.

In september 2005 kreeg ik een intrigerend telefoontje van een oudere insider van Buckingham Palace. Het was goed nieuws. De informant zei dat ik alert moest zijn wat Kate betreft. 'De relatie', zei mijn bron, 'is op een ander niveau gekomen.' Toen ik aandrong, kwam er een verhaal waardoor ik begreep hoe belangrijk Kate was geworden en hoe belangrijk ze misschien nog zou worden. Ik hoorde dat Kate een 'aantal keren' de koningin privé had ontmoet. In de afgelopen maanden hadden Kate en William ten minste tweemaal met de koningin gedineerd en de koningin had nu een 'warme en ontspannen relatie' met de vriendin van haar kleinzoon. Naar men mij vertelde vond een van de diners plaats op Windsor Castle. Dit is de favoriete verblijfplaats van de koningin, die zij ook echt beschouwt als haar thuis. Dit was op zichzelf al veelzeggend.

'Houd de zaak goed in de gaten', werd mij verteld. 'Het feit dat Kate Hare Majesteit enkele keren heeft ontmoet en privé met haar heeft gedineerd mag niet worden onderschat. Hare Majesteit is haar kleinzoon en erfgenaam erg genegen en ze is erg blij dat hij zo gelukkig is met Kate. Kates houding is wonderbaarlijk ontspannen. Als je je zo ontspannen kunt gedragen in het gezelschap van de koningin, is dat een goede zaak. Het spreekt boekdelen over de gevoelens van de koningin voor haar.'

Het was een erg belangrijke tip en het bewijs dat er in de wereld van berichtgeving over het koningshuis altijd wel wat aan de hand is. Buiten de muren van het kasteel bleef Kate een gewoon meisje: onafhankelijk en intelligent; misschien wel met een zekere stijl, maar in wezen niet zo verschillend van de andere knappe jonge vrouwen die je in Londen tegenkomt. Ze werd vaak winkelend op de populaire King's Road gezien, soms alleen, soms met haar moeder of vrienden, voordat zij naar de flat in Chelsea ging waar ze nu woonde. Er was geen gewapende lijfwacht bij haar in de buurt. Ze had alleen haar gevoel voor humor en haar gezond verstand. Dit was de tweedeling in Kate Middletons nieuwe leven. Er is geen kwetsbaarder en tegenstrijdiger positie dan voor de helft binnen en voor de helft buiten de koninklijke familie verkeren. Maar Kate kon in het algemeen opmerkelijk goed om met haar nieuwe status, hoewel die steeds veranderde.

Kate en William probeerden hun weg te vinden in de routine van het dagelijkse leven. Ondanks Williams status waren ze in feite net als elk ander stel dat probeert uit te zoeken hoe hun relatie buiten de universiteitsmuren werkt. Belangrijk daarbij was de behoefte aan privacy en het voortdurende kat-en-muisspel met de paparazzi die hen achtervolgden. William bracht de nacht nu vaak bij Kate door in haar appartement met witgepleisterde gevel tegenover een bushalte in Chelsea. Ze deden wat elk jong stel zou doen. Soms gingen ze uit in clubs in de buurt, zoals Boujis of Purple, dronken wodka en genoten op de dansvloer van het gevoel van vrijheid dat zo'n avond hun gaf. Het waren zorgeloze avonden waarop ze plezier maakten met hun vrienden. Dan weer ze gingen ze samen uit eten. Het eetcafé The Pig's Ear, discreet, stijlvol en bekend om zijn lekkere eten en hippe clientèle, was een van Kate en Williams favorieten. Hij werd er vaak nippend aan een cider gezien. Op andere avonden bleven ze gewoon thuis. William kookte dan zoals hij zo vaak had gedaan in het studentenhuis in St. Andrews of ze bestelden pizza, keken een film en probeerden het eenvoudige leven van hun 'universiteitshuwelijk' te evenaren.

Het stond allemaal ver af van de privileges en aandacht die de prins kreeg als hij in het huis van zijn vader of grootmoeder verbleef, maar na vier jaar vrijheid was dit wat hij graag wilde. Zijn 'dubbelleven' had hij zelf gekozen, dat van Kate was haar opgedrongen. Want er was een duidelijk verschil met hun zorgeloze dagen aan de universiteit, namelijk de pers, of beter gezegd de houding van de pers tegenover het stel. Wat de freelancefotografen betreft waren de poppen aan het dansen gegaan. William – met Kate in zijn kielzog – werd niet langer beschermd door overeenkomsten met hoffunctionarissen. De uitgevers waren nu klaar om te testen hoe ver ze konden gaan en hoeveel geld ze aan de relatie konden verdienen.

Toen William op de universiteit zat, had de pers zich gehouden aan de afspraak en afstand bewaard. Daardoor kon de prins in vrijheid zijn dagelijkse dingen doen, in de wetenschap dat hij en zijn vrienden niet werden gevolgd. Nu waren de paparazzi vrij om te doen en te laten wat ze wilden, en ze waren er in groten getale. Kate zou voor het eerst ondervinden wat het werkelijk betekende de mooie vriendin van een toekomstige koning te zijn. Haar flat in Chelsea en de omgeving ervan waren dan wel door Williams lijfwachten nagetrokken, maar niets houdt een paparazzo tegen die zijn prooi – en geld – ruikt.

Vijf van zulke geslepen fotografen hadden Kate gespot op weg naar huis en hadden haar hardnekkig door de stad gevolgd. Ze werkten soms samen, zodat de kans dat ze een foto misten kleiner werd, maar het betekende wel dat ze de buit moesten delen als ze succes hadden. Ze doken 's morgens in alle vroegte op en wachtten rustig in hun auto's, soms met verduisterde ramen, de motor uit. Zodra Kate of William tevoorschijn kwam, gingen ze tot actie over en schoten vanuit de verte een paar beelden.

Als Kate alleen was, volgden ze haar steevast. Met haar foto konden ze een premie verdienen – niet zoveel als de koninklijke familie en hun adviseurs dachten, maar genoeg om van de verkoop ervan een lonende zaak te maken. Glossy tijdschriften en kranten waren zich ervan bewust dat Kate nieuwswaarde had. Hun lezers wilden meer over haar weten: wat ze droeg, waar ze kleren kocht, waar ze haar haar en make-up liet doen.

Kates mooie beeltenis verscheen naast de foto's van voetbalvrouwen en -vriendinnen of het nieuwste lid van de een of andere popsensatie. In het begin vond het stel het best. William was van mening dat de aandacht van de media erbij hoorde – dat was wat hem betreft altijd het geval geweest, op een korte onderbreking aan de universiteit na.

Als ze samen waren, viel het mee om met de fotografen om te gaan. Er was altijd wel een auto die wachtte en een koninklijke lijfwacht die indien nodig kon ingrijpen. Foto's van William en Kate die na een avondje uit in een auto stapten, waren al spoedig het hoofdbestanddeel van het ochtendprogramma van de beeldredacteuren.

Maar voor Kate was het moeilijker als haar vriend en zijn gevolg van lijfwachten er niet waren om haar te helpen. Ze werd nerveus toen sommige fotografen haar openlijk begonnen te volgen. Het was alsof ze werd gestalkt – de fotografen waren niet agressief, maar het was toch wel vervelend. De fotografen waren professioneel en kenden de regels. Kate moest er op zekere hoogte mee leren om te gaan als ze prettig wilde leven.

In augustus 2005 leek ze al enige vooruitgang te hebben geboekt. Ze wist nu van wanten wat de pers betreft. Bij een paardenrace op het landgoed Gatcombe Park van prinses Anne liet Kate zien dat ze al wat meer zelfvertrouwen had in haar omgang met de pers. Zij en haar moeder Carole genoten er van een prachtige dag tussen de landelijk geklede toeschouwers. Kate keek met Carole naar de prestaties van de deelnemers en mengde zich tussen de wedstrijden door onder de toeschouwers bij de stallen.

Het was het soort evenement waarbij normaal een paar society-foto's voor een duur tijdschrift worden gemaakt of misschien voor de sportpagina's van een krant. De dochter van de prinses, Zara, een talentvolle amazone, nam die dag aan de wedstrijden deel. Een handvol ervaren fotografen was intuïtief komen opdagen in de hoop dat Kate ook zou komen. Hun intuïtie liet hen niet in de steek. Onder hen bevond zich Mark Stewart, een innemende en ervaren fotograaf van leden van het koningshuis en veteraan bij vele officiële reizen. Hij pikte Kate er in de menigte uit. Zij en Carole waren naar de ontvangstruimte gegaan, een tent waar gratis drankjes en voedsel te verkrijgen was en een zeker comfort werd geboden. De twee vrouwen besteedden een paar minuten aan het doorbladeren van populaire tijdschriften en tegen de tijd dat ze wilden vertrekken, hielden Mark Stewart en nog een freelancefotograaf, de eveneens zeer ervaren David Hartley, zich gereed en wachtten. Kate wandelde eerst langs het cross-countryterrein. Zij droeg nauwsluitende designerjeans, een ketting met een stenen hanger in de vorm van een hart en een suède jasje. Ze zag er prachtig uit, maar ze was voortdurend in beweging en omgeven door honderden toeschouwers. De fotografen volgden haar, maar het lukte hun niet om de duidelijke foto te maken die ze nodig hadden. Tegen die tijd waren verschillende andere fotografen erachter gekomen dat de vrouwen er waren en een van hen besloot het heft in handen te nemen. Hij liep naar Kate en haar moeder toe en vroeg hun om te poseren. Kate weigerde rustig. Mark probeerde haar om te praten: 'Kunnen we een foto maken, Kate? Dit is een idiote toestand aan het worden.' Maar ze bleef weigeren om te poseren. Leden van het koningshuis haten geënsceneerde foto's. 'We gaan niet voor aap staan', zei prins Charles ooit en ook Kate wilde dit niet. Ze wist nu wat er van haar werd verwacht door de familie van haar vriend en ze was niet van plan om hen teleur te stellen.

Ze deed een paar passen naar voren, glimlachte ontwapenend en antwoordde beleefd maar zonder zich ergens iets van aan te trekken: 'Als ik dat nu doe zal ik het steeds moeten blijven doen, bij het skiën, bij alles.' Een van de fotografen bij de groep gooide het over een andere boeg en probeerde haar door vleierij zover te krijgen dat ze toegaf. 'Je bent zo mooi, Kate; je zult er prachtig uitzien op de foto's', zei hij. Haar wimpers trilden, ze bloosde licht, maar ze zei niets. De fotografen maakten hun foto's van Kate in Gatcombe, maar het waren geen geposeerde foto's. Kate had heel rustig en charmant haar zin gekregen. En de ervaren fotografen waren onder de indruk van haar optreden.

Maar Kate mag die middag in augustus dan wel zelfverzekerd hebben geleken, dat was slechts schijn. Toen zij en haar moeder in de menigte verdwenen moet haar hart hebben gebonsd, zullen haar handen klam zijn geweest en bleef er die hele middag een lichte blos op haar wangen. Ze had veel zelfverzekerder geleken dan ze in werkelijkheid was. De rest van de dag zou ze over haar schouders blijven kijken, slecht op haar gemak door het besef dat ze in het middelpunt van de belangstelling stond. Het zal onvermijdelijk een belangrijk onderwerp van gesprek tussen William en Kate zijn geweest. Terwijl Kate beroemd begon te worden, circuleerden allerlei geruchten naar aanleiding van het onderzoek van Scotland Yard naar de dood van prinses Diana. Dat zal niet geholpen hebben om de zorgen die aan Kate en William knaagden te verminderen.

Op Williams verzoek probeerden functionarissen van Clarence House een strategie te bedenken om Kate te beschermen. Ze wilden bewijzen dat er sprake was van pesterij, dus de privacyspecialisten van de koninklijke advocaten Harbottle en Lewis werden opgeroepen om hun advies te geven. Iedereen in het paleis, inclusief prins Charles, wist hoe beladen elk soort juridische hulp kon zijn.

In oktober stuurden Harbottle en Lewis de krantenuitgevers een waarschuwing. In de strengst mogelijke termen werd geëist dat Kate met rust zou worden gelaten omdat sommige fotografen die haar voortdurend volgden de richtlijnen van de Commissie Persklachten hadden overtreden. William was vastbesloten nog verder te gaan. Hij kreeg een uiteenzetting over privacykwesties door Paddy Harveson, secretaris communicatiezaken van zijn vader, en zocht uit hoe een uitspraak van het Hof voor de Rechten van de Mens in Straatsburg ten gunste van prinses Caroline van Monaco van invloed kon zijn op Kate en hem. Paparazzi zouden prinses Caroline en haar kinderen jarenlang hebben achtervolgd, maar door de uitspraak werd de Duitse pers doeltreffend de kans ontzegd foto's van haar en haar kinderen te publiceren. Zou William in staat zijn hetzelfde te bepleiten voor zijn vriendin? Hij besprak het probleem met Kate en haar familie. Binnen enkele weken had hij de advocaten van de koninklijke familie geïnstrueerd de mogelijkheid te onderzoeken om juridische stappen te ondernemen om Kate tot verboden gebied te verklaren. In december 2005 kreeg de *Sunday Telegraph* een tip over zijn actie en de hoofdredacteur, Andrew Alderson, schreef een artikel waarop Clarence House trots zou zijn geweest.

'William wendt zich mogelijk tot het Hof voor de Rechten van de Mens om Kate te beschermen', kon men lezen. De informatie kon alleen maar afkomstig zijn van Williams eigen hoffunctionarissen. In de *Sunday Telegraph* komen vaak uitgelekte officiële gegevens terecht.

Het artikel ging verder: 'Prins William stelt alles in het werk om zich ervan te verzekeren dat zijn vriendin, Kate Middleton, een normaal leven kan leiden en aan haar carrière kan werken zonder de aanwezigheid van nieuwsgierige paparazzi met hun camera's. De *Sunday Telegraph* heeft vernomen dat de prins ingewikkelde wetten over privacy heeft bestudeerd en advocaten zal vragen om naar het Europese Hof voor de Rechten van de Mens te trekken als de situatie verslechtert. Volgens zijn vrienden denkt prins William dat juffrouw Middletons toekomstige geluk afhangt van de maatregelen die kunnen worden genomen om haar tegen opdringerige fotografen te beschermen. Ook de overlevingskans van hun relatie hangt daarvan af.'

Je zou er een nauwelijks verholen bedreiging aan het adres van de uitgevers van sensatiebladen in kunnen zien. Als ze zouden doorgaan met foto's van Kate te publiceren, zou het paleis de rechtbank inschakelen. Toen ik controleerde of dit verhaal klopte, vertelde een hoffunctionaris mij: 'In feite is er op dit moment weinig sprake van inbreuk op de privacy, maar William maakt zich er erg druk over. Hij kan het aan, maar hij is altijd bezorgd over de uitwerking op anderen die een dergelijke inbreuk op hun privacy hebben meegemaakt, alleen omdat ze met hem in verband werden gebracht.'

Williams zorgen zijn te begrijpen, maar daaruit blijkt ook dat er sprake was van een lichte spanning tussen hem en zijn vader. Prins Charles leefde mee met Kate, maar hij meende dat William slecht was geadviseerd om zijn toevlucht te nemen tot het Europees Hof voor de Rechten van de Mens. Naar zijn mening zou de koninklijke familie daarmee onheil over zich afroepen. Uiteindelijk waren zij afhankelijk van positieve publiciteit om te kunnen blijven voortbestaan als geprivilegieerd, duur en niet-gekozen instituut. Prins Charles is nooit een grote fan geweest van wetten waarvan naar zijn mening al te vaak misbruik wordt gemaakt door mensen die die wetten niet waardig zijn, ten koste van het algemeen welzijn en de wetten van zijn land.

Tot opluchting van iedereen leek de situatie tegen Kerstmis te beteren. Verslaggevers en hun uitgevers leken zich wat in te houden. Maar net voor Kerstmis, toen het paleis zich begon te ontspannen, onthulde ik een verhaal dat het onderwerp privacy weer in het middelpunt van de belangstelling bracht en alarmbellen deed rinkelen tot bij SO14, Scotland Yards eliteafdeling voor de bescherming van leden van het koningshuis en diplomaten. Ik onthulde dat William wilde weten hoe in een populair Duits blad foto's konden verschijnen waarop te zien was waar het huis van zijn vriendin zich bevond.

Op de bewuste foto's staat William terwijl hij het appartement verlaat na de nacht met Kate te hebben doorgebracht. De precieze locatie van de flat is nogal rudimentair aangegeven door een grote rode pijl met als commentaar 'Das Liebesnest' (het liefdesnest). Oudere bronnen van de veiligheidsdienst veroordeelden het verhaal, dat in het blad *Das Neue* uit Hamburg was gepubliceerd, als 'uitgesproken onverantwoordelijk'. Het voorval was aanleiding tot een onmiddellijke herziening van de bewaking van de prins. William was woedend over de 'stomheid' van het tijdschrift om dergelijke persoonlijke informatie te publiceren in een tijd dat de angstgevoelens over veiligheid in de hoofdstad op hun hoogtepunt waren, in de nasleep van de bloedige terroristische aanslagen op 7 juli 2005.

Kate en William waren nauwelijks vijf maanden terug in de werkelijkheid of ze werden al omringd door problemen die hun relatie bedreigden. William wist dat zijn vader zich ongemakkelijk voelde bij zijn proactieve benadering van de pers. Dat zorgde voor wrijvingen tussen hen. Maar dat was niet het enige in Williams leven dat niet op orde was. Deze periode waarin zoveel moest worden rechtgezet zorgde voor spanningen en onzekerheid over de voortzetting van zijn relatie met Kate. In september werd mij gevraagd om de situatie in de gaten te houden. Ik vernam dat de relatie snel evolueerde.

Maar de maand daarna leek niets meer zeker te zijn. Hun relatie was met zo'n hoge snelheid voortgedenderd dat ze nu gevaar liep te ontsporen. Toen William en Kate nog op de universiteit zaten, maakten ze een moeilijke periode door. Nu leek het erop dat er nog een periode van onzekerheid zou volgen. Nu ze niet langer volledig samenwoonden zoals op de universiteit, waar ze in feite alle vrijheid hadden, was het sowieso al een moeilijke tijd voor het jonge stel. Het zal zijn bedoeling niet zijn geweest, maar William zag Kate minder. Zij wilde niet laten blijken dat ze hem nodig had, viel weer terug op haar ervaring in het verleden en wachtte tot het voorbij was. Maar het viel haar niet gemakkelijk. Hoe ze ook probeerde hun relatie privé te houden, iedereen wist nu dat ze samen waren en ze werden met kritische blikken bekeken. Geroutineerde waarnemers, die de wisselvalligheden van de relatie kenden, hadden snel in de gaten als er iets mis was. Mijn jarenlange vriend en collega-schrijver over het koningshuis, Richard Kay, was een van de eersten die er de aandacht op vestigde. 'Zelfs nu, terwijl ze nog mijlenver van een permanente verbintenis af is,' schreef hij, 'vindt Kate Middleton dat Williams partner zijn soms een eenzaam leven is.'

Kay, op wiens bronnen niets aan te merken is, schreef dat twee afzonderlijke episodes een 'verrassend inzicht' gaven in Williams opvatting over hoe een relatie moest zijn om te kunnen passen in zijn beeld van een duurzame koninklijke verbintenis. De achtergrond van de eerste episode was een lawaaiige pub in Cornwall, de Chain Locker in Falmouth. Het was lunchtijd en het was druk bij de houten bar. Buiten was het druilerig. Tientallen biertjes werden achterovergeslagen en buiten op de keien vielen glazen in scherven. Te midden van het feestende gezelschap stond William, in vrijetijdskleding, zijn donkere honkbalpet laag over zijn ogen getrokken, met een rood gezicht en enigszins aangeschoten, hoewel de waard later zou opmerken dat de prins 'erg beleefd' bleef.

William vierde het feit dat zijn vriend Oliver Hicks – een roodharige jongeman, compleet met rossige baard – terug aan wal was. Hij was vier maanden op zee geweest en was alleen van Noord-Amerika naar de Scilly-eilanden geroeid. Hij had de twijfelachtige eer om in het *Guinness Book of Records* vermeld te worden als de man die er langer over had gedaan dan wie ook voor hem. Hicks is een goede vriend van William en Kate, maar Kate was nergens te bekennen toen William biertjes achteroversloeg en manhaftig hoera brulde voor zijn vriends prestatie. Achteraf gingen ongeveer dertig feestgangers met Hicks mee naar zijn ouderlijk huis voor aardappelpuree met worst en champagne. Nog steeds was er van Kate geen spoor te bekennen.

Kay wees erop dat Kate vierentwintig uur later wel aanwezig was, zij het in een figurantenrol, op een liefdadigheidsbal van tachtig pond per kaartje, waarvan de opbrengst bestemd was voor het Instituut voor Kankeronderzoek. William was ook aanwezig, maar zat niet eens aan dezelfde tafel als zijn vriendin. 'Dus wat is er aan de hand?' vroeg Kay zich af in zijn artikel in de *Daily Mail*. 'Alleen de meest wereldvreemde romanticus zou zeggen dat ze een vaste relatie hebben. William is pas drieëntwintig en hij heeft duidelijk laten zien dat hij de komende jaren niet wil trouwen.'

Dit was redelijk en leek ook heel logisch, maar die conclusie ging mij toch te ver. Ik meende dat Kates veerkracht en Williams afhankelijkheid werden onderschat, alsook de kracht en de passie van jonge liefde. Niettemin moet Kate zich ongemakkelijk hebben gevoeld toen ze dit las, want ze werd in Richards artikel beschreven als een 'muurbloempje' – een omschrijving die geen enkel meisje prettig zou vinden, laat staan een sexy, zelfverzekerde figuur als Kate. Het is al erg genoeg als een man zijn partner rustig negeert, maar als hij haar in het openbaar vernedert, dan klopt er iets niet. Er bestond geen twijfel over dat er op dat moment wrijvingen waren tussen Kate en William. Maar wat nog erger was, het leverde ook commentaar op.

Loyale vrienden trokken natuurlijk aan één lijn. 'Ze zijn nog steeds samen', hield Oliver Hicks vol toen hem gevraagd werd waarom Kate er niet was bij de viering van zijn Atlantische overseek. 'Ik was dat weekend bij hen', ging hij door. 'De reden waarom zij nooit bevestigen dat ze een relatie hebben, is omdat ze niet willen dat de mensen onbeperkt vragen kunnen stellen.' Het was het vaste antwoord van de meesten van hun vrienden en een redelijk argument. Iedereen bevestigde dat William van nature een voorzichtige jongeman is. Ik was er steeds weer getuige van hoe hij te werk ging. Hij probeerde Kate altijd al te beschermen tegen te veel aandacht door bij haar weg te blijven. Maar dit keer was het niet helemaal geloofwaardig. In feite waren William en Kate op de avond van het bal van het Instituut voor Kankeronderzoek omgeven door vrienden. Juist daar hadden zij de kans om open over hun gevoelens voor elkaar te zijn en deze ook te tonen.

In plaats daarvan leek William er met zijn gedrag die avond tegenover Kate alles aan te doen om zich van haar los te maken en haar zelfs van streek te maken. Hij praatte met verschillende aantrekkelijke jonge vrouwen, onder wie een knappe blondine met wie hij zeker vijfentwintig minuten lang flirtte. Hij voelde zich voldoende op zijn gemak om een spontaan Zorba-de-Grieknummer op te voeren, waarbij hij met zijn armen om de schouders van een groep jongemannen geslagen danste. Maar hij had bijna geen tijd om met Kate te dansen en toen hij het deed, was het kort en halfslachtig.

Aan een tafel met negen prominenten wilde William graag met 'zijn soort' feestvieren en Kate moest zich maar zelf zien te vermaken. Zij liet voor één keer haar teleurstelling blijken. Een toeschouwer merkte op: 'Ik zag William met Kate in de hal net toen de disco geëindigd was en ze leek niet erg gelukkig. Ik denk dat ze nijdig was omdat hij zich de hele avond met anderen had vermaakt.'

Maar wat men ook voor conclusie uit deze gebeurtenissen kan trekken, de werkelijkheid was naar mijn mening dat het nog steeds dik aan was. Ja, William en Kate beleefden een moeilijke tijd, maar die duurde maar kort. Alles wees erop dat ze niet van plan waren uit elkaar te gaan, maar integendeel weer dichter bij elkaar waren gekomen. Dat William zijn gang ging en Kate hierover in het openbaar geïrriteerd raakte, wat niet bij haar past, lijkt mij de klassieke houding van een stel dat zich ongemakkelijk voelt en zich ervan bewust wordt dat er meer op het spel begint te staan nu hun relatie steeds meer diepgang krijgt. Dit was voor hen beiden onbekend terrein, en met het circus dat Williams status met zich meebracht, liep het niet van een leien dakje. Voor Kate in het bijzonder was dit een tijd van onderhandelen, van uitzoeken hoeveel ruimte zij in Williams leven in kon nemen en hoe vaak ze zou moeten glimlachen en afzien. Williams verplichtingen, zijn veeleisende familie en het dreigend naderende vooruitzicht van zijn opleiding op Sandhurst spanden samen om op vele manieren druk op haar uit te oefenen. Kate zou sterk en wijs moeten zijn om te aanvaarden hoeveel van haar vriend zij voor zichzelf kon opeisen.

Tegen november 2005 leek het erop dat zij en William weer op dezelfde golflengte zaten. Voor de eerste keer gaf William toe dat hij en Kate 'vaste verkering' hadden. Dit gebeurde bij het bezoek van het All Blacks-rugbyteam uit Nieuw-Zeeland aan Buckingham Palace. Toen de speler Ali Williams, die de prins had ontmoet tijdens zijn bezoek aan Nieuw-Zeeland, naar Kate vroeg, zei hij 'dat het allemaal goed ging, dat ze vaste verkering hadden', zo vertelde de rugbyster de verslaggevers.

In een verwoede poging om te bewijzen dat ze geen doetje was, begon Kate zich ondertussen professioneel te bewijzen. Ze liet haar plannen om te gaan werken in een kunsthandel in Londen varen en besloot in plaats daarvan een bedrijfje op te richten dat kinderkleding ontwierp en verkocht. Ze kon daarbij terugvallen op de ervaring van haar ouders in hun zaak, waarin ze zelf ook had meegeholpen. Kate wilde gezien worden als een vrije en onafhankelijke vrouw met een wilskrachtig trekje. Ze was noch het soort vrouw dat zich haar relatie liet ontglippen, noch het soort dat William toestond om deze vanzelfsprekend te vinden.

Weer werkte haar strategie. Net zoals toen haar greep op William losser werd toen ze samen op de universiteit zaten, bracht het feit dat ze zich op haar eigen leven richtte William weer aan haar zijde. Het leek hun band te stimuleren en te versterken. Dat William hun relatie erkende betekende een enorme stap vooruit, waardoor sommigen gingen speculeren dat er meer zou gebeuren. Men had echt het gevoel dat de relatie nu in een versnelling was geraakt – en met zo'n vaart dat het ergens toe moest leiden.

Het leek nog slechts een kwestie van tijd voordat er zou worden gespeculeerd over een huwelijk. Dat gebeurde in een artikel van de uitbundige roddeljournaliste Katie Nicholls in de *Mail on Sunday*. 'De turbulente relatie van prins William met Kate Middleton boeit ons meer dan welke televisieserie ook', schreef ze. 'De vraag of ze bij elkaar blijven, ligt al een tijd op ieders lippen', ging ze verder, voordat ze een enorme sprong maakte en beweerde dat oudere hoffunctionarissen op Buckingham Palace begonnen waren een nakend huwelijk te bespreken en dat er plannen klaarlagen voor die gebeurtenis. Zij zorgde wel voor een vangnet door erop te wijzen dat er op het paleis plannen klaarliggen voor allerlei mogelijke gebeurtenissen. Zo waren de voorbereidingen voor de begrafenis van de koningin-moeder al begonnen in 1969. Vervolgens beweerde ze dat de aankondiging van de verloving in het voorjaar van 2006 zou volgen en het huwelijk in de herfst. Natuurlijk was het een wilde speculatie, maar niet geheel zonder grond. En zo werd bewezen hoe ver Kate Middleton was gekomen in de paar maanden nadat ze was afgestudeerd.

Hoewel zij en William erop waren gebrand haar privacy te beschermen, publiceerden tegen het eind van dat jaar zelfs de dagbladen die bekendstaan om hun terughoudendheid persoonsbeschrijvingen van Kate. De *Independent on Sunday* verwees naar haar als 'de verlegen prinses'. Zij beweerden ook dat William vaak de indruk gaf dat hij met plezier uit de schijnwerpers zou stappen zodra de monarchie zou besluiten ermee op te houden voordat het zijn beurt was. Hij was, zeiden ze, een burger, niet door zijn afkomst, maar naar zijn gevoel. Deze theorie ging mij te ver. Hoezeer William ook een product is van de tegengestelde invloeden van zijn vader en zijn moeder, hij is door en door een lid van het koningshuis. Eigenlijk wilde hij alles, én prins zijn én zijn privacy én een normaal leven behouden, althans wat hij daaronder verstond. Dat hij op Kate viel en een langdurige relatie met haar had was misschien een bewijs van zijn fascinatie voor een 'normaal' leven, maar hij zou nauwelijks het soort 'republikeinse prins' kunnen zijn die men zich in het artikel voorstelde. Toch voelde William zich onweerstaanbaar aangetrokken tot de dochter van selfmade ondernemers van middenklasseafkomst. Deze gevoelens had hij niet als hij in het gezelschap was van de een of andere prinses met een driedubbele achternaam en een uitgebreide stamboom.

Commentatoren mijmerden over de mogelijkheid dat we onder koning William en (misschien) koningin Catherine zouden afkomen van de huidige dure vertoning van begunstiging en ceremonieën. Vele daarvan zijn trouwens niet ouder dan de negentiende eeuw en hebben vooral te maken met de voorliefde van koningin Victoria voor pracht en praal en geschiedenis, al dan niet vervalst. In plaats daarvan zou dan misschien een moderne monarchie kunnen komen zoals in het Scandinavische model – dat wellicht echter veel minder stabiel is.

De journaliste van het artikel in de *Independent on Sunday* ging onverstoorbaar verder: 'De prinses van het volk wordt misschien in de persoon van Kate vervangen door een echte volksprinses: iemand zonder blauw bloed. Voor republikeinen die er de voorkeur aan geven om burgers in plaats van onderdanen te zijn en die hadden gehoopt dat de monarchie ter ziele zou gaan na Diana's dood, is het geen happy ending. Maar misschien is het dat wél voor William.'

Maar zelfs al waren de kranten klaar om Kate te kronen en prezen ze haar om haar normaal-zijn, zij richtte zich vastbesloten op haar werk en niet op het feit dat ze zo dicht bij het koningshuis stond. Een vriend onthulde in verband met Kates plannen om haar eigen kinderkledinglijn te ontwerpen voor de zaak van haar ouders: 'Ze wilde altijd al iets met mode doen en is vastbesloten om ermee door te gaan. Ze heeft altijd van kleding gehouden en heeft oog voor design. Als ze met haar ouders samenwerkt, betekent dit dat ze niet zal worden bespioneerd als zij en William samen blijven. Kate gelooft bovendien dat ze er goed mee kan verdienen.'

Het zag ernaar uit dat William haar steunde. 'Hij wil dat zij in staat is om een "normaal" leven te leiden', vertelde een andere bron mij. Maar het gezeur over normaal zijn begon sommige leden van de pers te irriteren. Het normaal-zijn van Kate mag dan aantrekkelijk lijken, het zal heel snel zijn aantrekkingskracht verliezen zodra zij, of de afgezanten van haar vriend, er een wapen van maken bij vragen van de pers, als deze met de beste bedoelingen worden gesteld. In een paar maanden tijd had het paleis al een aantal waarschuwingsschoten afgevuurd in de richting van de beste journalisten. Zij speelden daarmee een gevaarlijk spel. Deed William Kate echt een plezier met zijn pogingen om haar te beschermen en toe te geven aan haar fantasie dat het mogelijk was met de toekomstige koning uit te gaan en toch hetzelfde leven te leiden? Hun beschermde leventje op de universiteit was voorbij. Hun relatie was nu op een ander niveau terechtgekomen. Kate kon zich dan nog steeds vastklampen aan haar identiteit als privépersoon, maar hun relatie was niet langer een zaak van hen en van hen alleen.

Het argument dat de berichtgeving in het openbaar belang was, bevatte een kern van waarheid. Tegen het eind van 2005 liepen William en Kate het risico dat zij van de pers, die hen beiden in feite goedgezind was, hun vijand zouden maken. Als William Kate niet zou helpen de pers te accepteren en ermee om te gaan, liep hijzelf het risico van hen vervreemd te raken. Hoezeer hij ook gevoeld moet hebben dat de pers zijn moeders leven binnendrong, de adviseurs die William zo gedienstig hadden bijgestaan in privacyzaken hadden er goed aan gedaan als ze hem er zachtjes aan hadden herinnerd dat Diana, meer dan welk ander lid van het koningshuis in de recente geschiedenis, de pers had geaccepteerd als iets waar je niet alleen rekening mee moest houden, maar dat je ook moest vleien, voor je moest zien te winnen en veroveren.

De strijdlust van de jeugdige prins begon de oudere medewerkers van de kranten te irriteren. Voor de eerste keer kwam Kate onder vuur te liggen – en nog wel van een gevaarlijke oude rot in het vak, Fergus Shanahan, plaatsvervangend uitgever van *The Sun*. Zijn woorden waren veelzeggend en bot – en hij had heel veel lezers. Onder de kop 'KATE MIDDLETON WIL DE PRIVACY VAN EEN NON' leverde hij als eerste openlijk kritiek op de jonge vrouw die tot dan toe iets enigmatisch had gehad. Hij schreef: 'Kate Middleton wil de privacy van een non. Toch koos zij ervoor uit te gaan met prins William, 's werelds meest begeerde jongeman. Ze kan niet alles hebben. Ze beklaagt zich over fotografen, maar zijn die niet logisch voor iemand die een relatie heeft met de toekomstige koning? De koninklijke familie is als een circus dat niet langer een nummer wil opvoeren voor het betalende publiek, en het publiek verliest snel zijn belangstelling. Als het zo doorgaat, zal niemand nog moeite doen om weerstand te bieden aan sluwe antimonarchisten die de koningin willen afzetten en een Labour-marionet als president willen installeren. Kate zal het niet leuk vinden, maar krantenkoppen zijn nodig wil de monarchie overleven.' Het kon niet duidelijker worden gezegd, en de oudere functionarissen van de koningin rechtten hun rug en namen er nota van.

XII

In het leger

'Het laatste wat ik wil is te worden vertroeteld of in de watten gelegd,
want als ik in het leger ga dan wil ik gaan waar mijn mannen gaan,
en ik wil doen wat zij doen. Ik wil niet gespaard worden omdat ik
waardevol ben of wat dan ook – dat is het laatste wat ik wil.'
Prins William over zijn militaire carrière

Prins William legde zijn arm om Kate, trok haar tegen zich aan en
kuste haar vol op haar mond, zich schijnbaar niet bewust van iets of
iemand om hem heen. Misschien was het de berglucht, of zijn beslissing om van zijn laatste momenten van echte vrijheid te genieten
voordat hij aan zijn militaire training begon, of misschien was hij
gewoon te enthousiast en te verliefd om aan die opwelling geen gehoor
te geven. Zonder dat hij het wist, werd dit aandoenlijke romantische
moment op film vastgelegd en geboekstaafd als hun eerste kus in het
openbaar, de eerste keer dat het jonge paar niet op zijn hoede was en
ze lieten zien hoe vertrouwelijk ze met elkaar omgingen.

Na vier jaar samenzijn liepen ze het risico door hun afspraak om
steeds afstand van elkaar te bewaren in het openbaar een nogal beza-
digde indruk te maken, als van een stel op middelbare leeftijd dat het
zo gezellig met elkaar heeft dat men haast zou denken dat passie iets
uit het verleden was. Maar dat moment in januari 2006 maakte een
eind aan die gedachte. Als ze zich al zorgen maakten over hun privacy,
dan kwamen die nu op de tweede plaats en was de stemming van dat
moment doorslaggevend.

Het moment dat ze uit elkaar zouden gaan naderde. William zou
over enkele dagen aan zijn opleiding aan de militaire academie
Sandhurst beginnen. Zijn broer prins Harry was daar cadet en al ver-
gevorderd in de cursus van een jaar waaraan William spoedig zou
beginnen. Harry had William ongetwijfeld ingelicht over sommige
ontberingen die hem te wachten stonden. Maar in de tussentijd kon

William zijn aandacht op Kate richten en op een zorgeloze skivakantie samen in een bescheiden chalet in Klosters. De keuze van de locatie was bekend, maar de korte vakantie van William en Kate voordat William naar Sandhurst zou vertrekken was geheel anders dan zijn vakanties daar met zijn vader. Die had de laatste zeventien jaar dat hij in Klosters was zijn keuze laten vallen op het vijfsterrenhotel Walserhof. Zijn aankomst had hij altijd aangekondigd en hij logeerde er met een behoorlijk gevolg. Deze keer was de toon ingehouden, simpel en normaal.

Het jonge stel had zich er erg mee vermaakt dat ze aanvankelijk aan de media waren ontsnapt. Vele fotografen en verslaggevers hadden de dure tocht van Groot-Brittannië naar het skigebied gemaakt. Ze hadden een ingeving gevolgd dat het jonge stel tijdens oud en nieuw misschien naar een van hun favoriete verblijfplaatsen zou gaan. Maar William en Kate hadden de bars en restaurants in de wintersportplaats gemeden omdat ze zoveel mogelijk tijd gezellig samen wilden doorbrengen. Voor de pers betekende het een dure vergissing. William en Kate vonden de gedachte dat de verzamelde media, voorzien van ski's en salopettes, al die kilometers over de Alpen hadden gereisd, hopend op een mooi verhaal, ongetwijfeld amusant.

Toen de horde persmensen hen uiteindelijk had opgespoord, kregen ze het perfecte verhaal in de vorm van die eerste kus. Williams romantische gebaar kwam op de voorlaatste dag van hun vakantie. Na een stimulerende ochtend, waarbij ze de zwarte piste hadden genomen, besloten ze om op de Casanna Alp van de piste af te gaan om in de diepsneeuw te skiën voordat ze de lunch zouden gebruiken. En toen kwam die kus. Een toeschouwer zei: 'Toen Kate op adem kwam, legde William zijn arm om haar schouders en trok haar dicht tegen zich aan voor een lange, langzame kus op haar lippen. Het was erg romantisch en het duurde enkele momenten.' Ze hadden samen een lange weg afgelegd, van het hoogtepunt van hun passie toen ze jong waren tot het dieptepunt met onzekerheden en ruzies van de laatste jaren, waarbij ze zelfs een paar keren op proef uit elkaar waren gegaan. Zoals uit deze open en zelfverzekerde kus bleek, wist William dat hij een meisje had gevonden van wie hij kon houden en dat ook van hem hield; niet vanwege zijn status, vermogen of titel, maar gewoon vanwege hemzelf. William wist dat hij spoedig in Sandhurst aan de fysiek zwaarste test van zijn leven zou beginnen en dat hij Kate als cadet vijf weken niet zou zien (cadetten krijgen de eerste vijf weken van hun opleiding geen verlof).

Met hun gedachten op de onmiddellijke toekomst gericht, stonden William en Kate zichzelf toe om over verder weg liggende mogelijkheden na te denken. 'Hoewel hun levens op het punt staan te veranderen, zijn ze vastbesloten datgene wat ze hebben niet te laten mislukken. Ze weten dat ze een heel speciale relatie hebben en niets en niemand zal tussen hen in komen zolang ze eerlijk met elkaar zijn', hoorde ik destijds van een bron uit de omgeving van de prins.

Te midden van de 'Kus me, Kate'-krantenkoppen die de foto's van die kus tussen de besneeuwde bergtoppen begeleidden, werd er steeds meer gespeculeerd of de romance misschien, heel misschien, op het punt stond een volgende fase in te gaan. Het idee dat William en Kate hun relatie formeel zouden maken was niet alleen het onderwerp van zinloze speculatie of roddelpraat van sensatiebladen. Het werd ook door Williams familie besproken. Een voormalige hofdame van de koningin liet weten dat het jonge stel door de allerhoogste top van de koninklijke familie werd gesteund. Als vertrouwelinge van de koningin onthulde ze dat de koningin van mening was dat alles voor haar kleinzoon goed zou aflopen, nu Charles en Camilla zich als een getrouwd en gelukkig stel hadden gesetteld en hun relatie niet meer zo sterk door Charles' eerste rampzalige huwelijk werd overschaduwd. Williams betrekkelijk jeugdige leeftijd was volgens haar een zegen en geen nadeel.

Volgens deze bron 'denkt de koningin dat een van de redenen waarom Charles' huwelijk met Diana niet lang duurde, was omdat hij te lang wachtte en op tweeëndertigjarige leeftijd al vastgeroeste gewoontes had'. Dit was echter ook de man die op zijn negentiende op de universiteit verschenen was als een keurige heer met alle stijfheid en formaliteit van een middelbare effectenhandelaar. Tweeëndertig mag voor velen niet verschrikkelijk oud klinken, maar op die leeftijd had Charles een bepaalde levenswijze verworven die hij niet wilde of kon veranderen. Net zoals hij Camilla Parker Bowles had verworven.

Maar die dagen waren al lang voorbij. In januari 2006, toen William aan zijn militaire opleiding zou beginnen, had hij, misschien voor het eerst, een vader die hem kon laten zien hoe belangrijk een gelukkig huwelijk is. Een vader die tot op zekere hoogte en met de welwillendheid van een liefhebbende schoonvader dol was op Kate, een vader die zelfs opgelucht was.

Op 8 januari 2006, de dag voor Kates vierentwintigste verjaardag, arriveerde William met zijn vader op de militaire academie Sandhurst om aan zijn officiersopleiding van vierenveertig weken te beginnen. Hij was het oudste lid van de koninklijke familie dat een opleiding aan de academie zou volgen. Hij had hiermee de eerste stap gezet in de richting van de acceptatie van zijn toekomstige erfenis, waarbij hij hoofd van de strijdkrachten zou worden. De drieëntwintigjarige prins meldde zich die dag samen met 269 andere cadetten op het beroemde instituut in Surrey. In eerste instantie kreeg hij te maken met een niet zo leuke beproeving: zijn haar werd gemillimeterd.

William zou worden ondergebracht in een compagnie en peloton en mocht de eerstvolgende vijf weken de legerplaats niet uit. Hij moest zich houden aan een zwaar programma waarbij de soldaten in het open veld verbleven en werkten aan hun conditie. Tegen het einde van zijn eerste termijn zou de tweede in de lijn voor de troonopvolging bedreven zijn in het gebruik van handgranaten, een SA80 5.56 mm-geweer en een 9 mm-browningpistool. Hij zou lessen eerste hulp, tactiek en strategie hebben gevolgd bij de meest deskundige officieren en onverschrokken leermeesters. Luitenant-kolonel Roy Parkinson, instructeur op Sandhurst, sprak de pers, die zich op de academie had verzameld om getuige te zijn van de aankomst van prins William, openhartig toe. Hij vertelde dat William de eerste weken van de opleiding 'erg weinig slaap' zou krijgen. Officierscadet Wales, zoals hij te boek stond, kreeg geen voorkeursbehandeling en de sergeanten die hem zouden drillen zouden het hem niet gemakkelijk maken. 'Wij krijgen mensen van allerlei achtergronden,' legde Parkinson uit, 'maar die doen er absoluut niet meer toe als de opleiding eenmaal begint. Men levert hier als team een gezamenlijke inspanning. Als iemand niet in het gareel loopt, wordt dat in de kiem gesmoord, of hij nu prins is of niet.' Voor hem lag een van de moeilijkste ervaringen van zijn jonge leven, in ieder geval op fysiek gebied.

Toen hij zes weken aan zijn opleiding bezig was, kreeg hij te maken met een zware en beruchte oefening, de Long Reach, een mars van vierentwintig uur door hagel- en sneeuwbuien over de heuvels van Wales. Zijn bepakking was net zo zwaar als hijzelf, hij kwam slaap te kort en leefde op minimale rantsoenen. Zijn uithoudingsvermogen en fysieke en mentale reserves werden tot het uiterste getest. Er verschenen foto's van hem waarbij zijn lichaam zich boog in de ijzige wind en hij en zijn peloton worstelden onder vreselijke weersomstandigheden om vooruit te komen. Maar er was nooit sprake van dat hij het karakterloze voorbeeld van zijn oom Edward zou volgen, die faalde in zijn opleiding bij de koninklijke marine. Het motto van het leger is 'Wees de beste' en William wilde zichzelf bewijzen dat hij die uitdaging aankon. Hij had er ooit over gedacht om de universiteit te verlaten, maar hij wist nu dat iets opgeven, hoe moeilijk de taak ook was, geen optie was.

Na bijna een dag en een nacht door de bittere kou van de Black Mountains van Wales te hebben geploeterd, bleek en uitgeput en levend op chocola en nauwelijks iets anders, was de jonge prins vastberadener dan ooit. Hij had een sterke innerlijke kracht en wilde zichzelf en zijn medecadetten bewijzen dat hij uit het juiste hout was gesneden. Op een bepaald moment, bij de beklimming van een steile helling, stond hij op het punt in te storten. Hij ging op zijn hurken zitten om op adem te komen. Het was typerend voor hem dat hij zijn medecadetten aanspoorde om door te gaan voordat hij zich had opgericht en weer terug was op het parcours. Dit was uiteindelijk een teambuildingactiviteit, waarbij de jonge cadetten meer dan vijfenzestig kilometer moesten lopen en negen controleposten moesten passeren. Als ze al konden slapen, gebeurde dat onder de sterren. Dat zijn de beproevingen van een opdracht waarbij tot een derde van de cadetten opgaf. William hoorde daar niet bij.

Terwijl William zich op zijn militaire opleiding wierp, stond Kate in tweestrijd. In sommige opzichten was haar leven op zijn moeilijkst. Want terwijl Williams dagen met strakke militaire discipline gevuld waren, had Kate het nogal ontmoedigende vooruitzicht dat ze moest uitzoeken wat ze moest gaan doen terwijl hij op Sandhurst was. Haar plaats in zijn leven was nog steeds niet officieel. Ze moest zich nog steeds tevredenstellen met een leven van tegenstellingen door haar vreemde, ongemakkelijke status van iemand uit de middenklasse die wacht op haar prins. 'Ze is niet iemand die op haar lauweren zal gaan rusten en ze heeft dat ook nooit gedaan', gaf een bron uit de omgeving van het stel destijds aan. 'Maar eerlijk gezegd is het voor hen allebei een moeilijke periode. Williams weg is praktisch uitgestippeld.'

Maar die van Kate niet. Natuurlijk hield ze van hem, dat wist ze zeker. Maar ze kon niet thuis blijven zitten en wachten tot haar prins zou komen om haar mee te voeren. Ze had al met de gedachte gespeeld om in een kunstgalerie te gaan werken, maar dat idee had ze laten varen, hoewel ze aan een van de meest gerespecteerde universiteiten van het land kunstgeschiedenis had gestudeerd.

Ze was niet zo gek om de tijd te doden met over haar prins te dromen. Haar plannen om een eigen bedrijfje op te zetten werden weer van stal gehaald, terwijl ze met haar ouders meewerkte in hun zaak. Maar ze merkte meer dan ooit dat al haar activiteiten kritisch werden gevolgd, hoe verregaand eerdere pogingen om paparazzi en verslaggevers te ontmoedigen ook waren geweest.

Ze was er zich nu goed van bewust dat het kleinste detail tot een verhaal werd uitgesponnen, hoe onbenullig het ook leek. De zaak waar ze haar haar en nagels liet doen, was nu nieuws. Het leverde een vrolijk moment op toen Kate, die op stap was met haar moeder in Sloane Square in Londen, geheel toevallig en nogal voorbarig een of andere troon moest bestijgen. In het exclusieve kapsalon van Richard Ward, het favoriete salon van prins Edwards vrouw Sophie en prinses Marie Chantal van Griekenland, moet je bij de behandelingen op een soort 'troon' gaan zitten terwijl je een manicure krijgt. De verslaggevers van roddelbladen vonden het hilarisch toen dit detail aan het licht kwam over de jonge vrouw die wat hen betreft bestemd was om de toekomstige koningin te worden.

Zelfs Kate moet de humor ervan hebben ingezien. 'Kate kwam binnen met haar moeder Carole', vertelde iemand van het salon. 'Ze deed heel gewoon. Ze gaat absoluut nergens prat op, en ze ziet er altijd geweldig uit.' Dat is waar. Kate ziet er altijd goed uit. Ze was ook charmant. Haar omgang met een lid van het koningshuis verleende haar een zekere glans, maar van zichzelf bezat ze al die intrigerende mengeling van een zekere stijl en een sprankje zelfverzekerdheid die van een leuk meisje een sexy jonge vrouw maakt. Het leek nooit alsof ze uren voor de spiegel had gestaan. Maar ze zag er altijd geweldig uit als er een foto van haar werd gemaakt.

Nu William langere periodes uit haar buurt was, werd het punt van Kates beveiliging urgenter. Het woord privacy werd door William vaak gebruikt als zijn vriendin ter sprake kwam, en hij wilde haar vanzelfsprekend beschermen tegen onwettige of al te agressieve aandacht van de pers. Maar in de nasleep van de aanslagen in Londen op 7 juli 2005 waren er duisterder krachten waarmee rekening moest worden gehouden. Er waren serieuze dreigingen waartegen een jonge vrouw moest worden beschermd wier betekenis voor de tweede in lijn voor de troonopvolging zo openlijk met een kus was bezegeld. De bezorgdheid dat Kate het doelwit kon zijn van een terroristische aanslag nam toe met elke dag dat Kates relatie met William voortduurde en zich verdiepte.

Die bezorgdheid was niet alleen onderwerp van gesprek aan de ontbijttafel op Highgrove of Clarence House, maar ook bij Scotland Yard. Hoe konden ze verantwoorden dat er miljoenen werden besteed aan het onderzoek naar de dood van prinses Diana in een auto-ongeluk, terwijl ze de reële mogelijkheid dat de vriendin van de toekomstige koning in gevaar verkeerde niet aan de orde stelden? Scotland Yard ging tot daden over en stelde plannen op voor onvoorziene gebeurtenissen, nadat ze Williams persoonlijke beveiligingsagenten hadden geraadpleegd. Het hoogste gezag van de afdeling Koninklijke en Diplomatieke Bescherming wilde weten wat precies de problemen waren waarmee Kate geconfronteerd kon worden als ze niet bij haar koninklijke vriend was.

Intrigerend was dat de beveiliging van Kate een zaak werd van geheime besprekingen en strategieën, in een tijd dat er een richtlijn van de regering kwam dat men de kosten van de koninklijke beveiliging moest verminderen. Ik hoorde dat zelfs de bescherming van de prinsessen Beatrice en Eugenie verminderd was. Ze kwamen niet langer automatisch in aanmerking voor lijfwachten op buitenlandse reizen. Elk geval werd afzonderlijk en op noodzaak bekeken. Een oudere bron bij Scotland Yard vertelde mij: 'Ik heb begrepen dat de prinsessen geen bescherming krijgen van SO14 als ze in het buitenland zijn. In feite krijgen ze zelfs een minimale beveiliging als ze in Groot-Brittannië zijn. Hetzelfde geldt voor de kinderen van prinses Anne. Gezien de lijn van de troonopvolging was het in het verleden gerechtvaardigd dat ze persoonlijk door Scotland Yard werden beveiligd.'

Tijdens een nieuwjaarsvakantie in Zermatt in 2006 bezochten de prinsessen 's avonds bars en keerden zonder lijfwacht naar hun hotel terug. Ik vond dit nogal een vreemde gang van zaken in de nasleep van de aanslagen in Londen. De koninklijke beveiliging werd toen omschreven als de zwaarste sinds de aanslagen van de IRA in Engeland. Tegen deze achtergrond was het feit dat Kates beveiliging werd besproken met het oog op actie belangrijker dan ooit.

Bij een koninklijke romance gaat het niet alleen over sentimentele zaken, maar ook over praktische dingen als logistiek. In de regel worden agenten van SO14 alleen aan oudere leden van de koninklijke familie toegewezen. Traditioneel zou Kate voor zo'n status alleen in aanmerking komen als zij en William zich hadden verloofd. Van een bron bij de veiligheidsdienst vernam ik destijds: 'De beslissing om een bespreking over de beveiliging te houden toont aan dat de functionarissen geloven dat het stel een duurzame relatie heeft.' Zoals we in november 2010 hebben gezien, was dit gerechtvaardigd.

In februari 2006 bracht ik het exclusieve verhaal dat Charles overwoog om Kate van een persoonlijke lijfwacht te voorzien. Ik hoorde dat men een beroep had gedaan op de voormalige hoofdinspecteur Colin Hayward Trimming om de beveiligingssituatie te bekijken. Hayward was gehuldigd voor zijn rol bij de aanval op prins Charles in januari 1994 in het Australische Sydney, toen een indringer op de prins afliep en een startpistool afvuurde. Hayward, een van de voortreffelijkste lijfwachten ooit van de elite-eenheid van Scotland Yard, was adviseur geweest bij de selectie van officieren die toezicht moesten houden op de beveiliging van Camilla voordat zij en Charles trouwden.

Goed geïnformeerde bronnen bij de beveiliging hadden mij verteld dat de maatregel die werd overwogen een 'interimmaatregel' zou zijn, die het pad zou effenen voor een volledige bescherming door Scotland Yard op een later tijdstip als dat nodig zou zijn. Hoewel het misschien buiten hun opdracht viel, had Scotland Yard, zelfs voor de aankondiging van het huwelijk, een haalbaarheidsstudie laten uitvoeren om Kate te beveiligen in het geval er zich een 'serieus te nemen bedreiging' van haar veiligheid voordeed. Deze informatie plus het feit dat Charles overwoog om Kates beveiliging te betalen was groot nieuws: het was onmogelijk om geen parallel te trekken met het feit dat hij voor zijn verloving voormalige SO14-beveiligingsmensen had betaald om Camilla te beschermen. Ik wist nu dat mijn bron uiterst betrouwbaar was.

Alle nationale kranten volgden het voorbeeld van de *Standard* de volgende ochtend. Mijn bewering dat door die stap de speculaties zouden toenemen dat het paar bezig was hun relatie officieel te maken, kon niet accurater zijn geweest. Ondanks het feit dat ze nog betrekkelijk jong waren, vonden mediacommentatoren dat het steeds meer ging om wanneer, en niet om óf William en Kate hun verloving zouden aankondigen. Omdat er opnieuw over een huwelijk werd gesproken, gekoppeld aan kwesties als beveiliging – een schrikbeeld van de belastingbetaler, die moest opdraaien voor de rekening van nog een lid van de 'firma' – stuitte dit op voorspelbare vrekkigheid van republikeinen. Zelfs mensen uit regeringskringen leken zich er graag mee te bemoeien. Zo werd Gordon Brown, toen minister van Financiën, ongewild betrokken bij een ruzie toen een van zijn adviseurs in het openbaar zei dat prins Willliams kinderen naar openbare scholen zouden moeten gaan. Aangezien William nog niet eens getrouwd was, leek de socialistische denker iets te ver op de situatie vooruit te lopen. Toen de voormalige Labour-minister Michael Wills, de belangrijkste schrijver van de speeches van Gordon Brown, zijn verrassende aanval op de monarchie opende, was William voor de eerste keer het mikpunt.

Met het oog op de toekomst van de monarchie eiste hij een radicale reorganisatie van de macht en de geprivilegieerde levenswijze van de koninklijke familie. Het moet William en Kate vreemd in de oren hebben geklonken dat Wills in feite plannen etaleerde voor hun kinderen. Een van zijn meest controversiële voorstellen was dat de erfgenamen van de troon in de toekomst hun nakomelingen naar openbare scholen moesten sturen in plaats van naar elitaire instituten zoals de Ludgrove Prep School in Berkshire, die 16.000 pond per jaar kost. Zowel Harry als William hadden deze school bezocht tot hun dertiende, toen ze naar Eton gingen.

Wills stelde zich keihard op en beweerde dat het verkeerd was dat de volgende erfgenaam van de troon een opleiding genoot die slechts een heel klein deel van de bevolking zich kon veroorloven. Hij lanceerde ook een buitengewoon heftige aanval op prins Charles, die hij ervan beschuldigde dat hij zijn constitutionele plicht had verzaakt omdat hij politiek niet neutraal was. Met zijn verzet tegen het verbod op de jacht door Labour had Charles volgens Wills een grens overschreden. Hij beweerde dat hij de opvattingen van veel traditionele Labour-stemmers vertolkte. Hij ging verder door te eisen dat de oude eed die bij de kroning wordt afgelegd de monarch niet langer zou dwingen om het protestantse geloof aan te hangen, of katholieken zou verhinderen koning of koningin te worden. Ook eiste hij dat het eerstgeboorterecht, wat inhoudt dat mannelijke erfgenamen voorrang hebben op hun zussen, zou verdwijnen. Het was een verrassende uitbarsting, ook voor Gordon Brown, omdat een van zijn belangrijkste adviseurs daarmee duidelijk in het republikeinse kamp terecht was gekomen, of toch in het antimonarchistische kamp.

Hij gaf een verklaring uit waarin hij benadrukte dat hij nooit met Wills over zulke zaken had gepraat, maar de tirade betekende een keerpunt voor William en Kate. Hun relatie was onderdeel van een politiek debat geworden. Hun romance werd voorgesteld als een verbintenis met zowel politieke als persoonlijke gevolgen. Hoe langer ze in de werkelijke wereld stonden, hoe minder ze die konden ontkennen. Als Kate fatsoenlijk zou moeten worden beschermd, in alle betekenissen van het woord, dan moesten ze de waarheid onder ogen zien of het bijltje erbij neergooien – en het zag er niet naar uit dat ze het laatste zouden doen.

Wills lanceerde voorts een aantal listige ideeën die naar zijn mening het imago van de koninklijke familie zouden verbeteren en hen kordaat in het gareel zouden brengen. Hij zei dat alle nieuwe burgers afkomstig uit andere landen uitgenodigd moesten worden op een tuinfeest in Buckingham Palace om de koningin en haar familie te ontmoeten. Hij stelde voor dat het ceremoniële ambt van lord lieutenant (een soort commissaris van de koningin) in elk graafschap veranderd zou moeten worden in iets wat meer de maatschappij als geheel weerspiegelt.

Hoe ver Michael Wills' woorden ook mogen af staan van de werkelijkheid, ze kwamen op een interessant punt in Williams leven, in het jaar dat de koningin tachtig werd. Ze dienden als waarschuwing: hoe populair de jongere leden van de koninklijke familie ook leken, ze – vooral William – mochten niets als vanzelfsprekend beschouwen. Prinses Diana's zoon zijn garandeerde hem onvoldoende dat de toegeeflijkheid van het publiek onbegrensd was. Hij zou zich moeten bewijzen. Er was dan wel een overvloed aan genegenheid en respect voor de koningin tijdens de viering van haar tachtigste verjaardag, maar de golven goodwill van het publiek bereikten niet altijd al haar familieleden. Eerder kabbelden ze nog onzeker over de voeten van Charles en Camilla.

Williams beslissing om in het leger te gaan betekende een compromis van zijn kant, en hij erkende daarmee dat hij wist wat zijn koninklijke plicht was. Hij had de druk weerstaan om bij de Koninklijke Marine te gaan, hetgeen had betekend dat hij maanden op zee zou zijn, weg van zijn 'aanbiddelijke Kate'. Door bij de landmacht te gaan had William een soort overwinning behaald. Maar hij moest nog steeds veel persoonlijke problemen het hoofd bieden, waaronder een zware opleiding kilometers van Kate vandaan. Elke stap die hij doorweekt in de modder zette, elke nacht die hij klappertandend in de openlucht doorbracht, elke order die hem werd toegeblaft en waaraan hij gehoorzaamde, hielp hem eraan herinneren dat dit niet het leven was dat hij had uitgekozen, maar dat hem door zijn geboorte was opgelegd. William liet al in een heel vroeg stadium weten dat als hij in het leger moest, zijn uiteindelijke doel zou zijn om bij de luchtmacht te gaan als helikopterpiloot. Hij had geen interesse in de meer traditionele route: dienst nemen in een garderegiment zoals zijn jongere broer Harry, die bij de Royal Horse Guards (ook wel de Blues genoemd) en het Eerste Regiment Infanterie (de Royals) ging.

In feite was het Harry en niet William die van nature soldaat en aanvoerder bleek te zijn. Dit kwam als een verrassing voor critici, die van Harry altijd een mikpunt van spot maakten. Hij werd lang beschouwd als de futloze jongere broer, die geen echte baan had, geen verantwoordelijkheidsgevoel en die er absoluut geen problemen mee had om daarvan te profiteren. Maar op Sandhurst pakte Harry het goed aan en hij bloeide op. Hij maakte indruk op zijn superieuren en bleek populair te zijn bij zijn maten, hoewel hij niets had van een heilige. 'Hij kan een luie zak zijn', gaf een oudere officier toe. Maar desondanks verliep Harry's tijd op Sandhurst vrij rustig, waarvoor de hoffunctionarissen van Clarence House elke nacht weer de Heer op hun knieën dankten.

Terwijl de broers hun persoonlijke beproevingen op Sandhurst doorstonden, stond Kates ster op het punt te rijzen door een foto die onderstreepte hoezeer ze al deel uitmaakte van het koninklijke firmament, met of zonder de aanwezigheid van haar koninklijke vriend. De foto werd genomen op 17 maart 2006, bij de Cheltenham Gold Cup Races. Camilla zou de beker overhandigen aan de winnaar en dus werd de afspraak in haar agenda en die van Charles gezet als een officiële gebeurtenis. Kate bezocht de beroemde Vrijdagrace met een vriendin en de ouders van die vriendin. Ze kwamen binnen door de ingang voor het publiek en mengden zich tussen de toeschouwers. Ze was bijzonder chic gekleed en zag er fantastisch uit. Mark Stewart, een oudgediende royaltyfotograaf, had haar in de menigte opgemerkt en vertelde dit aan Amanda Neville (nu Amanda Foster), die al jaren deel uitmaakt van het persteam van prins Charles. Volgens Stewart was Amanda enigszins verbaasd over zijn mededeling dat Kate er was, evenals haar koninklijke baas.

Tegen de tweede race was Kate, tot verrassing van de fotografen, op het balkon van de koninklijke loge verschenen, waar Lord Vestey, een vriend van de prins, als gastheer optrad bij een lunch voor Charles en Camilla. Camilla's dochter Laura en Laura's verloofde Harry Lopes waren aanwezig, evenals Tom Parker Bowles en zijn vrouw Sara, Zac Goldsmith, Ben Elliot en Thomas van Straubenzee, een van Williams beste vrienden, die in gesprek met Kate was. Het was de eerste keer dat Kate was uitgenodigd om alleen op zo'n hoog niveau te functioneren. Ze had het gemaakt. Het was Camilla's meest opvallende sociale afspraak tot nu toe, maar de aanwezigheid van de jongere vrouw die dreigde haar publiciteit te ontnemen, deed haar niets. Integendeel, ze bleek warm en hartelijk te zijn. Als iemand begrip had voor het feit dat Kate misschien zenuwachtig was, was het Camilla. In het verleden was ze een meester gebleken als het erop aankwam zich in de marge van het koningshuis te bewegen.

De foto's van die dag, waarop Kate goed te zien was, leken een 'nieuw' soort koninklijke familie te tonen. Het was een frisse en verrassend attractieve groep mensen, die door hun gemengde aard een betere afspiegeling van de realiteit leken. Hier stond van alles wat en elke aanwezige had een eigen verhaal: sommigen over echtelijke twisten en ontrouw, sommigen over prille liefde, sommigen over privileges die men was kwijtgeraakt en weer had teruggekregen. Hier stond een nieuwe bezetting, of beter gezegd bij elkaar passende leden van de oude bezetting, die nieuwe rollen speelden: de maîtresse als echtgenote, de prikkelbare prins als liefhebbende stiefvader, echtgenoot en misschien toekomstige schoonvader.

'Het was verbazingwekkend te zien hoe ontspannen en op haar gemak Kate in de buurt van de erfgenaam van de troon was', zei Mark Stewart. 'Dit bewijst ook hoe serieus haar relatie met William is. Het toont ook aan hoe dol Camilla op haar is. Het was tenslotte de eerste keer dat zij de Gold Cup overhandigde, maar ze leek niet van haar stuk gebracht toen ze overschaduwd werd door Kates aanwezigheid.'

Het was niet verrassend dat Kates onvoorbereide verschijning in de koninklijke loge bij het wedden opwinding veroorzaakte, waarbij tenminste één bookmaker gedwongen werd om de weddenschappen dat Kate en William voor het festival van volgend jaar verloofd zouden zijn drastisch van 40-1 tot 25-1 te verlagen.

Een paar dagen later was Kate weer in de media. Nadat ze het jaren volgehouden hadden om afstand te bewaren als ze in het openbaar samen waren, liet het stel alle voorzichtigheid varen. Ze maakten zich er niet langer zorgen over dat men wist dat ze een stel waren. Kate, die casual was gekleed in jeans, sweater en een gewatteerd vest en laarzen, verscheen met een vriendin om naar William te kijken toen deze van Sandhurst naar Eton College terugkeerde om aan te treden voor een team van vroegere schoolmaats in de Field Game – een kruising tussen rugby en voetbal, waarbij kleinere doelen worden gebruikt, die het formaat hebben van hockeydoelen. Niet het feit dat ze er was verraste de toeschouwers, maar wel dat ze openlijk haar genegenheid toonde. Ze wandelde naar de prins toe, die gekleed was in zijn blauwe sporttenue, gaf hem een liefhebbende kus en streek speels met haar hand door zijn gemillimeterde haar.

'Ze waren allebei op hun gemak,' zei een toeschouwer, 'en toen de wedstrijd afgelopen was knuffelde hij haar even en legde zij direct haar hand onder op zijn rug. Ze leken voor elkaar gemaakt te zijn en waren volkomen op hun gemak en verliefd.'

Kort daarna werd bekend dat Charles William en Kate toestemming had gegeven om samen een kamer te delen als ze op Highgrove bleef slapen, waar ze een regelmatige bezoeker was geworden. Toegegeven, de 'niet onder mijn dak'-regel zou wat onlogisch zijn voor een man die erom bekendstond dat hij overspel had gepleegd. Toch was het een veelzeggend detail en het kon worden gezien als een stap voorwaarts. Charles erkende dat zijn beide zonen volwassen waren en hij begreep dat de relatie van William met Kate serieus was. Dat Kate veel betekende voor William, wist ook zijn grootmoeder. Ze zorgde voor een romantische schuilplaats voor het jonge paar op het landgoed Balmoral in de Schotse Hooglanden. De mooie, maar vervallen oude cottage lag verscholen in een afgelegen hoek van het landgoed van de koningin, en op slechts een steenworp van Charles' eigen toevluchtsoord Birkhall in Aberdeenshire – een plaats waar ze beiden veel van hielden en waar ze van plan waren na hun huwelijk elk jaar oud en nieuw te vieren.

Voor Charles stond het landgoed Balmoral lange tijd symbool voor wat er mis was gegaan tussen hem en Diana. Hij hield van de natuur en kon uren tot aan zijn middel in het water van de rivier de Dee doorbrengen, zijn hengel uitwerpen en geduldig wachten tot de vis zou bijten. Diana begreep dat gewoon niet. In tegenstelling tot Charles haatte ze de lange afstanden die op het platteland moesten worden afgelegd, de uren die er zo lang duurden en wat ze beschouwde als de schrijnend muffe eenzaamheid van de plek.

Maar Birkhall met Camilla was geheel anders. Voor Charles was het een plaats die de vrijheid om echt zichzelf te kunnen zijn incarneerde. Daar waren hij en Camilla gewoon mijnheer en mevrouw Wales, die tevreden uren over de heide wandelden. Misschien kwam Charles' genegenheid voor Kate wel gedeeltelijk voort uit het feit dat William in haar iemand had gevonden die met hem kon genieten van de eenzaamheid van het landschap in Aberdeenshire waar hij zoveel van hield. Iemand die aan zijn zijde wandelde zo ver als hij maar wilde en die zich aan het einde van de dag behaaglijk oprolde bij een knappend haardvuur. Het feit dat hij samen met de koningin het paar een 'thuis' in de Highlands had geschonken was enorm belangrijk. De koningin betaalde de rekening, maar eerlijk gezegd zou ze er niet over gepiekerd hebben om de cottage aan te bieden zonder de zegen van Williams vader.

De cottage, die gelegen is op een gedeelte van het landgoed dat bekend is als Brochdhu, was al vele jaren onbewoond. Hij werd gebruikt als opslagruimte voor wild, maar nu werd de woning opgeknapt en van alle modern comfort voorzien, met inbegrip van een rond bad dat groot genoeg was voor twee. De uitbreiding van de tweede verdieping leverde twee grote, ruime slaapkamers op met een prachtig uitzicht over de pijnbomen en de rest van het landgoed.

De ramen werden voorzien van driedubbel glas om de bittere kou van de Schotse nachten buiten te houden. Verder werden er een luxekeuken en een houtkachel geïnstalleerd. Rond de cottage werd een houten veiligheidshek geplaatst.

Ondanks het feit dat de aanpak van allerlei zaken duidelijk op een vaste relatie wees – het heerlijke Highland-huis waar ze zich konden terugtrekken, het gedeelde bed op Highgrove, de acceptatie van Kate door alle leden van de koninklijke familie, de beveiliging en het feit dat William enkele van zijn koninklijke plichten op zich nam door zijn officiersopleiding op Sandhurst – bleef er toch nog iets wilds in het karakter van de tweede in de lijn voor de troonopvolging. Hij wordt op dat gebied vaak overschaduwd door zijn jongere broer, die met zijn uitbundigheid de krantenkoppen haalt, maar volgens waarnemers die het kunnen weten, is er één aspect dat een probleem kan worden als het niet wordt ingetoomd: Williams opstandigheid. Die is voor sommige insiders van het koningshuis aanleiding tot een zekere bezorgdheid over wat er zou gebeuren als William niet met Kate zou trouwen. Het is niet zo dat een huwelijk met Kate zou betekenen dat hij gekortwiekt wordt, maar haar invloed op William is duidelijk positief.

Ze houdt ook van plezier maken, van dansen en flirten en tot laat in de nacht drinken, maar in beperkte mate. William heeft meer aanleg voor een dergelijke levensstijl en is opstandiger. Hoe ouder hij wordt, hoe bezorgder hoffunctionarissen worden over zijn overeenkomsten qua karakter met de soms eigenzinnige Diana. Dat, gecombineerd met een zekere prikkelbaarheid die hij heeft geërfd van zijn vader, die aan woedeaanvallen lijdt, maakt dat ze denken dat William nog een blok aan het been zou kunnen worden. Prins Charles heeft altijd gewild dat zijn zoon zoveel mogelijk van zijn tijd geniet voordat de plichten van een koninklijk leven zwaar op hem gaan drukken. Maar er komt een punt waarop de werkelijkheid onder ogen moet worden gezien.

Als de wens van een kind botst met zijn veiligheid is het te begrijpen dat de ouders zich grote zorgen maken. Als het desbetreffende kind de toekomstige koning is, krijgen die zorgen een geheel nieuwe betekenis, zoals William in de eerste maanden van 2006 demonstreerde met zijn groeiende voorliefde voor motoren. Jaren eerder had Williams moeder in haar geautoriseerde biografie *Diana: Her True Story* te kennen gegeven dat ze uitkeek naar de dag waarop ze langs het strand zou kunnen wandelen zonder dat ze gevolgd werd door haar lijfwacht. Haar opmerking, een nogal dramatische roep om vrijheid, was een beetje oneerlijk. Inspecteur Ken Wharfe, haar lijfwacht van Scotland Yard, had haar namelijk vaak haar zin gegeven, op voorwaarde dat ze contact hield via de radio en als vermomming een shawl om haar hoofd zou doen. Ze wandelde ooit op een naaktstrand aan Studland Bay en moest hard lachen toen ze Wharfe via de radio vertelde waar ze was. Misschien is de wens genetisch, misschien is het gewoon symptomatisch voor iemand wiens leven zich afspeelt in een vissenkom. Wat de reden ook is, volgens degenen die zich in zijn buurt ophouden heeft William duidelijk bewezen dat ook hij verlangt naar anonimiteit en vrijheid. Maar waar zijn moeder hunkerde naar een rustige wandeling, heeft Williams verlangen een veel hoger octaangehalte. Wanneer hij maar kan trekt hij zijn leren pak aan, zet zijn helm op en vertrekt met loeiende motor op zijn Honda CBR 1100XX Blackbird. Het is een van de snelste en zwaarste motoren, die een snelheid van meer dan 260 kilometer per uur kan halen.

Geen wonder dat Williams obsessie een bron van zorg werd voor zowel Charles als de koningin. In het begin zagen ze Williams nieuwe hobby gewoon als vermaak, niet veel verschillend van prins Philips voorliefde om achter het stuur van zijn groene Hackney-taxi te kruipen en door Londen te rijden. Maar gezien wat er gebeurd is met zijn moeder en het veel hogere risico dat hij loopt met zijn geflirt met de 'normaliteit', heeft Williams behoefte aan snelheid in potentie veel serieuzere consequenties voor de toekomst van de monarchie.

Prins Charles stond voor de keuze. Hij kon zijn zoon betuttelen en ervoor zorgen dat hem niets overkwam, of hij kon hem de vrije teugel geven, waardoor hij hem aan gevaar blootstelde. Hij geloofde dat het geen zin heeft om een jongeman in de watten te leggen, maar William is geen gewone jongeman. Zijn beslissing om gevaar te negeren en zich af te zetten tegen degenen die geneigd zijn om hem aan banden te leggen is aan de ene kant in zijn nadeel, maar aan de andere kant is het typerend. Zijn benadering van motoren is veelzeggend. Motorrijden kan volgens William 'gevaarlijk zijn, maar een hoop dingen zijn gevaarlijk. Ik geef toe dat je meer gevaar loopt als je op een motor zit dan bij veel andere dingen. Je loopt gevaar, maar als je een grondige opleiding hebt gevolgd en voldoende ervaring hebt, is het oké. Je moet je gewoon bewust zijn van wat je aan het doen bent.' Maar Williams snelle overgang van kleinere motoren naar een krachtige Triumph en daarna naar een Honda Blackbird bezorgde de familie en zijn beveiligers tegen het voorjaar van 2006 hoofdpijn. Net zoals de bescherming van Kate op vele aspecten van haar leven betrekking had – van haar privacy tot fysieke veiligheid – was dat ook bij William het geval. Zijn hardnekkige hang naar snelheid leverde gevaar op. Aan de ene kant riskeerde hij de dood en blessures bij zichzelf en bij anderen, aan de andere kant liep hij het risico om zijn bewakers kwijt te raken, al dan niet opzettelijk, waardoor hij aan andere gevaren blootstond. In werkelijkheid waren zijn beveiligers gewoon ongerust of hij wel in staat was om zo'n zware motor onder controle te houden. Dat baarde hen de meeste zorgen.

Officieren van Scotland Yard vonden dat William niet de opleiding had gehad die nodig was om veilig te manoeuvreren met zo'n motor. Ze vreesden dat hij een ongeluk zou krijgen. Hooggeplaatste bronnen lieten mij in mei 2006 weten dat er iets moest gebeuren. Ze meenden dat de prins onvoldoende was opgeleid om een motor te besturen en dat hij een gespecialiseerde cursus aan de politieschool in Hendon moest volgen om er zeker van te zijn dat hij zijn nieuwe krachtige machine de baas kon. Een van Charles' lijfwachten, inspecteur Ian McRae, een deskundig opgeleide motoragent, werd benoemd als hoofd van een team van vier mannen dat William zou begeleiden als hij met zijn motor de weg op ging. Elke waarschuwing van zijn vader of het veiligheidspersoneel viel in dovemansoren. William was vastbesloten om toch met zijn supermotor te gaan rijden, waarbij hij opmerkte: 'Mijn vader wil mij niet in de watten leggen.' Dit toonde een kant van William die men zelden ziet in de gecontroleerde omgeving van georganiseerde interviews.

'William weet wat hij doet', zei een voormalige hoffunctionaris tegen mij. 'Hij laat zich door niemand de wet voorschrijven – misschien met uitzondering van de koningin. Hij heeft veel respect voor haar en als ze erop zou staan dat hij iets deed, dan weet ik zeker dat hij het zou doen.'

Niemand, behalve diegenen die een dergelijke verantwoordelijkheid gewend zijn, zal ooit werkelijk weten wat het is om als toekomstige koning of koningin geboren te worden. Er zijn momenten waarop je je afvraagt: 'Waarom ik?' en je plicht afwijst. Het enige wat je kunt doen is je tot diegenen wenden die er, net als jij, mee om moeten gaan. In Williams geval zijn dat zijn vader en grootmoeder, en dat heeft hij ook altijd gedaan. Hij heeft hun veel om hulp gevraagd en respecteert hun advies, maar er schuilt nu eenmaal een rebel in William, en die kwam dat voorjaar tevoorschijn.

In april bracht hij zichzelf op een andere manier in de problemen – minder bedreigend misschien en zeker normaal voor iemand van zijn leeftijd, maar niettemin verrassend voor de grote meerderheid van het publiek. Op de 14de en 15de van die maand was het William, en voor een keer niet zijn jongere broer, die met zijn gefuif op de voorpagina van de sensatiebladen belandde. Het had eigenlijk allemaal rond Harry moeten draaien. Vrijdag 14 april was tenslotte de dag waarop hij Sandhurst zou verlaten, de dag dat officier-cadet Wales tweede luitenant Wales van de Blues en Royals werd en defileerde voor de vorstin – of 'granny', zoals Harry haar noemde. De voorspelbare goedaardige grappen ten koste van de jonge prins werden gemaakt: 'Een rood aangelopen Harry verlaat Sandhurst – nee, het is niet wat je denkt'; dat soort dingen. In feite verdiende Harry na zijn opleiding van vierenveertig weken zijn moment van trots en erkenning, net als hij het verdiende om geprezen te worden dat hij zonder smet vanwege slecht gedrag of schandalen de opleiding verliet. Het was jammer dat dit niet gebeurde. De koningin hield een speech voor de cadetten waarin ze het defilé beschreef als een 'grote gebeurtenis'. 'Ik hoop dat deze dag het begin is van bijzonder succesvolle carrières', zei ze. 'Mijn gebeden en mijn vertrouwen zijn bij u allen.' Ze overhandigde het prestigieuze Erezwaard aan de beste cadet en reikte ook de 'Overseas Medal' en de medaille van de koningin uit voordat ze zich richtte tot de pas benoemde officieren. Het was de eerste keer in vijftien jaar dat ze een defilé had bijgewoond – en het was niet moeilijk te raden waarom ze juist bij dit defilé had willen zijn.

Het defilé ter gelegenheid van het vertrek van de cadetten was Harry's afstudeermoment, het feest dat volgde was zijn afstudeerbal. Het is een traditie op Sandhurst waarvoor goed werd geoefend. De dag begon met de ceremoniële parade voor de vorstin. Harry had zoals gebruikelijk zo'n tien familieleden en vrienden uitgenodigd om erbij te zijn. Zijn vriendin Chelsy Davy was er niet bij. Ze bracht de middag door bij de kapper, ter voorbereiding op de buitengewone gebeurtenis die avond waarvoor avondkleding verplicht was. Maar prins Charles was er wel, samen met Camilla, Harry's voormalige nanny Tiggy, Hugh en Emilie van Cutsem, vrienden van de familie, en prins Philip. William was er natuurlijk ook. Hij stond samen met de rest van de officierscadetten in de houding. Hij straalde van trots toen zijn broer voorbijkwam. Kate was ook uitgenodigd voor het defilé, maar tot verbazing van velen kwam ze niet opdagen.

Een aanwezige zei: 'Iedereen verwachtte dat ze zou komen, maar ze was er niet. Eigenlijk werd ze pas rond vijf uur die middag verwacht.

Ik denk dat de hoge pieten eerlijk gezegd een beetje opgelucht waren dat ze niet kwam omdat men dacht dat als Kate niet zou komen, William ook niet zou gaan en dat betekende minder rompslomp voor de beveiliging. Het was goed dat William en Kate niet de show wilden stelen, want het was Harry's dag.' Als de reden van Kates beslissing om die avond niet naar het bal te gaan was dat ze de jongere broer van haar koninklijke vriend niet wilde overschaduwen, dan was haar offer tevergeefs.

Toen de ceremonie voorbij was, trokken Harry en de overige nieuwe officieren hun speciale militaire kleding aan die ze tot dan toe niet hadden mogen dragen. Harry, gekleed in de strakke broek, het stijve vest en vuurrode jasje, was op-en-top een officier zoals hij daar stond te praten met de mannen van zijn peloton op de receptie die aan het feest die avond voorafging. Zijn grootouders hadden laten blijken hoe trots ze waren en waren vroeg vertrokken, net als de rest van het groepje privégasten.

Na de drankjes die werden aangeboden in de verschillende gebouwen waar het peloton was ondergebracht, staken de cadetten en hun gasten over naar de fitnessruimte van het college, waar hun een groot feest wachtte. Het lijkt een beetje armoedig, het equivalent van een schooldisco in een gymnastieklokaal, maar het gebouw was veranderd in een adembenemend luxueuze ontvangstruimte. Een aantal met lopers bedekte wandelpaden verbonden het netwerk van ruimtes, die alle een thema hadden. Ze waren verdeeld over de gehele oppervlakte en er werd drank en eten voor elke smaak en elke stemming geserveerd. In een ruimte speelde een band voor de dansvloer, omgeven door hoge tafels en in rood uitgelicht. Een ander gedeelte was in een jazzclub veranderd. Weer ergens anders konden de feestgangers roulette of blackjack spelen, wodka drinken bij een ijsbar of chocolade eten uit een chocoladefontein.

Buiten was de discipline van een militair leven veranderd in een kermis, compleet met een achtbaan en een hamburgerkraam. Het was een extravagante omgeving, maar Harry had alleen oog voor Chelsy. Ze was gekleed in een nauwsluitende jurk van turkoois satijn met een lage ruguitsnijding, waardoor haar gebruinde huid op haar voordeligst uitkwam. De jurk golfde, als bij een zeemeermin, naar buiten tot op de grond. Haar make-up was eenvoudig, net als haar oorringen. Ze was de vorige avond op Heathrow geland, waar ze werd opgewacht door het soort beveiliging dat gewoonlijk gereserveerd is voor leden van het koningshuis, staatshoofden of gezochte criminelen. Het was weken geleden dat zij en Harry elkaar hadden gezien, dus het was geen wonder dat ze hun ogen of handen niet van elkaar af konden houden.

'Harry's lijfwachten stonden om hen heen toen hij en Chelsy dansten en elkaar kusten. Ze knuffelden, omhelsden elkaar, hielden elkaars hand vast en toonden hun liefde', herinnerde een feestganger zich. 'Ik denk dat hij er nu aan gewend is, maar het leek raar. Hij maakte grappen met andere cadetten en is duidelijk erg populair. Hij praatte met iedereen die op hem afkwam – hoewel hij duidelijk liever met meisjes sprak.' Hij poseerde voor foto's als andere gasten het hem vroegen en lachte goedhartig toen een meisje dat te veel had gedronken, aangemoedigd door haar vrienden, hem brutaal in zijn achterste kneep. 'In plaats van dat hij geïrriteerd was,' zei een meisje, 'kneep Harry haar gewoon ook in haar achterste, waarop ze giechelend wegrende.' Om twaalf uur ging het gezelschap naar buiten, waar een groot vuurwerk werd afgestoken dat oplichtte aan de nachtelijke hemel. De nieuwe officieren trokken de fluwelen strips weg die de sterren op hun uniformen bedekten. Het was een traditioneel overgangsritueel en een moment van uitbundige vreugde tijdens een steeds chaotischer wordend feest.

Tot wanhoop van de oudere officieren hoorde prins William bij een groepje dat zich slecht gedroeg. Harry dronk en rookte en maakte plezier met bijna iedereen. Maar hij bleef een perfecte heer. Hij was niet brutaal of luidruchtig en gedroeg zich niet onbetamelijk. Zijn aandacht was gericht op Chelsy. Hij was trots op zijn prestatie en die van zijn wapenbroeders. Dat kon niet worden gezegd van William en sommige niet-militaire vrienden die waren komen opdagen om mee te feesten. Een bron uit het opleidingsinstituut herinnerde zich: 'Een van Williams vrienden deed de hele avond een brigadier na en probeerde de mensen te commanderen. Hij en de hele kliek rond prins William vonden dat erg grappig. Een ander vond het hilarisch om op te scheppen over een bezoek aan een prostituee tijdens een vrijgezellenfeestje, waarbij hij zijn portefeuille was kwijtgeraakt. Niemand anders vond hen grappig.'

Hun gedrag werd duidelijk zo weinig geapprecieerd dat een oudere officier William omstreeks twee uur 's nachts vroeg ermee op te houden. William werd op vernederende wijze op de vingers getikt, en het werd nog erger. Uren later belde Sandhursts commandant, generaal Andrew Ritchie, Clarence House op en vroeg om uitleg over het aanstootgevende gedrag tijdens de voorgaande nacht. In een ochtendblad verschenen foto's van William, die, duidelijk aangeschoten, een rit op de achtbaan maakte. Berichten over 'het bespotten van anderen door de hogere stand' en over het gedrag van de oudste prins begonnen spoedig door te sijpelen. Harry was naar ieders mening 'braaf' geweest en had zich aan de regels gehouden. William niet.

Vierentwintig uur later, toen ze terug in Londen waren, gingen William en Harry met Kate en Chelsy verder feestvieren. Ze werden gezien in hun favoriete club, Boujis, in South Kensington, waar ze die avond veel dronken. Men zag William vertrekken met Chelsy, niet met Kate. Naar het scheen was Harry langs de achterdeur weggeslopen. Dat was de manier van de prinsen om de wachtende paparazzi in verwarring te brengen. Harry had iets te vieren. Sandhurst was voorbij en hij en Chelsy zouden spoedig samen op vakantie gaan. Maar voor William lagen de zaken anders. Hij was voor één keer de egoïstische en onnadenkende broer geweest; hij had zich gewoon slecht gedragen.

Hij was de nacht tevoren te ver gegaan en hier ging hij gewoon door alsof hij maar kon doen wat hij wilde zonder kritiek te krijgen. Het mag hard klinken en sommigen zouden zeggen dat William nog steeds een ondernemende jongeman was van bijna vierentwintig jaar die plezier had met zijn broer en hun beider vriendinnen. Dat is goed mogelijk, maar hij had zich niet onberispelijk gedragen. Door zijn gebrek aan zelfcontrole en omdat hij niet in staat was zijn vrienden te beteugelen, had William Harry's glorieuze dag bedorven. De aandacht die zijn broer had moeten krijgen, was op de meest negatieve wijze op hem gericht. Het is veelzeggend dat Kate er niet was toen het gebeurde. Zou William zich zo hebben gedragen als zij op het bal was geweest? Het lijkt onwaarschijnlijk.

Plotseling, nauwelijks merkbaar, werd duidelijk dat er een wijziging in de balans van hun relatie was gekomen. Ooit was Kates glamour en uitstraling afhankelijk geweest van de aanwezigheid van William. Maar de nacht dat Harry's vertrek van Sandhurst werd gevierd, bewees dat de relatie haar uitwerking had in twee richtingen: het publiek hield van Kate, en de tolerantie wat playboy-prinsen betreft was beperkt, ongeacht hun afstamming. Kate werd nu onherroepelijk verbonden met William wat de pers en het publiek betreft. Zou het kunnen zijn dat wij wat meer van William hielden als zij aan zijn zijde was?

William benadrukte altijd graag zijn jeugd als er over het huwelijk en zijn koninklijke verplichtingen werd gesproken. Hij citeerde dan het feit dat de gemiddelde leeftijd waarop in Groot-Brittannië werd getrouwd tweeëndertig is, en hij beweerde dat hij op zijn vierentwintigste nog vele jaren als vrijgezel voor zich had.

Maar er is niets gemiddelds aan William of zijn positie. Dat is iets wat hij – net als zijn overleden moeder – niet wil horen. Het is welbekend hoe Diana afscheid nam van Williams eerste kindermeisje, Barbara Barnes. Deze wees erop dat Diana, doordat ze William als een 'normale' jongen wilde opvoeden, vocht tegen natuurkrachten. Diana had een duidelijk idee hoe ze haar zonen wilde opvoeden. Barnes, die traditioneler was, protesteerde: 'De prinsen moeten anders worden behandeld, omdat ze anders zijn.' Ze mag misschien voor haar beurt hebben gesproken, maar ze sprak de waarheid. William was niet normaal, en zou dat ook niet worden.

Een fiere Kate Middleton en prins William, na zijn diploma-uitreiking als piloot bij de RAF (11 april 2008).

Prins William in volle actie tijdens de Chakravarty Cup op de Beaufort Polo Club (10 juli 2010).

Kate onder het publiek bij de Chakravarty Cup op de Beaufort Polo Club, waar William deelneemt aan een wedstrijd (10 juli 2010).

Kate en William, met naast hen prins Harry (met muts) tijdens een sportwedstrijd in Twickenham.

Op het huwelijksfeest van hun vrienden Harry Meade en Rosie Bradford (23 oktober 2010).

Rechts: prins Charles en Lady Diana bij hun verloving in de tuin van Buckingham Palace op 24 februari 1981.

Links: bijna drie decennia later gaf prins William Kate de verlovingsring van zijn overleden moeder toen hij haar tijdens een safari in Kenia ten huwelijk vroeg.

De officiële verlovingsfoto, gemaakt door de beroemde Peruviaanse fotograaf Mario Testino op 25 november 2010.

Een maand na de aankondiging van hun verloving tijdens een skivakantie in Zermatt (Zwitserland).

XIII

De weg naar boven

'Ze was fantastisch, ze is werkelijk een rolmodel.'
Prins William over de koningin

Ze arriveerden op Kew Palace op de tonen van Bach, Wagner en Donizetti, gespeeld door een harpist en een fluitist. De lichten in de prachtige Koninklijke Botanische Tuinen rond het paleis doofden langzaam uit. De familie liep door het boudoir van de koningin naar de zitkamer van de koning. De tafel was perfect gedekt en baadde in het zachte licht van ontelbare kaarsen. Lentebloemen zorgden voor geur en kleur in de kamer, het zilverwerk dat met militaire precisie op tafel was geplaatst glansde en het kristal schitterde. Dit was de achtergrond van een heel speciaal diner, ter ere van een heel bijzondere vrouw, en alles moest perfect zijn. Het was de avond van 21 april 2006 en de eregast was koningin Elizabeth II. Ze was daar om haar tachtigste verjaardag, een mijlpaal, met haar naaste familie te vieren.

Toepasselijk voor een vrouw die trots is op haar Schotse voorgeslacht, stond op het menu een voorgerecht bestaande uit een timbaaltje van gerookte biologische zalm van de Hebriden. Er was lendenbiefstuk van hertenvlees van het landgoed Sandringham geserveerd met portsaus, gestoomde jonge kool en lentegroente. In het dessert was fruit van het landgoed Highgrove van prins Charles verwerkt. William zat naast zijn grootmoeder. Zijn vader zat aan de andere kant van de vrouw die als monarch en matriarch al drieënvijftig jaar lang uitstekend regeerde. Ze moet haar familie die om die schitterende tafel zat met groot genoegen hebben bekeken, en ze voelde zich zeker enigszins opgelucht dat deze na een onrustig begin van het nieuwe jaar nu bijeen was gekomen om haar verjaardag waardig en vreugdevol te vieren.

De medegastheer en -gastvrouw van dit evenement, Charles en Camilla, waren als eersten gearriveerd, gevolgd door William en

Harry en prins Andrew met zijn dochters Beatrice en Eugenie, die er elegant en volwassen uitzagen. Na hen kwamen prins Edward met zijn echtgenote Sophie en vervolgens prinses Anne met haar echtgenoot Timothy Laurence en prinses Annes kinderen, Peter en Zara Philips. De kinderen van wijlen prinses Margaret, burggraaf Linley en Lady Sarah Chatte, waren ook aanwezig.

Tijdens het hele diner werd een selectie uit Händels *Water Music* gespeeld door twaalf musici van het Londens Kamerorkest, gedirigeerd door een in vervoering zijnde Christopher Warren Green. Toen de maaltijd bijna ten einde was, hieven de aanwezigen het glas voor een toost op een 'bewonderenswaardige' monarch en de 'allerliefste moeder en grootmoeder'. Het was een vreugdevolle dag vol pracht en praal.

Eerder die dag was de aandacht van de media op Windsor gericht geweest. Ik becommentarieerde opnieuw een historische koninklijke gebeurtenis, staande op een kist op het dak van de Best of Britain-winkel tegenover het kasteel. Toen de koningin tevoorschijn kwam, om klokslag twaalf uur, speelde de muziekkapel van de Koninklijke Wacht, schitterend gekleed in hun scharlakenrode tunieken en berenmutsen, 'Happy Birthday' voordat de koningin aan haar rondgang door het centrum van de stad begon.

Ongeveer 20.000 mensen hadden zich verzameld achter hekken die door de politie werden bewaakt. Sommigen wilden zo graag een glimp opvangen van de koningin op haar verjaardag, dat ze al zes uur geduldig wachtten terwijl de menigte groeide en het uur naderde. Vanaf mijn gunstig gelegen uitzichtpunt kon ik zien hoe het in de straat begon te wemelen van rood-wit-blauwe patriotten. Sommigen grepen opgewonden de stalen hekken vast, anderen wuifden met kleine vlaggetjes of hielden spandoeken omhoog. Er werden bloemen gegooid en geschenken aangereikt toen de koningin, gekleed in cerise en met een levendigheid die men al jaren niet meer bij haar gezien had, voorbijwandelde. Ze liep voorbij het bronzen standbeeld van koningin Victoria aan de Hendrik VIII-poort, dat de voorkant van het kasteel domineert. Hoog boven de hoofdweg, de wandelpaden en High Street leek de koningin-keizerin de scène goedkeurend te overzien. Het was moeilijk te geloven dat de monarch die glimlachend voorbijwandelde, slechts een jaar jonger was dan haar beroemde betovergrootmoeder.

Terwijl ik de gebeurtenissen voor CNN versloeg, herinnerde ik mijn publiek in de hele wereld aan de woorden van de koningin, die ze sprak op een andere gedenkwaardige verjaardag, haar eenentwintigste, negenenvijftig jaar eerder. Waar andere jonge vrouwen als ze volwassen zijn uitkijken naar een leven vol vrijheid, had Elizabeth in alle ernst aangegeven dat ze haar hele leven ten dienste van de staat zou stellen. 'Mijn hele leven,' beloofde ze onbaatzuchtig, 'of het nu kort of lang zal zijn, zal eraan gewijd zijn om u en het grote Britse rijk waartoe wij allen behoren, te dienen.' Woorden als 'wijden' en 'dienen' hebben nauwelijks nog enige betekenis in deze tijd. Maar met het verstrijken van de jaren heeft deze oprechte belofte, gedaan door een jonge vrouw die ondanks haar jeugdige leeftijd zonder aarzelen haar lot accepteerde, niets aan waarde verloren. Het was een ontzagwekkende uitdaging en al die jaren later kwam ze nog steeds die plechtige belofte na, toen ze haar onderdanen in Windsor begroette.

Haar vader had haar ooit verteld dat, terwijl zij misschien duizenden mensen in haar leven zou ontmoeten van wie ze zich de gezichten niet zou herinneren, het moment dat iemand háár zou ontmoeten voor die persoon in kwestie onvergetelijk zou zijn. Hij vertelde haar dat ze nooit onaardig mocht zijn en dat ze altijd veel van zichzelf en van haar tijd moest geven. En dat deed ze ook op die bewolkte dag in Windsor, terwijl ze haar wandeling uitbreidde – gezien haar leeftijd geen sinecure.

De volgende dag konden de kranten er geen genoeg van krijgen. 'DE KONINGIN VAN HET VOLK', kopte de Times. De Daily Telegraph schreef: 'Prins Charles voerde de natie aan door zijn "allerliefste mama" eer te bewijzen.' The Sun schreeuwde op de bekende wijze: 'De extatische toejuichingen waren te horen vanaf hier tot in Nieuw-Zeeland.' De krant concludeerde dat de twijfels die er nog niet zo lang geleden waren over de toekomst van de monarchie nu geschiedenis waren.

Het paleis kon zich geen betere krantenkoppen wensen. Men realiseerde zich dat deze dag van historische betekenis was. Al voor het einde van de feestelijkheden, toen het vuurwerk knalde in de lucht boven Kew Palace en boven het familiediner, waar de muziekkapel van de Koninklijke Marine medleys speelde van Elvis tot The Beatles, werd ik overmand door het gevoel dat dit spektakel het begin van het einde van Elizabeths lange regeringstijd was. Voor mij was deze bijzondere verjaardag meer dan een feest dat gevierd moest worden en meer dan opluchting dat er weer een mijlpaal was bereikt. Het was een overgang, de overgang van het ene koningschap naar het volgende.

Naaste familieleden, zoals haar nicht Margaret Rhodes, verklaarden loyaal dat Elizabeth nooit zou aftreden. 'Ik weet heel zeker dat de koningin zich nooit zal terugtrekken', zei ze. 'Het is geen gewone functie, en de geloftes die ze op de dag van haar kroning aflegde, zijn zo diepgaand en zo speciaal dat ze tot ze sterft nooit zal overwegen om ze niet na te komen. Ik weet zeker dat ze als zodanig nooit afstand zal doen van de troon.'

Ik ben ervan overtuigd dat ze gelijk heeft. Het schrikbeeld van de troonsafstand van haar oom en haar beslissing dat dit nooit weer zou gebeuren, heeft de lange en veelbewogen regeringsperiode van Elizabeth II bepaald. 'Ze is er volledig door geobsedeerd', beweerde wijlen professor Ben Pimlott, historicus en politicoloog. Maar het was niet de goed ingestudeerde bewering dat de koningin haar kroon nooit zou opgeven die bij mij nazinderde, maar de woorden 'als zodanig'. De koningin 'zal zich nooit als zodanig terugtrekken'. Die twee woorden maakten zoveel duidelijk. Voor mij betekenden ze dat de rol van de koningin aan verandering onderhevig was. 'Ik zou soms willen', zei haar tweede zoon prins Andrew in een televisie-interview ter gelegenheid van de verjaardag, 'dat de mensen om mijn moeder heen eens aan haar leeftijd zouden denken.' De koningin mag dan wel opmerkelijk fit zijn en hard werken, maar de tijd is gekomen dat men zal moeten erkennen dat ze niet meer de jongste is en dan zal men enige concessies moeten doen. Ja, ze zal koningin blijven tot haar dood, maar er zullen steeds meer verantwoordelijkheden naar haar zoon en erfgenaam prins Charles gaan – en te zijner tijd naar prins William. In de toekomst zullen de buitenlandse reizen het domein worden van Charles en Camilla, daarna van William en zijn bruid, de prinses en latere koningin-gemalin Kate Middleton.

Sommige hoffunctionarissen en politieke figuren vrezen nog steeds dat de jaren van prins Charles problemen zullen opleveren voor het instituut van de monarchie. De meesten hopen en bidden maar dat de opmerkelijk goede gezondheid van de koningin zal voortduren. Velen die de leden van het koningshuis van nabij hebben gadegeslagen, vrezen de toekomst. Dickie Arbiter, een voormalige assistent-privésecretaris van de koningin die vele jaren nauw met prins Charles samenwerkte, vertelde mij: 'Er zijn mensen in het paleis en daarbuiten, mijzelf inbegrepen, die zeggen: "God moge de koningin behoeden", en ze menen het oprecht. Misschien omdat ze zich zorgen maken over wat er nog kan gebeuren.'

Opiniepeiling na opiniepeiling heeft aangetoond dat de mensen van de koningin houden en men vindt het een prettige gedachte dat prins William zijn grootmoeder zal opvolgen. De reactie wat prins Charles betreft is complexer; die loopt tussen vijandigheid en tolerantie. Hij is nog steeds geen figuur die het publiek tot echte genegenheid inspireert. Camilla wordt niet langer vijandig bejegend als ze zich aan Charles' zijde bevindt en men accepteert haar langzamerhand als Charles' vrouw; er is zelfs enige warmte te bespeuren. Maar het publiek wil haar niet in de buurt van de troon of tot koningingemalin gekroond zien. Bijna vijftien jaar na haar dood achtervolgt Diana Charles nog steeds. Hoezeer Camilla ook haar best doet of hoe hard de pr-machine van Clarence House ook duwt en trekt, Camilla kan de geest van haar voorgangster niet van zich afschudden, net zomin als ze de fouten die in het verleden zijn gemaakt kan goedmaken.

Door zijn huwelijk met Camilla hoefde Charles de hoop om ooit koning te worden niet op te geven. Het huwelijk heeft de monarchie ook niet geruïneerd, zoals paniekzaaiers en traditionalisten ooit beweerden. Maar het is ook absoluut niet de redding van de monarchie geweest.

Op de tweede buitenlandse reis van Charles en Camilla naar Egypte en India in maart 2006 kreeg men werkelijk het gevoel dat de koninklijke promotietour het spoor bijster was. Ik had de leden van de koninklijke familie al zestien jaar lang op buitenlandse reizen gevolgd en zag onmiddelijk dat deze reis niets voorstelde: ze was fantasieloos, slecht georganiseerd en er viel maar weinig te melden. Het ene moment leken Charles en Camilla een stel oudere toeristen die door de pers in Engeland liefkozend Fred en Gladys werden genoemd. Dan weer verbleven ze in de prachtige paleizen van de maharadja van Jodhpur en Jaipur.

Het bezoek aan India leverde nauwelijks opwindende verhalen op, maar het werd goed ontvangen en er werd in de kranten in Groot-Brittannië en India positief over geschreven. Het grootste gedeelte van de artikelen bestond uit foto's met uitgebreide onderschriften en wollige verhalen waarin Charles en Camilla werden geprezen. Maar in tegenstelling tot staatsbezoeken van de koningin aan het buitenland, die in de regel rustig verlopen en gestructureerd zijn, was deze hele reis rommelig, niet alleen voor de pers maar ook voor het koninklijk paar. In een dorp in de woestijn van Rajasthan zag Camilla eruit alsof ze op het punt stond in te storten. Ze deed haar best om het hectische programma in de hitte vol te houden. Ze was een betrouwbare teamgenoot die zich echt inspande om het voor iedereen goed te laten verlopen en haar echtgenoot niet teleur te stellen. Charles, met al zijn ervaring op dit gebied, aanvaardde het schouderophalend. Maar ze zagen er beiden afgemat uit – innemend en vriendelijk, maar op de een of andere manier uit de tijd. Toen ik hen gadesloeg terwijl ze rond stoffige forten in de woestijn liepen, herinnerde ik me een gesprek dat ik had met een medepassagier op de vlucht naar de roze stad, zoals Jaipur wordt genoemd.

'Waarom verblijft hij altijd bij prinsen die hun titels al jaren geleden zijn kwijtgeraakt en die niet meer bestaan?' vroeg mijn medereiziger. Hij had gelijk. Toen ik bij de residentie van de maharadja van Jaipur arriveerde, werd ik getroffen door wat ik zag: het leek bij een andere eeuw te horen. De zwart-witfoto's aan de muur gaven perfect de sfeer weer: graaf Mountbatten en zijn echtgenote Edwina waren erop te zien, op een andere prins Philip; ook hing er een foto van een jonge Charles en Diana. De foto's waren vaag, onscherp, bijna vuil. Ik was bij het officiële bezoek toen Charles Diana in 1992 mee naar India nam en nu zagen de foto's eruit als beelden van de laatste dagen van Brits-Indië. Zou hetzelfde kunnen gebeuren met de Britse monarchie als die, net als het oude Brits-Indië, niet langer representatief was en er niet meer toe deed?

Als prins Charles en zijn nieuwe echtgenote een te verroest en te ouderwets vehikel blijken te zijn om de monarchie een nieuwe eeuw in te voeren, is William dan degene die uitkomst brengt en voor modernisering zal zorgen? Toen de koningin de kroon erfde, werd die haar door een uiterst gerespecteerde koning overhandigd. Als William de kroon ontvangt, welke voorwaarden zullen Charles en Camilla dan stellen? Charles heeft enige vooruitgang gemaakt wat zijn populariteit bij het publiek betreft, maar hij heeft nog een lange weg te gaan als hij ooit de meerderheid van zijn onderdanen wil overtuigen dat hij niet die verwende en wat zonderlinge man is voor wie hij doorgaat. Het is al te gemakkelijk om zich voor te stellen dat de koningin gewoon zegevierend zal regeren tot het einde. En er zijn zeker hoffunctionarissen die hopen dat dit het geval is is.

Het leven in een paleis geeft ons een gevoel van duurzaamheid, omdat het gevuld is met pracht en praal en ceremonieën die van eeuw tot eeuw zijn overgeleverd, onveranderd en onveranderlijk. De details van de dagelijkse routine van de koningin en haar hofhouding zijn zo voorspelbaar dat het ondenkbaar is dat de dingen ooit anders waren of zullen zijn. De dag van de koningin in Buckingham Palace begint op dezelfde wijze als in de afgelopen vijf decennia van haar bewind. Een brigadier van de politie waakt voor de deur van de suite op de eerste verdieping, hij draagt een geweer, is in uniform – en draagt pantoffels. Zijn schoeisel is de enige concessie in de uren van zijn nachtwake. Zijn gepoetste schoenen staan netjes onder zijn stoel. Verderop in de gang slaapt Philip in zijn eigen privésuite.

De brigadier staat af en toe op voor een inspectieronde door de gang terwijl hij wacht op de bewaker die hem zal aflossen. Hij is een van de talloze beveiligers op het terrein en in de omgeving van het paleis. Een monarch neemt een bevoorrechte positie in, maar die kent wel haar beperkingen.

Er is nauwelijks een echt privémoment in het paleis. Tegen vijf uur 's ochtends zoekt de eerste ploeg stafleden van de hofhuishouding haar weg naar haar plaatsen door het netwerk van gangen en tunnels onder de kamers van de koninklijke familie. Daar zullen ze beginnen aan de voorbereidingen van de dag van de vorstin en prins Philip, ieder afzonderlijk.

Precies om halfacht 's ochtends loopt een dienstmeisje met een theeblad kordaat door de hal van de eerste verdieping. Ze is bekend bij de waakzame politieagent, die erbij staat als ze zacht op de deur van de koningin klopt voordat ze naar binnen gaat. Elke beweging van haar maakt deel uit van een strak ochtendritueel. Niets gebeurt zomaar en alles is goed geoefend. Van de stappen van het dienstmeisje terwijl ze de gordijnen openmaakt die het uitzicht over Constitution Hill onthullen over de temperatuur van het bad dat ze in stilte laat vollopen, tot de thee die ze schenkt – een melange speciaal samengesteld voor de koningin door R. Twining & Company. De hofmeester van het paleis, de oudste bediende van de hofhuishouding, heeft dit loyale dienstmeisje gedrild op de wijze van een sergeant-majoor. Ze serveert de thee van de koningin – melk, geen suiker – en zegt beleefd: 'Goedemorgen, majesteit.' Prins Philips dag begint op soortgelijke wijze met de eerste van vele koppen koffie, een mengsel speciaal voor de koninklijke familie samengesteld door de koffieafdeling van het Savoy Hotel.

Alles verloopt zo, gepland en uitgevoerd met een strakke precisie. Deze ochtendroutine met haar zorgvuldige choreografie, het prachtvertoon, de ceremonie en de strikte codes die het doen en laten van elk lid van de koninklijke huishouding bepalen, werken samen om een illusie van duurzaamheid te creëren die, de waarheid moet worden gezegd, in feite niet bestaat. Toen ze aan haar eenentachtigste levensjaar begon, wist de koningin dat er al beslissingen waren genomen die het aanzien van de monarchie zouden veranderen. De belangrijkste spelers stonden klaar – misschien zelfs Williams toekomstige gemalin die, zoals wij nu weten, Kate zal zijn. Uiteindelijk is William een man die, in tegenstelling tot zijn grootmoeder, geboren werd om te regeren. Net als zijn vader wordt hij al zijn gehele leven op zijn functie voorbereid. Terwijl het vooruitzicht van Williams toekomstige bewind zich voor hem uitstrekt, ziet Charles zijn ambtsvervulling in de toekomst met elke dag die voorbij gaat afnemen en slinken. Voor de koningin is het eindspel wat haar rol in de geschiedenis van het koningshuis betreft al begonnen.

Ik voelde het toen ik zag hoe ze op die mistige ochtend in april haar gedenkwaardige verjaardag vierde en ik zag hoe de raderen rustig bleven draaien, terwijl het koninklijke apparaat zich voorbereidde om van snelheid te veranderen. Een goed geïnformeerde bron vertelde mij: 'De beslissingen zijn al genomen, en het proces waarbij de koningin een stap terugdoet en uit het openbare leven zal verdwijnen, is al in gang gezet. De koningin is tachtig jaar en Philip is een oude man, hoewel opmerkelijk fit voor zijn leeftijd. De sleutel tot de monarchie is volgens de koningin veranderingen aan te brengen zonder dat iemand ziet hoe de verbindingen tot stand zijn gekomen.'

Dat is precies wat nu gebeurt. De koningin is heel effectief bezig zich gedeeltelijk terug te trekken. Ze is zich bewust van haar plaats in de geschiedenis en weet dat de tijd gekomen is om zich aan te passen, omdat anders de monarchie in verval raakt. De overdracht van de macht vindt plaats voor onze neus en alleen een kleine groep binnen de koninklijke familie en hun meest intieme vertrouwenspersonen en adviseurs zijn zich ervan bewust dat het gaat gebeuren. De veranderingen zijn subtiel, maar kunnen de gevolgen hebben van een aardbeving.

Het gaat om belangrijke dingen en niets wordt aan het toeval overgelaten. Dat wordt het nooit. Na meer dan een decennium artikelen te hebben geschreven over een van de meest intense en roerige periodes van de koninklijke familie is mij veel duidelijk geworden. De koningin ziet zichzelf graag als hoofd van een klassieke familie, maar ze is allesbehalve dát, want haar familie leidt en bestuurt zichzelf, in tegenstelling tot elke andere familie. De toekomst van de koninklijke familie wordt bepaald en geregeld door de oudere leden met behulp van een clubje belangrijke vertrouwenspersonen en adviseurs. Ze komen tweemaal per jaar bijeen en vormen een machtige groep in het allerheiligste van de monarchie. Ze staan bekend als de Way Ahead Group. In een familie waar vaker informatie wordt uitgewisseld via brieven dan in een gesprek, waar telefoongesprekken worden gehouden via privésecretarissen in plaats van rechtstreeks en waar agenda's op elkaar moeten worden afgestemd en memo's worden gecontroleerd, is de Way Ahead Group hun versie van om de keukentafel gaan zitten om een meningsverschil op te lossen of plannen voor de toekomst uit te werken. Lord Airlie, een van de belangrijkste vertrouwenspersonen van de koningin en tevens hoofd van de hofhuishouding, richtte de groep op aan het begin van de jaren negentig. Zelfs de eerste minister kent de details van de besprekingen van deze elitaire groep niet. Kamerleden mogen dan wel over de verdienste van het koningshuis debatteren en degenen die commentaar leveren op maatschappelijke ontwikkelingen, zoals Michael Wills, mogen zich als expert voordoen, maar het is de Way Ahead Group die achter gesloten deuren de beslissingen neemt die de koninklijke familie met wisselend succes hebben vormgegeven. Politici hebben de beëindiging van het mannelijk eerstgeboorterecht aan de orde gesteld, wat ze beschouwen als een controversieel onderwerp, maar ze lijken zich er niet van bewust te zijn dat dit onderwerp al lang door de Way Ahead Group is afgehandeld. Zowel de koningin als prins William staat positief tegenover de afschaffing van het ouderwetse concept, wat doet vermoeden dat ze hetzelfde beeld voor ogen hebben van hoe de moderne monarchie eruit moet gaan zien. En dat zal het hart van de koningin verwarmen.

Clarence House heeft zijn best gedaan om het bericht te ontkennen dat William zijn eerste vergadering met de Way Ahead Group rond Kerstmis 2005 had, maar ik ben nooit overtuigd geweest van de verklaringen van Clarence House over de gang van zaken in het paleis. Een goed geïnformeerde bron hield vol dat hij erbij was. Als dit waar is, dan is dat het beste bewijs dat diegenen die zich in de buurt van de koningin bevinden al wisten dat ze begonnen is zich uit het openbare leven terug te trekken. Een nieuwe regeringswijze staat op het punt te worden ingeluid. Charles en Camilla zijn dan wel de volgende in de lijn voor de troonopvolging, maar William en zijn bruid worden gezien als de werkelijke toekomst van de monarchie. Buckingham Palace, dat nu het symbolische hart van de Britse monarchie is, ook praktisch gezien, zal niet langer de voornaamste residentie van de vorst zijn. Sommige stukken ervan zullen worden veranderd in koninklijke kantoren en een groot gedeelte zal voor het publiek worden opengesteld. Het zal een soort levend museum en kunstgalerie worden. De koningin zal ondertussen het grootste gedeelte van haar tijd op haar geliefde Windsor Castle doorbrengen, zolang als haar gezondheid het toelaat in Windsors Great Park paardrijden en getuige zijn van het afnemen van haar macht in de plaats die ze altijd als haar thuis heeft beschouwd.

Op de bespreking in de winter van 2005 kwam de Way Ahead Group overeen dat het kerstfeest van de koninklijke familie in de toekomst op Windsor zal worden gehouden in plaats van op Sandringham. Een goed geïnformeerde bron vertelde mij: 'De koningin zal doorgaan met bezoeken brengen aan het Gemenebest als eerbetoon aan haar overleden vader, maar ze is bereid veel moeilijkere taken aan Charles en William over te dragen.'

Het is geen toeval dat de koningin steeds meer tijd met haar kleinzoon, die haar erg dierbaar is, doorbrengt. De koningin ziet het eenvoudige maar voor Charles pijnlijke feit onder ogen dat de rol waarvoor haar oudste zoon geboren was, bijna aan zijn neus voorbij is gegaan, hoewel de publieke opinie ondertussen wel milder is gestemd. De geschiedenis, het lot en zijn eigen verwende aard hebben eraan meegewerkt dat Charles in een weinig benijdenswaardige positie terechtkwam. Jaren geleden twijfelden zijn eigen ouders er serieus aan of hij wel geschikt was voor de troon. Hij werd volgens een insider beschouwd als een ongeleid projectiel: hij wordt snel boos, heeft last van woedeaanvallen en wordt gedreven door een bijna revolutionair vuur om zich te onderscheiden door zijn verschillende initiatieven, zijn motieven en zijn meningen die, zoals velen geloven, gevaarlijk dicht in de buurt komen van kwakzalverij.

Charles duidelijke behoefte om te worden gezien als de vormgever van ideeën en zijn verlangen om politieke invloed uit te oefenen was ook een serieuze reden tot bezorgdheid van zijn adviseurs. De voormalige plaatsvervanger van de privésecretaris Mark Bolland heeft toegegeven dat hij in de tijd dat hij in dienst was bij Charles 'geprobeerd heeft de gewoonte van de prins om zijn gedachten en meningen over een hele reeks onderwerpen openbaar te maken, te temperen.' Hij schreef: 'Wij weten dat de denkbeelden van de prins door politici nauwelijks werden gewaardeerd, omdat ze dan met ons contact opnamen of omdat er namens hen contact werd opgenomen. De privésecretarissen van regeringsfunctionarissen lieten ons vaak hun zienswijze weten en, dat is typerend, hun bezorgdheid.'

Charles heeft ook een paar goede dingen gedaan. Hij heeft het debat geopend over belangrijke zaken zoals genetisch gemodificeerde gewassen, religieuze tolerantie en het milieu, maar hij zal al zijn passie voor zichzelf moeten houden zodra hij de troon bestijgt. Hij is zich van dat feit goed bewust. Ondanks de gedeeltelijk succesvolle pogingen om Charles en Camilla te rehabiliteren, blijft het feit bestaan dat de spotlights zich nu in toenemende mate op William richten en het hof dat hij zal instellen. Wat er ook gebeurt, Charles en Camilla zijn voorbestemd om slechts kort in het middelpunt te staan. Het zal ongetwijfeld niet gemakkelijk zijn voor een man die zo eigenzinnig is als Charles om zijn meningen te moeten inslikken, maar hij zal wel moeten als hij het instituut van de monarchie veilig wil stellen voor de volgende generatie – voor William en Kate.

Een voormalige hoffunctionaris zei: 'Er was een tijd na Diana's dood en zelfs nog recenter dan die tijd dat vele stafleden op Buckingham Palace ervan overtuigd waren dat ze in dienst waren van de voorlaatste monarch en dat er geen kroon zou overblijven om aan Willliam te overhandigen.' Ik denk niet dat er op dit moment geloof moet worden gehecht aan dit doemscenario. Maar met haar steeds langer wordende regeringsperiode in het achterhoofd heeft men de koningin ertoe kunnen bewegen bij Charles aan te dringen op een oplossing van het 'Camillaprobleem' door een huwelijk. Denkend aan zijn plicht gaf Charles daaraan gehoor. Dit was een versoepeling van de weg die de volgende generatie moet volgen, niet het glorieuze slot van de langdurige grote romance van Charles en Camilla. Charles werd duidelijk gemaakt dat hij in het grotere beeld moest passen, en de veranderende vorm van de monarchie zoals de koningin zich dat voorstelde moest accepteren. Het risico was ingecalculeerd en het bleek de moeite waard te zijn.

De ontvangst van Charles en Camilla bij hun bezoek aan India was warm, zelfs enthousiast. De artikelen in de pers over Camilla worden steeds milder, maar zijn nooit uitbundig. Het gevoel blijft dat, hoewel Charles veel aanhangers heeft, zijn grootste goed tevens zijn grootste zwakheid is. Met Camilla als zijn gemalin en als hertogin van Cornwall wordt men steeds herinnerd aan de fouten die in het verleden zijn gemaakt. Camilla geeft Charles ongetwijfeld kracht, maar Charles en Camilla hebben beiden veel te veel bagage meegebracht om hun relatie te kunnen presenteren als iets wat lijkt op de droom van een jonge liefde.

In het algemeen denkt men toch dat Charles met Camilla aan zijn zijde een minder agressieve verwende figuur zal zijn, en achter de schermen is de basis gelegd voor de wisseling van de macht van de koningin naar Charles en vervolgens naar William. Belangrijke stafleden van Buckingham Palace zijn naar Clarence House overgeplaatst. Het komt mij voor dat het hof van Charles versterkt en ondersteund wordt omdat de koningin zich voorbereidt om een groot deel van haar macht over te dragen.

Voor een nonchalante waarnemer zullen deze veranderingen routinezaken lijken, maar het is de moeite waard er kennis van te nemen omdat in deze veranderingen de sleutel van het grotere beeld ligt. Veelzeggend bij deze benoemingen zijn Sir Malcolm Ross, die in 2005 tot hoofd van de huishouding van de prins van Wales werd benoemd, en zijn keurige waarnemer Andrew Farquharson. Ross, een man van in de zestig, was de spil van de hofhouding van de koningin. Hij was achttien jaar bij haar in dienst. Hij organiseerde de begrafenis van de koningin-moeder en van Diana en de bruiloft van Edward en Sophie. Zijn kantoor op Buckingham Palace bevat archiefkasten die gevuld zijn met gedetailleerde plannen voor elke denkbare koninklijke geboorte, huwelijk en overlijden. Hij verving Kevin Knott, de administrateur die gedoemd was om te mislukken. Het was zijn taak om toezicht te houden op de voorbereidingen van het huwelijk van Charles en Camilla, waarmee de spot werd gedreven. Ross was nog maar drie jaar van zijn pensioen verwijderd toen hij van baan veranderde; je zou denken dat dat een vreemd moment is om een nieuwe en zware rol op zich te nemen. Zijn opdracht houdt in toezicht te houden op de openbare en privéagenda's van Charles en Camilla. Voorts heeft hij de leiding over hun drie hoofdresidenties: Birkhall in Schotland, Clarence House en Highgrove in Gloucestershire.

Ondertussen heeft Farquharson een machtige positie als hoofd van de voedselafdeling op Buckingham Palace, waarbij hij verantwoordelijk was voor het voedsel en de drank van de monarch bij alles – van staatsbanketten tot zomerse picknicks – verruild voor een schijnbaar mindere functie aan Charles' hof. Het schijnt dat beiden een veel hoger salaris van Charles krijgen dan ze ooit op Buckingham Palace hadden en sommigen suggereerden destijds zelfs dat ze de koningin hadden verlaten omdat ze snel geld wilden verdienen. Ik denk niet dat dit zo is. Het zijn fatsoenlijke mensen die zich altijd eerder aan de plannen van de koningin zouden aanpassen dan snel hun zakken te vullen.

Het grote plan van de koningin schijnt in te houden dat Clarence House wordt voorzien van oudere en ervaren mensen, waardoor een hof ontstaat dat geschikt is voor een koning. De overplaatsingen kwamen duidelijk te laat. De hofhouding en de kantoren hadden volgens Mark Bolland 'reeds lang de reputatie dat ze chaotisch waren: er werd niet teruggebeld, correspondentie bleef lange tijd onbeantwoord, mensen kwamen te laat voor vergaderingen, dingen raakten zoek'. Het leek aannemelijk dat de komst van Ross en Farquharson aan een dergelijke chaos een einde zou maken.

De positie van Michael Fawcett, Charles' voormalige persoonlijke bediende, zorgt nogal voor beroering. Fawcett gaat door met zijn werk voor Charles op freelancebasis, tot grote consternatie van de staf van de huishouding, door veel van zijn feesten te organiseren, waarmee hij jaarlijks veel geld verdient. Hij had zelfs de eer om 'toezicht te houden' op het verjaardagsdiner in Kew Palace, hoewel de staf van Clarence House kookte en het eten opdiende. Als iemand mocht denken dat de doodsklok over Fawcetts macht werd geluid, dan heeft hij het bij het verkeerde eind. Hoewel de nieuwe benoemingen voor sommigen 'het einde van de oude orde' betekenen, is een dergelijke bewering volgens een insider aan het hof enigszins voorbarig. Behalve het afzwakken van de invloed van Charles' favoriet, Michael Fawcett, zijn deze nieuwe benoemingen en het verhoogde zelfvertrouwen van de hoffunctionarissen een soort triomf voor Charles – een man die zich beklaagde dat men hem pas echt zou waarderen als hij dood en begraven was. 'Op dit moment vindt er een complete transformatie plaats in het hart van de monarchie', legde een royaltywatcher destijds uit. De koningin staat op het punt een stap terug te zetten; Charles wordt beschouwd als iemand die kan helpen, maar in werkelijkheid concentreert men zich op William – en Kate, op wie alle hoop is gevestigd.

De koningin brengt steeds meer tijd met haar kleinzoon door en hij neemt steeds meer openbare verplichtingen op zich, die hij vroeger uit de weg leek te gaan. Men vond dat hij zich uitstekend had gedragen tijdens zijn eerste officiële bezoek aan Nieuw-Zeeland in 2005. Hij ging naar Sandhurst, wat bewijst dat hij uiteindelijk accepteerde dat hij als toekomstig hoofd van de strijdkrachten een militaire opleiding moest hebben gehad. Veelbetekenend is dat hij ook het voorzitterschap van de Voetbalbond op zich nam. Die functie was de laatste jaren altijd gedelegeerd aan een minder belangrijk lid van het koningshuis. William nam de functie over van zijn oom, prins Andrew, maar de timing is opvallend: hij begon aan zijn taak als voorzitter in het jaar van de Wereldbeker, een rol die ook George V en George VI vervulden. De functie is een belangrijk onderdeel van Williams voorstelling als een moderne monarch in spe. De boodschap die door het overnemen van het voorzitterschap werd overgebracht was duidelijk: hij speelt niet alleen polo net als zijn vader, maar hij houdt zich ook met voetbal bezig – hoewel Kate er niet zo dol op is. Toen haar gevraagd werd waarom ze geen polo speelt, zei ze tegen de schrijfster Kathy Lette: 'Ik ben allergisch voor paarden.' William is, ondanks al zijn privileges, een man voor, zo niet van het volk. Hij heeft getraind bij de voormalige eersteklasser Charlton en hij onthulde dat hij een Aston Villa-supporter is. Dat is gunstig voor hem en de 'firma' en zorgt ervoor dat ze eigentijds overkomen. 'Hij is niet ouderwets zoals zijn vader', volgens een commentator. 'Hij houdt de vinger aan de pols van de wereld om hem heen – kijk ook maar naar zijn vriendin.'

Hoezeer Kate ook haar best doet, ze blijft een gemalin afkomstig uit de middenklasse. In haar familie zijn geen landeigenaren noch aristocraten. Aan een vroegere generatie koninklijke erfgenamen zou het alleen toegestaan zijn om haar, met haar achtergrond, als maîtresse te beschouwen. Dat wil niet zeggen dat ze niet de kwaliteiten zou hebben die voor een koninklijke bruid belangrijk zijn. Tot op zekere hoogte maakt ze altijd de juiste keuzes: ze heeft geen choquerend verleden en heeft zich zelfverzekerd en discreet gedragen in een relatie die, naar alle waarschijnlijkheid, gepassioneerd en romantisch was lang voordat hun geheim openbaar werd. Charles heeft er bij zijn zoon op aangedrongen dat plicht het allerbelangrijkste is bij het kiezen van een bruid. Maar de rebel in William – het product van zijn twee eigenzinnige ouders – maakte dat hij zich afvroeg of een werkelijk moderne monarchie het soort zelfopoffering van voorgaande generaties nog nodig heeft. Hij stelt dat het hem toegestaan zou moeten worden om zijn eigen keuze in zijn eigen tijd te maken en dat zijn familie en zijn land vertrouwen zouden moeten hebben in zijn vermogen om dat te doen. Williams koppige besluit om niet onder druk te worden gezet lijkt redelijk vanuit hedendaagse gevoeligheden. Maar dat is de voorzichtige herinnering van zijn vader aan de verantwoordelijkheid die bij zijn titel hoort ook.

Wij zijn niet bereid om onbeperkt te tolereren dat de playboy-prins om drie uur 's morgens uit nachtclubs valt of, net als zijn broer, zijn hoofd tussen de borsten van strippers duwt. En barrekeningen van 2500 pond van clubs exclusief voor leden, zoals Boujis in West-Londen, beginnen hun nieuwswaarde te verliezen. Wat de koningin betreft; een te luxueus leven doet haar te veel denken aan haar opvallende playboyachtige oom en zijn plichtsverzaking al die jaren geleden. Niemand heeft ooit in een artikel gelezen dat de koningin in elkaar is gezakt in een bar. Haar gedrag in het verleden en in het heden is altijd passend voor een monarch geweest. William moet uitkijken voor de valkuilen die ontstaan als koninklijke waardigheid met betekenisloze beroemdheid wordt verward. Als hij in zijn situatie voor het laatste kiest, zal het publiek zich gaan afvragen wat ze betalen voor de handhaving van de jeugdige leden van het koningshuis.

De koninklijke familie heeft een dosis jeugdige romantiek nodig en geen onmatigheid. In de elegante Kate en de stoere figuur van William treffen ze dat misschien aan. Kate, het meisje uit de provincie, maakt, zoals een insider mij vertelde, 'deel uit van het systeem'. Ze heeft de koningin ontmoet en bij verschillende gelegenheden met haar gedineerd, en ze heeft de monarch aan haar ouders voorgesteld. Ze heeft laten zien dat ze kalm blijft in het gezelschap van de vorstin, wat nog nooit eerder is voorgekomen bij iemand die niet tot de koninklijke familie behoort. En ze kreeg een training van het persteam van media-adviseur Paddy Harverson op Clarence House in hoe ze moest omgaan met de onvermijdelijke belangstelling van de pers. Die belangstelling voor haar zou alleen maar toenemen nadat het paar hun verloving bekendmaakte in november 2010.

'Er is echt een gevoel', vertelde een naaste medewerker mij voor de aankondiging van de verloving, 'dat er geen reden is waarom Kate niet het soort impact op de monarchie en haar populariteit zou hebben die Diana had. Ze is alleen ouder, zelfverzekerder en, laten we eerlijk zijn, veel intelligenter dan Diana ooit was, tenminste wat haar academisch niveau betreft.'

In William zal ze een echtgenoot hebben die duidelijk bezorgd is om haar en haar wil beschermen op een wijze waarin Charles met betrekking tot Diana niet kon voorzien. Vergis u niet, Charles zal koning worden en Camilla zal koningin-gemalin zijn. William gelooft er heel sterk in dat zijn vader een goede koning zal zijn, terwijl hij zelf weifelt of hij zich overhaast in een officiële rol moet storten. William heeft toegegeven: 'Ik ben iemand die zich niet overhaast ergens in wil storten zonder dat hij er goed over nagedacht heeft. Ik schrik er niet voor terug om bepaalde verplichtingen op mij te nemen, maar ik zou graag die dingen willen doen waarover ik echt enthousiast ben.'

Williams bijdrage aan het koninklijke leven is ongetwijfeld veel kleiner dan die van zijn vader of zijn grootmoeder op dezelfde leeftijd. Dagelijks is hij op een bepaald tijdstip bezig met zijn correspondentie. Hij beantwoordt persoonlijke brieven van familieleden en vrienden onmiddellijk en als hij een weekend in iemands huis te gast is geweest, schrijft hij altijd een handgeschreven bedankbriefje. Hij besteedt ook een uur of twee aan het bestuderen van documenten die de koningin en Charles hem hebben bezorgd. Het zijn geen staatsstukken, maar documenten en artikelen die ze zorgvuldig hebben uitgezocht om hem te helpen zich op zijn eventuele rol als koning voor te bereiden. Dat karwei vindt hij niet echt leuk, maar hij moet er gewoon serieus aandacht aan besteden; een van de minder aantrekkelijke zaken die bij het koningschap horen.

In het boek *God Save the Queen: The Truth about the Windsors* van Johann Hari, dat in 2003 verscheen, beweert de schrijver iets waarvan veel mensen opkeken. Hij zegt dat prins William, zijn vader, broer en twintig procent van de Britse bevolking aanhangers zijn van het republikanisme. 'Er is een man die de macht heeft om de Britse monarchie ten val te brengen – en hij is geen politicus. De man die uiteindelijk de Republiek van Brittannië zal uitroepen is een jongeman die spoedig eenentwintig jaar zal worden en die William Windsor heet

[dat moet natuurlijk William Wales zijn] – of, zoals hij in de geschie-
denisboeken zal worden vermeld, William de Laatste. Het wordt tijd
dat wij allen toegeven dat er drie basisfeiten zijn: William wil geen
koning zijn, hij haat het idee om koning te zijn en hij zal geen koning
zijn – nooit.'

Hij gaat verder: 'Dus wat gebeurt er met de monarchie als William
ermee kapt? Constitutioneel kan de troon gemakkelijk overgaan
op zijn jongere broer Harry. Maar er is genoeg bewijs dat Harry nog
eigenzinniger en individualistischer is dan zijn broer, en nauwelijks
geneigd is om zijn energie te stoppen in een onplezierig leven vol
verplichtingen. De kroon zou naar Andrew Windsor kunnen gaan.
Maar, om eerlijk te zijn, zouden dan niet veel mensen tot de conclusie
komen dat het welletjes is geweest?'

Uit het boek valt moeilijk op te maken op welke feiten zijn beweringen zijn gebaseerd. Hij wil dat de koninklijke familie ermee ophoudt
en maakt de vooronderstelling dat William het met hem eens zou
zijn, zodat hij kon stellen dat de monarchie ten onder dreigde te
gaan. Het was niet verrassend dat het boek, gezien de controversiële
denkbeelden, veel stof deed opwaaien, maar het was onvoldoende
onderbouwd. Het maakte echter wel een paar mensen op het paleis
wakker, met inbegrip van William. Zijn antwoord sprak boekdelen
over de wijze waarop hij de rol zag die onveranderlijk de zijne is.

William gebruikte een interview dat georganiseerd was ter gelegenheid van zijn eenentwintigste verjaardag om de wens te uiten dat
hij zijn land wilde dienen en om Hari's opmerkingen weloverwogen
te weerleggen. Hij bracht direct het belangrijkste punt ter sprake. 'Al
die vragen over "Wil je koning worden?" Het is geen kwestie van willen worden, het is iets waartoe ik geboren ben en het is mijn plicht.
Willen is niet het juiste woord. Al die verhalen dat ik geen koning
zou willen worden, zijn onjuist. Het is een heel belangrijke rol en ik
vat hem niet te licht op. Het gaat allemaal om mensen helpen en om
toewijding en loyaliteit en ik hoop dat ik dat heb – ik weet dat ik het
heb. Soms ben ik ongerust, maar ik maak mij er niet al te veel zorgen
over. Ik wil de universiteit afmaken en er dan misschien in de toekomst serieus over gaan nadenken. Ik praat er niet echt over in het
openbaar. Het is niet iets waarover je met om het even wie praat. Ik

denk er veel over na, maar dat zijn mijn eigen persoonlijke gedachten. Ik neem iedere stap zoals hij komt en ga er dan naar beste vermogen mee om. De monarchie is iets wat er moet zijn. Ik denk dat ze erg, erg belangrijk is. Het is een vorm van stabiliteit en ik hoop dat ik in staat ben om die voort te zetten.'

Hij wordt waarschijnlijk vanwege zijn jeugd gezien als iemand die moderniseert. Maar hoe 'radicaal' zijn partnerkeuze ook is, William staat ver af van de revolutionair die Hari voor ogen had. William zei: 'Modernisering is nogal een sterk woord om in verband met de monarchie te gebruiken, omdat deze al vele honderden jaren bestaat. Maar ik denk dat het belangrijk is dat de mensen het gevoel hebben dat de monarchie gelijke tred met hen houdt en van betekenis is in hun leven. Wij zijn allemaal mensen en het is onvermijdelijk dat er fouten worden gemaakt.'

'Maar uiteindelijk bestaat er bij de familie een groot gevoel van loyaliteit en trouw en dat heb ik overgenomen. Al sinds ik klein was, is het iets wat indruk op mij heeft gemaakt, op positieve wijze. De mensen zeggen dat het niet ambitieus is, maar het is in feite best ambitieus om mensen te willen helpen. Proberen daarmee door te gaan is vrij moeilijk en het is iets wat, zonder de hele familie, voor één persoon haast niet te doen is. Het is gevaarlijk om ver in de toekomst te kijken en veranderingen in de monarchie te voorspellen.'

William mag dan wel vrij onervaren zijn, hij is oud genoeg om zich te realiseren dat de mensen de monarchie als zinvol moeten zien. Naar mijn mening had hij gelijk dat hij zich terughoudend opstelde wat betreft het te ver in de toekomst kijken. Misschien zal de dood van zijn moeder het altijd moeilijk voor hem maken om met enig vertrouwen en met overtuiging naar de toekomst te kijken. Maar als hij een succesvol monarch wil zijn, zijn er bepaalde dingen die hij – beter vroeg dan laat – onder ogen zal moeten zien. De opvolging is daar een van.

William heeft zich ontwikkeld van steun en toeverlaat van wijlen zijn moeder over de eigenzinnige tiener die door schreeuwende jonge meisjes werd aanbeden tot een zelfverzekerde jonge prins. Hij heeft grappen gemaakt met zijn vader en meer voor Charles' populariteit gedaan in die gelukkige, echte familiemomenten dan een leven lang aan pr-campagnes voor elkaar zou krijgen. Hij is een ondeugende schooljongen geweest, een modelleerling en een student die streed voor een normaal bestaan. Niettemin zal hij later koning zijn. 'Ik maak mij er zorgen over,' heeft hij gezegd, 'maar ik denk er niet te veel aan omdat het geen zin heeft je zorgen te maken over dingen die zich nog niet werkelijk voordoen. Het is niet dat ik het nooit wil doen, het gaat er alleen maar om dat ik aarzel omdat ik zo jong ben. Maar ik denk dat ik uiteindelijk wel in het diepe zal springen.'

De kroon is een realiteit in Williams leven en altijd aanwezig, hoezeer hij zichzelf en anderen ervan probeert te overtuigen dat het niet zo is. Zijn plaats in de opvolging bepaalde zijn leven en de verantwoordelijkheid die hij op zich zal moeten nemen is ontzagwekkend. Hij tobt steeds meer over het feit dat het 'normaal-zijn' hem aan het ontglippen is doordat zijn pad is uitgestippeld. Hij maakt zich zorgen dat hij niet in staat zal zijn om dicht bij de mensen te blijven staan en hij hoopt zijn grootmoeder te evenaren in haar kracht, zijn vader in zijn passie en zijn overleden moeder in haar empathie en warmte. Hij houdt zich in en hij houdt zijn adem in en hoopt dat hij zal weten, zoals hij het noemt, wanneer het moment daar is om in het diepe te springen – maar hij realiseert zich niet dat hij daar al is. In werkelijkheid heeft prins William geen keus, hij kan het zich niet veroorloven om te zinken, dus moet hij wel zwemmen. De enige beslissing die de jonge prins tot voor kort nog steeds moest nemen, was wie hij zou uitkiezen om naast hem te zwemmen. Die beslissing is nu genomen.

XIV

De prinses in de wacht

'Hij mag blij zijn dat hij met mij uitgaat.'
Kate Middleton over haar relatie met prins William

Een idyllischer omgeving kan men zich nauwelijks voorstellen. Voor hen glinsterde het turkooizen water van de Caribische Zee. Het veranderde in smaragdgroen, roze en rood toen de zon langzaam onderging. Aan de hemel verspreidde zich een gouden gloed en boven hen draaide een ventilator in de stille avondlucht. Ze zaten in vrijetijdskleding in de cocktailbar van het luxueuze pension The Firefly, nipten aan hun exotische drankjes en gingen volledig in elkaar op. Ze konden gemakkelijk doorgaan voor een getrouwd stel.

Ze zouden niet het eerste paar zijn dat geheel vervuld was van de romantiek van de op een heuveltop gelegen villa. Op de achtergrond mengde zich het geluid van de vleugelpiano met het gepraat en gelach van de andere gasten, en het schrille gesjirp van krekels vermengde zich met het geluid van de branding waarvan de golven op het witte strand sloegen. Het was ooit een gewone villa, maar nu is The Firefly een schuiloord voor rijke vakantiegangers en het gaat er prat op het best bewaarde geheim van het exclusieve eiland Mustique te zijn.

De afgelegen ligging was een van de redenen waarom William en Kate daar een avond samen wilden doorbrengen. Ze zaten op 2 mei 2006 bijna een uur in de bar. Eerder die dag had hun lijfwacht de plaats uitgezocht waar William van zijn 'vergif', een wodka met cranberry, nipte en Kate van een pina colada, op smaak gebracht met een speciale blend rum St. Vincent. Maar als hun avond al spontaniteit miste, dan werd dat goedgemaakt door de romantiek. Hun speciale lijfwacht van Scotland Yard hield een professioneel oogje in het zeil vanaf een discrete afstand, zodat ze inderdaad alleen waren en dezelfde privacy genoten als elk ander verliefd jong stel in een omgeving die tot de mooiste ter wereld behoort.

Zo'n twintig rijke vakantiegangers genoten op diezelfde dinsdag-avond van de sfeer. Toen de prins en zijn vriendin naar hun plaatsen werden gebracht, ging er een golf van herkenning door de bar, maar de aanwezigen waren te goed opgevoed om hun moment samen te bederven. Iemand die er ook was gaf als commentaar: 'Ze waren erg aardig en gewoon. Ze keken naar de zonsondergang en namen elk twee drankjes.' Ze waren natuurlijk allesbehalve een gewoon stel, hoe gewoon hun kleding en hun gedrag die avond ook waren; in hun land was William en Kates vakantie voorpaginanieuws.

Ik bracht het verhaal van hun 'geheime liefdesvakantie' op 28 april in de *Standard*. William zou die ochtend naar Mustique vliegen, waar Kate hem opwachtte. Enkele dagen eerder hadden andere kranten ten onrechte vermeld dat ze van plan waren om in Sandy Lane op Bar-bados te verblijven, een van de beroemdste vijfsterrenhotels in het Caribische gebied en favoriet bij vele beroemdheden. Het hotel bezit privévilla's, waar het paar en de vrienden die hen gezelschap zouden houden in een zekere mate van rust en eenzaamheid konden genie-ten. Maar ze hadden verkeerd gespeculeerd. Mustique, een eiland dat ooit het toneel was van een koninklijke schandaalromance, bleek het jonge paar meer aan te spreken.

Kate was er twee dagen eerder dan haar koninklijke vriend naartoe gegaan. Toen ze aan boord wilde gaan van het vliegtuig voor de vlucht naar Barbados, de eerste etappe van haar reis, kreeg ze op Heathrow het soort vipbehandeling dat gewoonlijk voor leden van het konings-huis wordt weggelegd, en dat was veelzeggend. Ze was in feite een privépersoon die aan boord ging van een gewone vlucht, en toch werd ze opzij genomen en naar binnen geleid met het soort respect dat gewoonlijk aan leden van het Huis Windsor wordt betoond. De korte reis naar Mustique vanaf Barbados vond met een privévliegtuig plaats.

Misschien was het onvermijdelijk dat bij zo'n romantische bestem-ming en zulke ingewikkelde reisplannen schrijvers van roddelrubrie-ken speculeerden dat deze vakantie voor William en Kate meer zou zijn dan in de zon relaxen. Sommigen beweerden dat de prins Kate een aanzoek zou doen. Dat was ijdele hoop, maar op hun avond in The Firefly zou niemand hebben ontkend dat de omgeving en de sfeer ideaal waren voor William om op zijn knieën te vallen en Kate ten huwelijk te vragen. The Firefly adverteert er zelfs mee dat het huwelijken organiseert voor iedereen die meer dan vierentwintig uur op het eiland is. Misschien lachten William en Kate toen ze zich de reactie voorstelden van hun familie als ze een kaart met 'Just married' erop naar huis zouden sturen. Als deze gedachte al door hun hoofd ging of werd uitgesproken, dan deelden ze die alleen met elkaar.

Hoewel de zon nog niet was ondergegaan, zette William zijn handtekening op de rekening, lieten de zongebruinde geliefden hun romantische moment achter zich en gingen ze terug naar hun verblijfplaats, de Villa Hibiscus, en naar hun vrienden. De villa ligt op een helling, tachtig meter boven de zeespiegel en biedt net als The Firefly een schitterend uitzicht over het adembenemend witte strand van Macaroni en de zee. Eigenaar is de zakenmagnaat John Robertson, oprichter van de modeketen Jigsaw, die zijn gasten gewoonlijk achtduizend pond per week in rekening brengt als ze zijn vakantiehuis willen huren. William had het gratis mogen gebruiken, dankzij de bemiddeling van Lotty 'B' Bunbury, een van de favoriete ontwerpers van de jetset, en haar zus Lucy. William had de twee meisjes op een bruiloft ontmoet en hun bekend hoe graag hij een vakantie op het eiland zou doorbrengen met Kate, maar dat hij dacht dat het financieel buiten zijn bereik zou liggen, ondanks zijn enorme rijkdom, die in beleggingsfondsen is vastgelegd. Hij stond nog net niet met de pet in de hand, maar de boodschap kwam over. Villa Hibiscus werd ter beschikking gesteld van de prins en zijn groepje vrienden. Als tegenprestatie bood William aan om een donatie te doen aan het ziekenhuis op St. Vincent.

Hij had een goede keuze gemaakt, want het bleek een ideaal vakantieoord te zijn. Elke dag maakten ze de korte rit naar het idyllische strand om er volleybal te spelen. Op een keer speelden ze ook een frisbeewedstrijd tegen een groep eilandbewoners. Ze bezochten verder Basil's Bar, een op palen gebouwde bistro aan de kustlijn waarvan men beweert dat het de beste bar ter wereld is. William bracht er met twee vrienden een opvoering van Elvis' 'Suspicious Minds'. De keuze kon niet beter zijn gezien de kleurrijke banden die er in Williams familie met deze plek bestaan.

Ooit was het een favoriete bestemming van zijn exotische oudtante prinses Margaret, wier banden met het eiland op haar beurt teruggingen tot haar huwelijk met Lord Snowdon in 1960. Haar vriend Colin Tennant schonk de prinses als huwelijkscadeau een groot stuk land waarop haar vakantievilla, Les Jolies Eaux, werd gebouwd. Maar het waren Margarets buitenechtelijke activiteiten die het eiland op de kaart brachten van de roddelpers. Begin 1976 kwam haar affaire met Roddy Llewellyn aan het licht. Hij was toen achtentwintig en zij vijfenveertig. Ze werden gezien op het strand niet ver van de bar waar William en Kate zich met hun vrienden ontspanden. Margaret en haar jonge geliefde werden gefotografeerd door de in Nieuw-Zeeland geboren fotograaf Ross Waby. Deze werkte voor het bureau van News International in New York. Tot hun stal behoorde ook News of the World. De geslepen Waby had het persverbod dat door de toenmalige eigenaar van het eiland Lord Glenconner was uitgevaardigd omzeild door zich voor te doen als een toerist. Hij had de Beach Bar in de gaten gehouden en slaagde erin een wazige foto te maken van de prinses die aan een houten tafel naast haar langharige gebruinde minnaar zat, beiden alleen gekleed in badkleding. Ze waren er met twee vrienden, die gemakshalve van de foto verwijderd waren toen deze werd gepubliceerd. Het veroorzaakte een schandaal dat een einde maakte aan het stormachtige huwelijk van de zus van de koningin met Lord Snowdon. Een paar weken later, op 19 maart 1976, werd de scheiding van Margaret en Snowdon bekendgemaakt in een verklaring die door Kensington Palace werd afgelegd. Mustique was dus de achtergrond van het grootste koninklijke schandaal van de jaren zeventig van de twintigste eeuw. Er zouden er natuurlijk nog vele volgen – maar vanaf dat moment werd er steeds naar dit incident verwezen als de relatie tussen de pers en leden van het koningshuis ter sprake kwam.

Een dergelijk schandaal lag drie decennia later niet in het verschiet, maar het vooruitzicht van een eventueel huwelijksaanzoek was voldoende om de paparazzi tot actie aan te zetten. Het wemelde op het eiland van de fotografen, en onder aanvoering van meester-paparazzo Jason Fraser ontdekten ze algauw de villa met William en Kate en hun vrienden. Het was groot nieuws voor de fotografen, maar niet voor Wiliam en Kate, die voor Mustique hadden gekozen nadat ze uitvoerig advies hadden ingewonnen over de plaats waar hun privacy het best beschermd was. William had kennelijk zelfs juridisch advies ingewonnen bij de advocaat Gerrard Tyrrell, een vooraanstaand specialist op het gebied van mediawetgeving en partner van het advocatenkantoor Harbottle en Lewis in Londen. Hij was al eerder voor het paar als advocaat opgetreden.

Maar noch dreigementen van Clarence House, noch de aanmatigende opstelling van de advocaat die ook een dreigement had geuit, kon het leger paparazzi afschrikken, dat het grote geld had geroken. In werkelijkheid kwam de vriendenclub er zonder kleerscheuren van af. Maar ze werden wel gefotografeerd en de foto's van de koninklijke geliefden, die aan boord van een jacht waren genomen, werden door Jason Fraser verhandeld voor, naar verluidt, een bedrag van 80.000 pond. Alle grote bladen hadden hiervoor geld opgehoest. Charles' mediateam stond machteloos.

De foto's waren de droom van elke uitgever. De jonge prins en zijn mooie vriendin in bikini waren erop te zien. Gebruind en ontspannen zaten ze op het zonovergoten dek van een jacht dat hun geleend was door een biljonair. En er waren nog betere foto's. William, in hemelsblauwe short, had blijkbaar geen zin om in de brandende hitte te zitten en demonstreerde trots wat hij allemaal kon door overboord te springen terwijl zijn vriendin bewonderend toekeek. Gewend aan de fysieke uitdagingen van zijn militaire opleiding, slingerde de prins zich om een touw voordat hij in het warme blauwe water onder hem plonsde.

Minder dan een week later kwamen ze aan in het dorpje Lacock in Wiltshire. Aan beiden was te zien dat ze een vakantie in de zon hadden doorgebracht. Ze waren daar ter gelegenheid van de bruiloft van Williams stiefzus Laura Parker Bowles met Harry Lopes, kleinzoon van wijlen Lord Astor van Hever. Toen de klokken van de dorpskerk luidden, leek het alsof William en Kate de ene idyllische omgeving voor de andere hadden verruild. Op die zonnige lentedag leken alle verschillen in hun leven en families opeens weggevallen. Iedereen leek gelukkig. Charles, de liefhebbende stiefvader, straalde van trots. Camilla zag er schitterend uit en ook haar dochter was een lieflijke verschijning. Camilla's ex-echtgenoot Andrew Parker Bowles toonde niets dan vreugde en trots. In het verleden hadden ze elkaar weliswaar verdriet aangedaan en elkaar bedrogen, maar op deze dag waren er geen wrokgevoelens. De leden van het koningshuis die hier bijeen waren, vormden een gevarieerd gezelschap, dat uiteindelijk nogal stuntelig een soort evenwicht had bereikt waarbij iedereen zich gelukkig voelde. En in het hart daarvan bevond zich Kate.

Ze was gebruind en zag er chic en zelfverzekerd uit. Ze verscheen geraffineerd en elegant in een melkkleurige manteljapon tot aan haar knieën, die bij haar middel was ingenomen en die als hij openviel een gewaagde doorschijnende kanten japon liet zien. Op haar hoofd droeg ze een toefje struisvogelveren. Haar oorringen waren eenvoudige parels en aan de middelvinger van haar rechterhand droeg ze een ring. Het was natuurlijk Laura's dag, maar in de kranten van de volgende ochtend stonden onvermijdelijk foto's van Kate. Commentatoren die normaal niet echt uitbundig zijn, gaven nu toe dat het slechts een kwestie van tijd was voordat de confetti op de hoofden van William en Kate op hun eigen huwelijksdag zou neerdalen. De *Sunday Telegraph*, een krant waaraan de functionarissen van Clarence House vaak de voorkeur geven als ze hun versie van koninklijke verhalen willen weergeven, publiceerde een artikel op de voorpagina met de kop: 'ZE TREDEN UIT DE SCHADUW: HET WORDT UITEINDELIJK EEN KERKELIJK HUWELIJK VOOR KATE EN WILLIAM.' In het artikel stond dat Kates verschijning aan Williams zijde bij het huwelijk van een lid van de koninklijke familie betekende dat ze een 'belangrijke stap voorwaarts' had gezet in haar relatie met hem. Dat was ook zo. Haar aanwezigheid aan zijn arm bij een dergelijke familiegebeurtenis, bijgewoond door prins Charles, Camilla en Harry, betekende dat ze nu geheel was geaccepteerd in koninklijke kringen. William kon niet verwachten dat zijn vriendin haar leven in de schaduw zou doorbrengen.

Later trokken de gasten naar Camilla's voormalige landhuis Raymill House. Vele jaren geleden pendelde Williams vader tussen dit huis en het nabijgelegen Highgrove, in de tijd dat men Charles' relatie met Camilla beschamend vond. Ze hielden die dan wel geheim, maar het was openlijk bekend dat ze een relatie hadden. Nu was hun affaire door middel van een huwelijk geformaliseerd, en op de dag van Laura's huwelijksreceptie was Raymills aandeel in deze smakeloze geschiedenis vergeten. Het was een verrukkelijke middag met een mooi diner, er werden toosts uitgebracht en er werd gedanst en gezongen. Die dag stonden verbintenissen centraal en niemand zou verbaasd zijn als William, toen hij Kate gadesloeg die zich lachend en ontspannen tussen de gasten mengde, aan zijn eigen huwelijksdag dacht. Maar Kate en William zouden die nacht niet samen zijn. De plicht riep William. Hij maakte zich los van het feest, sprong op zijn motor en reed met grote snelheid langs landwegen terug naar Sandhurst en de ontberingen van zijn officiersopleiding.

Voorlopig maakten zulke gedwongen scheidingen onvermijdelijk deel uit van hun leven, maar hoe lang zou dat nog het geval zijn? Stukje bij beetje klom Kate op van een vriendin over dé vriendin tot verloofde. Zelfs toen waren velen, onder wie de oudere hoffunctionarissen, ervan overtuigd dat het slechts een kwestie van tijd was voordat Kate verzekerd was van een rol in het leven van de toekomstige koning. Haar dagen als Williams prinses in de wacht leken bijna voorbij te zijn en haar tijd als bruid, toekomstige prinses en, op een dag, gemalin van de koning, leek vrijwel zeker aan te breken. En ze hadden gelijk!

XV

Ze hebben het allebei gemaakt

'Een troon is slechts een bank bedekt met fluweel.'
Napoleon Bonaparte

Het was misschien de tot nu toe belangrijkste dag in het leven van het meisje dat nu openlijk bekendstond als Williams prinses in de wacht, een feit dat Kate Middleton zeker zal hebben bevestigd. Het officiële programma van 15 december 2005, een frisse, heldere dag, schreef voor dat het Williams dag was, omdat hij de koninklijke militaire academie Sandhurst verliet als officier. Maar de toekomstige koning was niet de enige die het had gemaakt. Dit was ook de eerste keer dat Kate, bijna vijfentwintig jaar, een openbare bijeenkomst zou bijwonen aan de zijde van de koningin en de overige oudere leden van de koninklijke familie. De betekenis van het feit dat ze 'meedeed met de firma' bleef niet onopgemerkt, en zelfs de meest verstokte broodschrijver stond zichzelf een romantisch moment toe. De *Daily Mail* merkte bijvoorbeeld in een nogal vreemde opwelling op dat Kates scharlakenrode mantel dezelfde kleur had als de sjerp die William die dag droeg. De synchroniciteit van hun kleding en het eenvoudige feit dat ze aanwezig was op een dag die zo belangrijk was in het leven van haar koninklijke geliefde, was, zo beweerde de krant, 'het duidelijkste teken tot nu toe dat zij en prins William zouden kunnen trouwen'.

Tot die dag was Williams buitengewoon beschermende houding ten opzichte van zijn vriendin een soort garantie dat ze, ondanks de intensiteit van hun relatie, relatief weinig in het openbaar samen werden gezien – behalve als ze zo af en toe 's avonds uitgingen of een polowedstrijd bezochten. Maar op die decemberdag strekten Willams uitnodigingen voor zijn optreden in het openbaar zich ook uit tot Kate. Geen wonder dat veel mensen hier zoveel betekenis aan hechtten. Ze arriveerde met haar ouders Michael en Carole en de privésecretaris van de prins, Jamie Lowther-Pinkerton, enkele momenten voor de Windsors arriveerden. Hoewel de Middletons niet naast leden van het koningshuis zaten – onder wie prins Philip, Charles en Camilla – kon men toch van een zeker eerbetoon spreken. Alle andere gasten zaten al toen Kate naar haar plaats op de eerste rij werd gebracht, vergezeld door Williams beste vriend, Thomas van Straubenzee, en twee van zijn peetvaders, koning Constantijn van Griekenland en Lord Romsey. Kate en haar familie waren in voornaam gezelschap. Om eerlijk te zijn overschaduwde de aankomst van de charmante, zelfverzekerde jonge vrouw in helderrood de leden van het koningshuis volledig, zelfs de koningin.

En dat deed ook haar commentaar op de verschijning van haar vriend in zijn uniform dat hij bij het verlaten van zijn opleiding droeg, en dat hem erg goed stond. Er zijn schijnbaar geen grenzen aan wat de media – en niet alleen de pers – doen om een goed verhaal te krijgen. ITV Network huurde experts in liplezen in die hadden gezien dat Kate had gezegd: 'Ik ben gek op het uniform, het is zo sexy.' Of ze dit werkelijk gezegd heeft, kan niet worden nagegaan, maar het toont wel aan dat Kate, net als Diana voor haar, meer dan in staat was om de show te stelen – zelfs wanneer alle grote sterren van de koninklijke familie op de been waren. Dit werd niet alleen door de familieleden, maar ook door de hoffunctionaris met enige bezorgdheid waargenomen.

Die dag was William een van de 233 cadetten die op de militaire academie tot officier werd benoemd, ter gelegenheid waarvan er een parade zou worden gehouden voor de koningin. Net als zijn jongere broer Harry was hij bestemd om als officier te worden aangesteld in de 'Blues en Royals', een gardecavalerieregiment. Hij zou daar opgeleid worden om de divisie gepantserde verkenningsvoertuigen te leiden. In tegenstelling tot Harry, die in 2007 in Irak zou worden ingezet, is het William als tweede in de lijn voor de troonopvolging niet toegestaan naar een oorlogsgebied te trekken. In plaats daarvan werd van hem verwacht dat hij ongeveer een jaar in het leger zou dienen vooraleer te worden overgeplaatst naar de koninklijke luchtmacht, de Royal Air Force, en de koninklijke marine, de Royal Navy, als onderdeel van een bredere opleiding als toekomstig hoofd van de strijdkrachten.

Toen hij daar in de zon stond op die winterse dag zag William er desondanks op-en-top uit als een soldatenprins. Met zijn lengte van

1.92 meter stond hij aan het einde van zijn peloton als 'escort' van het vaandel. Ook moest hij ervoor zorgen dat zijn collega's in een rechte lijn marcheerden. Net als zijn medecadetten droeg hij een mooi blauw uniform, een pet en witte handschoenen, maar hij had een geweer in plaats van een zwaard en een scharlakenrode sjerp. Hij droeg ook de blauw met witte jubileummedaille die zijn grootmoeder hem had gegeven ter gelegenheid van de viering van haar vijftigjarige regeringsperiode. De koningin inspecteerde de jonge soldaten die voor haar waren opgesteld. Ze hield even halt toen ze voorbij haar kleinzoon liep en fluisterde 'Hallo', wat William deed stralen.

Het is veelzeggend dat bronnen uit Clarence House te kennen gaven dat Kate en haar ouders, toen de parade beëindigd was, zich voor de eerste keer bij het koninklijke gezelschap aansloten voor een lunch met de familie. Dit zou later met klem worden ontkend door Buckingham Palace. Er brak een rel uit over het zogezegde snobistische gedrag van de leden van het koningshuis tegenover de Middletons. In een poging de gemoederen te bedaren beweerde het paleis dat de koningin Kates moeder nog nooit had ontmoet – een bewering die veel verslaggevers over het koningshuis, met inbegrip van mijzelf, versteld deed staan. De pr-machine van de koninklijke familie was destijds maar al te gelukkig met het verhaal over die feestelijke lunch.

Ter gelegenheid van het einde van zijn jaar aan de academie gaf Clarence House foto's en opnames van de prins tijdens zijn laatste grote oefening op Sandhurst vrij. Ook organiseerde het interviews met medecadetten die voor de pers waren bestemd. Daarin werd William omschreven als een 'normale kerel'. Junioronderofficier Angela Laycock, die in Williams Blenheimpeloton zat, vertelde hoe goed hij kon opschieten met de andere cadetten: 'Ik heb niets ongewoons gemerkt. De eerste mars met bepakking moesten we een omweg maken om enkele fotografen te vermijden. Hij is een normale kerel en hij gaat er, net zoals de anderen, tegenaan.' Ze voegde eraan toe: 'Bij een oefening waarbij we leerden hoe op te treden bij ordeverstoringen pakte hij aardappelen en gooide ze naar de mensen die de orde moesten handhaven, net als de rest.'

Natuurlijk is hij helemaal geen 'normale' kerel en zijn vriendin was verre van een 'normaal' meisje. Want de aandacht van de nationale kranten was niet op de leden van het koningshuis gericht, maar op Kate. Het leek alsof ze hun nieuwe prinses hadden ontdekt. Die nacht vierden zij en William feest op het traditionele bal ter gelegenheid van zijn promotie tot officier, net zoals Harry en Chelsy dat eerder dat jaar hadden gedaan tijdens Harry's promotiefeest. Toen ze champagne dronken en feestvierden, wees niets erop dat deze romance minder perfect was dan ze leek.

De *Daily Mail* gaf de stemming van het moment het beste weer in de krantenkop 'OP WILLAMS GROTE DAG HEEFT OOK KATE HET GEMAAKT'. De *Sunday Times* ging nog een stapje verder en publiceerde een paar weken later een artikel met als kop 'HET MEISJE DAT MIS-SCHIEN KONINGIN WORDT'.

Nu de uitkomst van de relatie tussen William en Kate zeker leek, verschoof op de dag van het defilé de publieke aandacht van Kate en de koninklijke familie, waar ze binnenkort deel van zou uitmaken, naar Kate en de familie die ze meebracht. Hoe gevoelig de begrippen klasse en afkomst volgens moderne opvattingen ook liggen, er wordt nu eenmaal altijd kritisch commentaar gegeven, vooral als hierbij zaken als de kroon en de staat zijn betrokken. En dus begon de tegenstand met kleine, slimme aanvallen. Zo was te zien dat Carole Middleton kauwgom kauwde terwijl ze haar toekomstige schoonzoon op de dag van zijn promotie tot officier gadesloeg. De ervaren commentator van zaken betreffende het koningshuis, James Whitaker, vond dat 'nogal gewoontjes'. Anderen wezen op het feit dat Carole probeerde te stoppen met roken en dat ze daarom misschien wel nicotinekauwgom kauwde. Ze diende dus te worden geprezen in plaats van te worden bekritiseerd voor haar vergrijp tegen de etiquette. Anderen beschouwden de hele discussie als bespottelijk en relatief onbelangrijk. William en Kate waren uiteindelijk toch erg verliefd op elkaar?

Kort voor Kerstmis 2006 verschenen er berichten dat Kate was uitgenodigd voor een bezoek aan William en zijn familie op Sandringham, het landgoed van de koningin in Norfolk. Er werd beweerd dat ze die uitnodiging had geweigerd omdat ze tijdens de feestdagen bij haar familie wilde zijn en dat ze niet van plan was die dagen met de koninklijke familie door te brengen tot ze daar deel van uitmaakte.

Het verhaal heeft mij altijd ongeloofwaardig geleken. Maar het klopt wel dat de familie Middleton Jordanstone House, in de buurt van Blairgowrie in Schotland, had gehuurd om er de feestdagen door te brengen. Het kostte bijna 5000 pond, maar Carole Middleton vond dat elke cent die ze eraan besteedde de moeite waard was. Jordanstone House is een laatachttiende-eeuwse villa met kamers met eiken lambrisering, betegelde vloeren en waardevolle antiek. Veel bezoekers zouden hierbij aan een landhuis denken. Het was perfect voor een Kerstmis met de familie en ook prins William was uitgenodigd. Kate was er met haar zus Pippa en broer James. Men had gehoopt dat William voor het oudejaarsfeest zou komen. En dus wachtten ze. En wachtten. Het leek erop dat William niet van plan was om Kerstmis of oud en nieuw bij de familie Middleton door te brengen, terwijl de halve natie geloofde dat ze spoedig zijn schoonfamilie zou zijn.

Het duurde bijna een maand voordat Kate en William elkaar weer zagen om elkaar persoonlijk een gelukkig kerstfeest te wensen. Achter de schermen toonde William zorgwekkende tekenen dat hij zijn vaders voorliefde voor uitvluchten had geërfd. Rond die tijd lekte uit dat er op de jonge prins druk werd uitgeoefend door zijn bevelvoerende officieren om de toestand met de vriendin met wie hij samenwoonde te verduidelijken. De *Mail on Sunday* bazuinde het verhaal rond met de kop 'VERLOOF JE MET KATE OF LAAT DE RELATIE BEKOELEN, ZEGGEN NAASTE MEDEWERKERS TEGEN WILLIAM', precies aan het begin van zijn militaire dienst. Ze beweerden dat men de prins had geadviseerd dat het bijna 'onmogelijk voor hem was om zijn relatie met Kate zoals die nu was voort te zetten'. Adviseurs brachten het onderwerp bij William ter sprake om naar zijn bedoelingen te peilen; tot hun verbijstering kwamen ze geen stuk verder.

Een paar weken nadat ze op Sandringham de hoofdrol had gespeeld citeerde de krant oudere bronnen, die zeiden dat William dacht dat hij op de een of andere manier een beslissing moest nemen. 'In openhartige discussies tussen de prins, zijn privésecretaris Jamie Lowther-Pinkerton en andere belangrijke medewerkers', vermeldde een bron, 'werden William twee "ideale" scenario's gepresenteerd: hij kon óf een verloving aankondigen in het nieuwe jaar óf zijn relatie met Kate tijdens zijn militaire dienst laten bekoelen'. Het bleek veelzeggende en alarmerende kost voor Kate te zijn en het was blijkbaar aanleiding voor een openhartig gesprek tussen haar en haar moeder. Toen William niet kwam opdagen bij de familiebijeenkomst van de Middletons in december, moet dat een grote teleurstelling voor Kate zijn geweest. Ze zal zeker hebben gedacht dat hij niet zo serieus was als ze altijd had gedacht of zo oprecht als hij altijd had geleken. Misschien had hij last van koudwatervrees. Misschien zou hij het binnenkort uitmaken en Kate met een gebroken hart achterlaten.

Carole Middleton is een schrandere vrouw die met beide benen op de grond staat. Ze zal zich hebben gerealiseerd dat ze een hartig woordje met haar geliefde oudste dochter moest spreken. Carole had de reputatie dat ze zich de kaas niet van het brood liet eten. Ze is werelds, ze heeft tijdens haar carrière als stewardess veel gereisd. Toen ze zag wat zich afspeelde, maakte ze Kate duidelijk dat als William zich niet wilde binden, het niet verstandig van haar was zo'n doelloos leven te leiden en de relatie onbeperkt te laten voortduren. Carole had altijd een speciale relatie met haar dochter gehad. Later werd er veel over de sociale ambities van Carole gesproken en werd beweerd dat haar vurige wens om op de sociale ladder omhoog te klimmen de drijfveer was van al haar activiteiten rondom Kate. Dat is niet eerlijk. Geen enkele moeder vindt het leuk als haar dochter als iets vanzelfsprekends wordt beschouwd en als ze niet met het respect en de voorkomendheid die ze verdient wordt behandeld. Kate is tenslotte een intelligent meisje, dat haar leven in de wacht had gezet ter wille van William en ter wille van hun relatie, die anders niet zou werken.

De baan van maandag tot donderdag die Kate had aangenomen als inkoper van accessoires voor Jigsaw, de winkel die werd gedreven door vrienden van de familie, John en Belle Robinson, kon nauwelijks uitdagend worden genoemd. Kate had haar duidelijk aangenomen vanwege de vrijheid die ze haar gaf om haar vriend in de buurt van zijn kazerne in Dorset te bezoeken. Toen 2006 overging in 2007 moet het een moeilijke periode voor Kate en William zijn geweest, omdat ze opnieuw moesten onderhandelen over hun relatie. Ze voelden zich beiden onrustig over de betekenis van hun romance en waar deze naartoe ging. Ze hadden al vaker een moeilijke periode gekend en maakten het aldoor nét niet uit. Ze hielden nog van elkaar en ondanks het feit dat hij aarzelde om zich te binden, wilde William Kate niet verliezen. Ze was gewoon te waardevol voor hem. Ze hadden een gedeelde geschiedenis. Ze begrepen elkaar. Hij had haar nodig.

In ieder geval waren de media aan het begin van het jaar niet ontmoedigd door deze persoonlijke bedenkingen. Iedereen hoopte dat het goed zou aflopen. De speculaties namen toe en de geruchten van een mogelijk op handen zijnde verloving zorgden voor een verhoogde aandacht van paparazzi bij Kates appartement. De opwinding bereikte haar hoogtepunt op de dag van haar vijfentwintigste verjaardag op 9 januari 2007. Meer dan vijftig paparazzi en cameraploegen hadden zich voor de deur van haar flat opgesteld toen ze die ochtend naar haar auto liep om naar haar werk te gaan. Het was een verjaardagssurprise die Kate alarmeerde. Ze probeerde de situatie het hoofd te bieden met de glimlach die haar handelsmerk was geworden. De 'Kate-cultus' was nooit eerder zo duidelijk geweest en voor de eerste keer werd ze van 'het aardige buurmeisje' tot een commerciële trendsetter. De kleding die ze die ochtend droeg, een jurk van Topshop die veertig pond had gekost, was binnen enkele dagen uitverkocht, wat bewees dat ze haar eigen aanhang had. De scènes die zich buiten haar flat afspeelden waren voor William aanleiding om zijn bezorgdheid te uiten over 'het lastigvallen' van zijn vriendin. Hij vreesde dat zijn vriendin onder dezelfde druk van de media zou komen te staan als zijn overleden moeder. Hij gaf een verklaring uit dat hij 'meer dan wat ook' wilde dat ze met rust werd gelaten. Haar familie had het advocatenkantoor Harbottle en Lewis al in de arm genomen om er bij de media op aan te dringen, zowel in Groot-Brittannië als daarbuiten, om zich met terughoudendheid op te stellen. Maar deze keer waren er niet alleen een paar freelancers bij Kates huis, maar ook vertegenwoordigers van kranten en van respectabele agentschappen, zoals Associated Press en Press Association. Er waren ook ten minste vijf tv-ploegen, met inbegrip van een team van ITN dat nieuwsbulletins voor ITV en Kanaal 4 produceert. De BBC zond geen cameraploeg, maar gebruikte filmopnamen die door het agentschap APTN werden geleverd. Sky News gebruikte ook filmopnamen in zijn bulletins. Het paleis rechtte zijn rug en nam er nota van. Haar advocaten hadden nauw contact met de Commissie Persklachten, maar gingen niet zo ver dat ze een officiële klacht namens haar indienden. Volgens bronnen hoopten ze dat 'overredingskracht' beter zou zijn om haar te beschermen dan een juridische actie. De overeenkomst met de problemen waarmee Williams moeder te kampen had gehad, was duidelijk.

De nare scènes op Kates verjaardag waren voor de medewerkers van de overleden prinses aanleiding om in koor hun afkeuring uit te spreken en actie te eisen. Mijn goede vriend, inspecteur Ken Wharfe, de gepensioneerde voormalige lijfwacht van prinses Diana, twijfelde er niet aan dat het aantal fotografen dat Kate achtervolgde, gekoppeld aan het ontbreken van enig toezicht, haar in gevaar bracht. Ze zou het slachtoffer kunnen worden van een soortgelijke tragedie als bij Diana. Hij zei destijds: 'De geschiedenis lijkt zich te herhalen, ondanks de bewering dat men zijn lesje heeft geleerd na het verlies van Diana. Voor zover ik het kan overzien, heeft men geen acht geslagen op de waarschuwingen.' Hij zei dat prins Charles er niet aan kon ontkomen voormalige veiligheidsagenten in dienst te nemen om Kate te beschermen, tot ze met William was verloofd en fulltime werkende officiële Scotland Yard-beveiligers beschikbaar kwamen. Nadat William en Kate uit elkaar waren gegaan, schreef hij Carole met het aanbod aan om Kate te beschermen tot de opwinding bedaard was. Patrick Jephson, Diana's voormalige privésecretaris, was dezelfde mening toegedaan: 'Ik denk dat de situatie en wat Miss Middleton moet verdragen elk redelijk denkend persoon met afschuw vervult. Volgens mij zullen pogingen om juridische, regulerende en informele methoden te gebruiken om met de situatie om te gaan, helpen. Niets is effectiever in de praktijk dan goed toezicht uitoefenen. Dat is de les van de ervaringen met Diana, met inbegrip van haar dood. Een goede beveiliging op straat is de enige methode die in het geval van Kate effectief zal zijn.'

Misschien omdat ze een reactie vreesden, kondigde News International onmiddellijk aan dat al hun uitgaven, inclusief The Sun, The Times en News of the World, in de toekomst geen enkele foto van paparazzi meer zouden gebruiken. Het bedrijf hoopte dat ze door dit gebaar een wit voetje zouden halen bij de oudere medewerkers van Clarence House, en dat dit tot een tip zou leiden als er in de toekomst sprake was van een verloving. Het bureau van Charles op Clarence House besloot, geheel ongebruikelijk, commentaar te geven op de beslissing om het wat rustiger aan te doen met Kate. Een officiële woordvoerder zei: 'Wij zijn verheugd dat News International besloten heeft geen paparazzifoto's meer te gebruiken. Prins William wenst vurig dat de paparazzi stoppen met haar lastig te vallen.' Er werd zelfs over gespeculeerd dat Kates situatie gebruikt zou zijn als testcase voor een wet tegen dat soort gevallen, in een poging om haar privacy te beschermen en de activiteiten van fotografen in te perken.

In de onvermijdelijke analyse van deze gebeurtenissen schaarden zich vele commentatoren beschermend om Kate. Het onderwerp 'privacy en de inbreuk daarop door de pers' werd de focus van een onderzoek door het comité Cultuur, Media en Sport van het Lagerhuis op 6 maart 2007. Belangrijke mediafiguren werden opgeroepen om te getuigen. Een van hen was de koninklijke fotograaf Arthur Edwards, een veteraan die kort geleden door zijn collega's werd geëerd met een prijs voor zijn prestaties tijdens zijn carrière. Tijdens het onderzoek gaf Edwards een lezing van zijn verhalen over het koningshuis van de afgelopen dertig jaar. Het was een scherpzinnige, genuanceerde lezing, waarbij Edwards voor niemand moest onderdoen. Wel werd er door de commissieleden besmuikt en wat laatdunkend gelachen toen hij zei dat William hem had verteld dat hij van plan was met Kate te trouwen. Zoals altijd had hij gelijk.

'Ze is een privépersoon en ze houdt van prins William, en ik weet zeker dat ze op een dag zullen trouwen. Ik heb er met hem over gesproken. Hij heeft mij duidelijk gemaakt dat hij wil trouwen en ik geloof wat hij zegt, en ze zouden met rust moeten worden gelaten', zei hij. Hij voegde eraan toe dat hij van Kates vrienden had gehoord hoezeer ze van streek was over de inbreuk op haar privacy door de media. Ze had gezegd dat fotografen haar gevolgd waren toen ze aan het winkelen was en zelfs op bussen waren geklommen om haar te fotograferen. Maar toen ontstond er groot tumult. Toen hij probeerde zijn commentaar te verduidelijken – door eraan toe te voegen dat de prins had gezegd dat ze niet zouden trouwen tot hij ten minste 28 jaar was – hadden de politieke verslaggevers het vertrek al verlaten om zijn commentaar door te bellen.

Er ontbrak iets in al deze goedbedoelde aandacht en al die serieuze inspanningen om het deze keer goed te doen wat betreft de berichtgeving en de mate van aandacht. Ik was niet de enige die vond dat Kate toen ze die ochtend haar flat verliet, een opvallend eenzame indruk maakte, ver verwijderd van haar vriend die de kazerne niet mocht verlaten. Ja, William was binnen komen vallen om een verklaring af te leggen en om te proberen de balans weer in evenwicht te brengen, de pers tot de orde te roepen en hen eraan te herinneren dat dit meisje heel speciaal voor hem was. Maar sommigen meenden dat dit 'ridderlijke' gebaar een beetje te laat kwam. Zou Kate er ook zo over hebben gedacht?

Er zijn ook mensen die vinden dat Kate Middleton op zijn best mysterieus is en op zijn slechtst saai. 'Waar ligt haar belangstelling?' vroeg een krantenuitgever zich af. 'Het enige wat ze lijkt te doen, is naar de sportschool gaan en naar Boujis of Mahiki [de favoriete nachtclubs van de rijke twintigers in Londen]. Ze heeft geen baan. Ze gaat niet naar theater. We hebben eigenlijk geen idee wie ze werkelijk is. Wat wij zien is nogal oppervlakkig.'

Toen kwam er nog een teken dat Kate haar status probeerde te veranderen. In mei bleek dat ze mensen had gevraagd om haar 'Catherine' te noemen. De pers was er snel bij om op iets te wijzen dat voor de hand lag: 'Catherine' klinkt veel koninklijker dan 'Kate'. Paddy Harverson, secretaris van communicatiezaken van prins Charles, ontkende al deze berichten ten stelligste. Niettemin hield de columnist van de *Sunday Express* die het 'Catherine'-verhaal schreef, Adam Helliker, vol dat hij had gehoord – maar niet gezien – dat Kate een 'aardige' e-mail aan haar vrienden had gestuurd over deze naam, die ze had gedragen tot halverwege haar tienerjaren. Helliker zei: 'Het was gewoon iets grappigs.' Hij bleef trouw aan zijn verhaal.

Kort daarna dook er een verhaal op dat schadelijker was. Daarin werd beweerd dat Kates gebrek aan ijver de koningin irriteerde. In het artikel stond dat de koningin wilde dat Kate een fulltimebaan kreeg. In feite ging ze rustig haar gang, zoals haar advocaat Gerrard Tyrrell bevestigde. Ze stond elke ochtend op in Bucklebury en reed dan naar het kantoor van Party Pieces in Reading om daar de catalogus voor het bedrijf van haar ouders in elkaar te zetten. Ze volgde ook een computercursus, waar ze leerde hoe ze digitale catalogi moest maken. Onder de gegeven omstandigheden was het waarschijnlijk de enige baan die naar de mening van Kate als 'prinses in de wacht' veilig was om te doen.

'Men heeft haar elke denkbare baan aangeboden', werd mij verteld. Iedereen, van Russische oligarchen tot topmodeontwerpers, wilde haar. Maar Kate was zich er goed van bewust dat ze ervan kon worden beschuldigd haar relatie met William te gebruiken voor financieel gewin als ze een dergelijke baan zou aannemen; een beschuldiging die haar zou kunnen blijven achtervolgen. Tot William hun relatie formaliseerde, was haar situatie penibel. Ze had officieel geen recht op enig koninklijk profijt gefinancierd door de belastingbetalers, zoals beveiliging; toch stond ze misschien meer dan enkele mindere leden van de koninklijke familie bloot aan gevaar. Ze had geen woordvoerder of officiële begeleiding bij wat ze moest dragen of hoe ze zich moest gedragen in koninklijke kringen.

Toch was ze vanwege haar vriend al een beroemdheid en moest ze de problemen die roem met zich meebrengt het hoofd bieden. Haar belangrijkste reddingsboei was de media-advocaat Gerrard Tyrrell, die tot zijn cliënten onder anderen het Britse model Kate Moss en Roman Abramovich, eigenaar van de vloetbalclub Chelsea, rekende. Iedere keer dat Kate zich belaagd voelde – ze beweerde dat dit het geval was op haar vijfentwintigste verjaardag – wendde ze zich tot Tyrrell. Hij reageerde vaak snel en stuurde brieven aan de uitgevers van kranten, waarin hij hen waarschuwde dat Kate een 'privépersoon' was en als zodanig recht had op privacy. Een van prins Charles' voormalige medewerkers zei dat hij heel gemakkelijk was in de omgang met zijn twee zonen. 'Hij vindt Kate heel aardig, maar ze zal geen enkele "training" van hem krijgen of advies over hoe ze zich moet gedragen.'

In maart, tegen de tijd dat William aan zijn legeropleiding in Dorset begon, woonde het paar de Cheltenham Gold Cup Races bij in traditionele tweedkostuums. De pers bracht een ironisch artikel over hun aanwezigheid en schreef hoezeer het paar op Charles en Camilla leek in hun ouderwetse kleren. Er werd gezegd dat William dit niet amusant vond. Enkele dagen later ging Kate alleen naar de races. Ze zag er nu veel jeugdiger en moderner uit in een warme mantel en een bonthoed in Russische stijl.

Lord Vestey, een vriend van prins Charles, was gastheer van een lunch voor Charles, Camilla, Camilla's kinderen Tom en Laura, en anderen zoals Zac Goldsmith en Camilla's neef Ben Elliot. Toen het koninklijke gezelschap hoorde dat Kate er was, werd ze uitgenodigd om zich bij hen in de koninklijke loge te voegen. Er werd echter gespeculeerd dat William het niet prettig vond dat Kate zich in de schoot van de koninklijke familie zo op haar gemak was gaan voelen. Dat voorspelde weinig goeds.

Hij wist dat hij als toekomstige koning niet hoefde te denken dat hij ooit bij een gevecht zou worden betrokken, in tegenstelling tot zijn broer Harry, die in 2008 in het geheim in Afghanistan diende. Niettemin moest William de schijn ophouden. Hij zou uiteindelijk hoofd van de strijdkrachten worden en hij had daarvoor ervaring op militair gebied nodig. En dus volgde William zijn jongere broer in januari 2006 naar Sandhurst voor een opleiding in het leger die een jaar zou duren, gevolgd door een training van vijf maanden in Bovington, Dorset. Daarna zou hij in het gardecavalerieregiment in Windsor worden opgenomen.

Tijdens zijn tijd daar werd hij in 2008 vier maanden gedetacheerd bij de Royal Air Force en daarna twee maanden bij de Royal Navy. Natuurlijk zou zijn opleiding op elk gebied veel minder zwaar zijn dan die van gewone soldaten, vliegeniers en zeelieden. In september werd aangekondigd dat William een leven van liefdadigheidswerk uit zou stellen omdat hij in januari aan een opleiding van achttien maanden bij de Search and Rescue Force van de Royal Air Force begon.

Zijn carrière zag er overzichtelijk uit, maar Kates toekomst was een stuk onduidelijker. Ze was geïnteresseerd in mode en fotografie, maar als vriendin van de prins moest ze zich aan zijn planning aanpassen. Toen hij eenmaal op Sandhurst was begonnen, zou het stel elkaar óf op Highgrove óf in het huis van de Middletons in Bucklebury ontmoeten. Kates ouders kochten ook een appartement in Chelsea. Als de prins in Londen was, werd dit de plek waar hij zich kon ontspannen met de vrouw die zijn trouwe aanhanger en geliefde was. Ze konden naar een restaurant in de buurt gaan, hij kon zijn hoofd in haar schoot leggen en zich gewoon ontspannen. Maar doordeweeks, als haar prins weg was, was het leven in Londen eenzaam en zwaar voor Kate omdat paparazzi haar volgden als ze ging winkelen. Ook werd ze gefotografeerd als ze 's avonds uitging. Ze trok weer naar de advocaat Gerrard Tyrrell. Als ze hem nodig had, kon ze hem altijd bellen.

In tegenstelling tot Diana liet Kate zich nooit door de camera's van de wijs brengen. De fotograaf Niraj Tanna vertelde: 'Zelfs bij het verlaten van nachtclubs in de vroege uurtjes, als haar vrienden er verlept uitzagen door de drank of gewoon door vermoeidheid, zag Kate er altijd onberispelijk uit.' Ze liet zich nooit gaan. Ze dronk voorzichtig en werkte haar make-up bij in het damestoilet voordat de camera's die onvermijdelijk op haar wachtten, haar in het vizier zouden krijgen.

In juli gaf haar baas bij Jigsaw, Belle Robinson, een interview over Kate waarbij ze haar portretteerde als 'nuchter'. Kate had om een baan gevraagd met 'een zekere flexibiliteit om de relatie met een man die veel op de voorgrond treedt en een leven waarbij ze het niet voor het zeggen heeft, te kunnen voortzetten', aldus Robinson. Toch was de vrouw erg gesteld op haar parttime medewerkster. 'Ze zat tijdens de lunch vaak in de keuken en praatte met iedereen, van de vrachtwagenchauffeurs tot de meisjes van de boekhouding', vertelde Robinson de *London Evening Standard*. 'Ze deed niet alsof ze iemand bijzonder was. Veel mensen hebben de situatie verkeerd voorgesteld door te zeggen dat wij bevriend zijn met haar ouders, maar ik heb hen maar vier keer ontmoet. Ik moet zeggen dat ik erg onder de indruk van haar was. Er waren dagen dat ze door tv-ploegen werd opgewacht. Wij zeiden dan: "Hoor eens, wil je misschien naar buiten via de achteruitgang?" Waarop ze antwoordde: "Om eerlijk te zijn zullen ze mij achtervolgen tot ze hun foto hebben. Dus waarom zou ik niet gewoon de deur uitgaan en de foto laten maken? Dan laten ze mij met rust."'

In heel 2006 probeerden Kate en William zich niet door de media te laten afleiden. Men kwam hen op het spoor en fotografeerde hen meestal als ze op vakantie waren, nachtclubs verlieten of een polo-wedstrijd bijwoonden. Ook Harry werd regelmatig betrapt terwijl hij uitging en feestvierde. Zo langzamerhand lieten deze foto's een wat negatieve indruk achter – de Britse media verwezen naar de jonge prinsen als 'jongens' of nog erger, als 'playboys'. Dat was niet zo best. Over de hoop van de Britse koninklijke familie werd in vele kringen openlijk spottend gedaan. Ze werden beschouwd als een stel dwaze high-societytypes die massa's geld uitgaven aan feestvieren en cocktails drinken. Voor jonge mannen die voorgaven serieuze soldaten te zijn, bleken ze wel heel veel tijd in nachtclubs door te brengen. Opmerkelijk is dat Kate eigenlijk de enige was van de hechte koninklijke kliek die zich bewust was van de slechte indruk die ze maakten. Ze was op haar hoede voor de pers. Tijdens een vakantie in 2006 waren prins William en Guy Pelly, een oude vriend naar wie vaak wordt verwezen als 'de hofnar', op bromfietsen aan het racen in de buurt van de villa van Kates oom, Gary Goldsmith, op Ibiza. Kate kwam uit het huis en als een directrice verzocht ze hen ermee op te houden. Tenslotte kon iedereen hen zien. Als schoolkinderen die een standje hebben gekregen, deden ze wat hun werd verzocht. William vond het misschien niet leuk, maar hij kon niet zeggen dat ze geen gelijk had.

Kates vertrouwen in haar rol als koninklijke vriendin groeide geleidelijk. Ze werd zelfverzekerder en werd daarbij gesteund door het zelfvertrouwen dat haar moeder haar had bijgebracht. Ze had de koningin ontmoet, en die vond haar aardig. Ook Charles en Camilla mochten haar. Volgens een vriend duurde het bij Harry langer voordat hij haar leerde appreciëren. Kate met haar keurige pakjes, haar nette jasjes over een jurk, haar paarlen oorbellen en haar zelfbeheersing was het tegengestelde van Harry's rijke blonde vriendin uit Zimbabwe, Chelsy Davy, die zich veel uitdagender kleedde. Chelsy was nooit verlegen in de buurt van fotografen met een glas in haar ene en een sigaret in haar andere hand. Soms zag ze er dan wel uit alsof ze net uit bed kwam, maar ze had een soort ruwe, aardse sexappeal die Kate miste. Harry en Chelsy hadden een hartstochtelijke relatie, maar dat kon, tenminste in het openbaar, niet gezegd worden van William en Kate.

XVI

Het einde van de relatie

'Nu het aangekondigd is, moeten ze de kans krijgen
verder te gaan met hun leven.'
Commentaar van premier Tony Blair toen William en Kate uit elkaar gingen

Toen hij de nachtclub Boujis in Kensington binnenkwam zonder Kate aan zijn arm, stond hij in het middelpunt van de belangstelling van jonge vrouwen. Hij was gewend aan 'verrassingsaanvallen' door rijke jonge vrouwen uit de beau monde die zich graag tegen zijn schouders en andere lichaamsdelen aan wreven. In het verleden was de stoere prins eraan gewend geraakt de aandacht en het geflirt van goed uitziende tienermeisjes als een soort beroepsrisico te zien. Aangespoord door hun vriendinnen om zich op te dirken en te gaan feesten in de favoriete nachtclubs van de prins, of beter gezegd in het oogveld van de prins, fladderden ze om hem heen. Hij zou hen op zijn beurt zelfverzekerd afschepen, zonder hun gevoelens te kwetsen, maar wat belangrijker was, dat deed hij om Kate niet van streek te maken. Maar op deze bewuste avond in februari was Williams manier van doen anders. Hij genoot ervan te flirten en zijn belangstelling voor een bepaald meisje veroorzaakte veel beroering. Het leidde tot wilde geruchten dat hij was gezien terwijl hij een blond meisje hevig kuste, die achteraf niet bleken te kloppen.

Het betreffende meisje was Tess Shepherd. Toen een verslaggever van een krant haar benaderde bij haar flat in West-Londen, een paar dagen na het zogenaamde voorval, stelde Shepherd zich, zoals te begrijpen valt, terughoudend op. 'Het was best vleiend,' zei ze naar verluidt, 'maar we dansten allemaal met hem – we waren met zijn drieën. Hij draaide mij in het rond. Het klopt niet dat ik hem kuste.' Shepherd, die in die tijd met een andere man omging, was door deze hele episode in verlegenheid gebracht.

Het verslag van de gebeurtenissen die avond was misschien wat overdreven. Kate had er mee leren leven dat haar vriend het doelwit was van vaak meedogenloze vrouwelijke aandacht. Maar ze was er niet aan gewend dat het op een zo publieke, en dus voor haar vernederende manier breed werd uitgesmeerd. Het vroeg om zelfvertrouwen en een ijzeren wilskracht van haar kant om niet op z'n minst verontrust te zijn dat William wilde feesten als een vrijgezel terwijl ze – zo dacht ze – de grote liefde van zijn leven was. Degenen die Kate het best kenden, beweren dat ze ertoe neigde verhalen uit het roddelcircuit niet te geloven, en dat lijkt een verstandige strategie. Kate nam, althans op het eerste gezicht, Shepherds zogenaamde 'ontmoeting' met de prins met een korreltje zout. Een paar dagen later vertrok ze met William naar het exclusieve skioord Zermatt voor een romantische skivakantie, zoals het werd aangekondigd. Zou William haar daar eindelijk ten huwelijk vragen? Tegen februari had Kate zeker half en half verwacht dat hij een aanzoek zou doen. In het openbaar bleek William alleen oog voor Kate te hebben terwijl hij haar op de skihellingen het hof maakte.

Ze werden gefotografeerd terwijl ze elkaar liefdevol omarmden en ze kusten elkaar meer dan een minuut in het openbaar. Het tedere moment kwam toen ze een bergrestaurant verlieten om naar het dorp Zermatt terug te skiën. Het was hun vierde dag van de vakantie van een week met vrienden. Iemand die in het Blattencafé aan het dineren was, zei: 'Ze leken erg gelukkig met elkaar. Het was duidelijk dat er een speciale chemie tussen hen was. Er waren minstens zeventig andere mensen aan het lunchen, maar William toonde haar in het openbaar zijn liefde. Tijdens de hele lunch keek Kate naar William en bleef ze naar hem glimlachen.' Terwijl vrienden uit hun groep, zoals Thomas van Straubenzee en Guy Pelly, 's avonds uitgingen om van het nachtleven te genieten, bleef William liever met Kate in hun chalet, dat 5000 pond had gekost. Het is misschien geen wonder dat de Britse bookmaker William Hill stopte met het sluiten van weddenschappen of het stel zich zou verloven. Hij zei dat het zeker was en voorspelde dat ze het jaar daarop zouden trouwen.

Alles zag er dus goed uit, maar privé waren er berichten over verhitte ruzies, gespannen gesprekken en misschien een lang openhartig gesprek, een soort intentieverklaring, weliswaar minder dramatisch maar oneindig belangrijker. Blijkbaar was Kate, die haar vriend de laatste weken erg weinig had gezien, teleurgesteld dat William besloten had zijn vrienden mee te nemen op het uitstapje. Wat velen zagen als een idyllisch romantisch uitstapje was in plaats daarvan, volgens een van de vrienden van het stel, de druppel die de emmer deed overlopen. Frustraties en irritaties kwamen de een na de ander aan de oppervlakte. 'Het ging niet goed in Zermatt. Kate had William nauwelijks gezien en wilde echt met hem over de situatie praten. Het feit dat ze er met een grote groep waren, was een bron van onenigheid tussen hen.' De informant voegde eraan toe: 'Kate is een erg moederlijke figuur. Ze bekommert zich graag om dingen en terwijl William op Sandhurst was, kwam deze kant van haar naar boven. Als ze William zag, was hij soms zo uitgeput dat hij met zijn hoofd op haar schoot in slaap viel. Hij reed soms rechtstreeks van de militaire oefeningen naar haar huis – vaak nadat hij dagen in greppels had geslapen. Hij verscheen in volledige gevechtskleding en rook nog naar de training. Kate zorgde ervoor dat er een beker thee op hem wachtte en dan nam hij een heet bad.'

Maar wat hen ooit samen had gebracht, trok hen nu uit elkaar in verschillende richtingen en ze schenen verschillende dingen te willen. Kate leek op vijfentwintigjarige leeftijd, een half jaar ouder dan haar vriend, plotseling veel ouder dan William, die zich door haar betutteld voelde. Als gevolg daarvan verdween al het plezier uit hun relatie. Later zat het stel bij elkaar om over hun toekomst te praten. Een vriend zei: 'Niemand weet precies wat er tussen hen werd gezegd, maar William en Kate praatten uren over hun toekomst. Eerlijk gezegd wilden ze ieder verschillende dingen. Ze waren een erg aardig stel, maar ze hebben elkaar gewoon vijf jaar te vroeg ontmoet. William voelde zich te jong en wilde de vrijheid niet opgeven die hij in het leger had. Kate was klaar voor de volgende stap. Ze waren een normaal stel dat verschillende dingen wilde. Het is triest voor hen, net als voor elk ander jong stel dat na jaren uit elkaar gaat.'

De relatie sleepte zich daarna nog enkele weken voort, maar de pijnlijke beslissing om uit elkaar te gaan werd die vakantie genomen. Diep in hun hart, of ze het nu accepteerden of niet, wisten ze dat er een episode werd afgesloten. In de week nadat ze uit Zwitserland terugkeerden, brachten ze een dag door op het Cheltenham Racing Festival. Uit hun lichaamstaal bleek duidelijk dat het niet goed ging tussen hen. Wat ooit zo gemakkelijk en natuurlijk was, bleek nu gekunsteld. Het was de laatste keer dat het paar samen werd gezien in het openbaar. Het bleek ook een bron van irritatie tussen de prins en Kate te zijn. Toen ze die dag bij de paardenrennen aankwamen, was William de wanhoop nabij omdat hij daar een batterij mediafotografen en tv-ploegen aantrof, want men had hem verzekerd dat hij en Kate in een beveiligd gedeelte van de renbaan zouden verblijven. 'Hij werd echt kwaad', zei iemand uit zijn groep vrienden, 'en hij zei tegen haar dat ze daar maar niet meer naartoe moesten gaan.' Op de dag van de Gold Cup, toen hij terug was in de Bovington-kazerne in Dorset voor de opleiding tot tankcommandant, ging ze er weer naartoe en nam deel aan de lunch in de koninklijke loge. Prinses Anne vond dit kennelijk niet zo prettig. William was blijkbaar zowel van streek als geïrriteerd door Kates beslissing om er alleen en tegen zijn advies in naartoe te gaan. Toen wist hij wat zij nog niet wist: dat hun relatie allesbehalve normaal verliep.

Tien dagen later, kort nadat William deelnam aan een cursus in het leger, werd uiteindelijk de doodsklok geluid over hun relatie. Op 25 maart ging hij op stap met medeofficieren van het cavalerieregiment. Die nacht bleek doorslaggevend te zijn. Ze gingen wat drinken in een bar in het centrum van Bournemouth. Zijn gedrag die nacht was niet dat van een man die een serieuze relatie had die uiteindelijk in een huwelijk zou eindigen. Volgens de mensen die hem zagen, gedroeg hij zich als een vrijgezel op zoek naar een prooi. Een aantrekkelijke studente vertelde een verslaggever, en daarmee ook de wereld, hoe William haar had meegenomen naar de kazerne nadat ze in een nachtclub voor de verbaasde feestgangers hadden gedanst. Ze vertelde hoe William Kates vertrouwen had beschaamd. De prins, die grote glazen bier dronk en daarbij steeds een glas sambuca nam, ontdekte die vrijdagnacht kennelijk de negentienjarige Lisa Agar in de nachtclub Elements. Ze draaiden heup aan heup om elkaar heen op het podium van de nachtclub, 'tegen elkaar aan botsend en heupwiegend', voordat de prins haar uitnodigde om mee te gaan naar zijn kazerne dertig kilometer verderop.

Lisa, die de aandacht trok door een piercing in haar lip, sprak later over Williams dronken fratsen en haar avond met hem. Ze gaf allerlei details. Ze waren zo aanschouwelijk dat zelfs de prins ze niet kon ontkennen en zo gedetailleerd dat zijn vriendin ze moest geloven, of ze dat wilde of niet. Lisa vertelde: 'Hij was erg lief en zat de hele tijd aan mij. Hij was bovendien geen verlegen jongen. Hij sprak niet één keer over Kate. Het was alsof ze niet bestond. Ik bracht bijna de hele tijd met hem door op de club – we dronken, dansten en gingen naar de kazerne.'

De sexy een meter tachtig lange studente Lisa droeg een zwarte legging en een roze nauwsluitende top. 'We stonden naast elkaar aan de bar en hij dronk sambuca. Zijn vriend, met wie ik eerst had gedanst, stelde mij voor en hij zei: 'Leuk je te ontmoeten.' Hij was warm en vriendelijk, niet verlegen zoals ik had gedacht. Nadat hij klaar was met drinken, liep Will naar het podium met vier andere jongens en begon daar te dansen. Hij sloeg vier glazen sambuca achterover en dronk minstens zes glazen Stella. Hij lachte de hele tijd – zoals dronken mensen doen. Ik kon zien dat Will naar mij keek', zei ze.

Toen riep William kennelijk: 'Lisa, kom naar boven. We laten hun zien hoe het moet!' Het meisje zei dat hij toen naar haar toe kwam en haar mee het podium op trok. 'Het was een erg klein podium, er konden eigenlijk maar vier mensen op als het echt nodig was, dus we stonden dicht bij elkaar', zei ze. 'We dansten tegenover elkaar. Ik viel steeds bijna van het podium af, hij pakte mij dan voorzichtig bij mijn arm om mij tegen te houden. Dat was heel lief. Toen we genoeg hadden van het dansen op het podium sprongen we eraf, gingen naar de bar om nog wat te drinken en dansten toen gewoon verder op de dansvloer. Hij kan echt goed dansen.' Ze beweerde dat de prins, die normaal een voorstander is van gelijkheid, naar haar keek en zei: 'Jij bent eigenlijk te goed om hier te zijn.'

'Ik was erg gevleid', zei ze. 'Ik dacht dat hij grappig wilde zijn, maar misschien was dat niet zo.' Aan het einde van de nacht – de club sloot om ongeveer drie uur 's nachts – vertrokken ze met z'n allen. 'Iedereen was een beetje moe en dronken', vertelde Lisa. Ze liep met William en zijn vrienden naar de wachtende auto's met de koninklijke beveiliging, een Audi en een Land Rover. 'Will sprong voorin in de Audi en vroeg: "Lisa, waar ga je naartoe? Ga met ons mee naar de officierskantine!" We reden naar de kazerne in Bovington. Het was allemaal erg luxueus. William had ervoor gezorgd dat een van zijn vrienden ons opwachtte bij de ingang en die maakte de deur voor ons open.'

Na deze nacht waarbij zo zwaar werd gedronken, begonnen er verhalen over de feestvierende prins in de pers op te duiken. Maar het werd nog erger. Er werd een compromitterende foto gepubliceerd waarop William was te zien met zijn hand op de borst van een andere studente, Ana Ferreira – al kan het net zo goed gewoon aan de hoek liggen van waaruit de foto werd genomen. Het is te begrijpen dat Kate zich vernederd voelde en tijdens een emotioneel telefoongesprek kwamen de twee overeen elkaar te ontmoeten om hun problemen grondig te bespreken. Op 31 maart dineerden ze samen met hun vrienden Hugh en Rose van Cutsem in de Cotswolds. Het was voor beiden duidelijk dat hun relatie nergens meer naartoe leidde.

Op 3 april vlogen Kate en haar moeder Carole naar Dublin om een kunsttentoonstelling te bekijken terwijl William wederom een nacht vol drank doorbracht met zijn vrienden uit het leger. Het was nu nog slechts een kwestie van tijd voordat de waarheid boven water kwam. Binnen enkele dagen werd het verhaal gepubliceerd en zouden William en Kate het moeilijkste gesprek van hun leven voeren, waarbij een gedecideerde William, volgens iemand uit hun naaste omgeving, geen pogingen deed om 'de bittere pil te vergulden'.

Op 12 april dineerde Kate samen met een groep vriendinnen in Londen. Een van hen vroeg haar rechtstreeks hoe de stand van zaken was met betrekking tot William. Tot hun verrassing antwoordde ze koel en zonder emoties: 'Het is definitief uit tussen ons.' Er was geen wroeging, er waren geen tranen, alleen een zakelijk antwoord. Een goed geïnformeerde bron vertelde mij achteraf: 'Ze was koel en vrij relaxed toen ze het vertelde. Ze waren allemaal een beetje verrast dat ze geen emoties toonde. Ze scheen bijna opgelucht te zijn dat het uit was. Iedereen gaat ervan uit dat William haar had gedumpt. Maar de waarheid is heel anders. Het gebeurde met wederzijdse instemming.' Wie zou het Kate verwijten als ze zich behalve verdrietig ook een beetje opgelucht voelde? Ze had zich uiteindelijk in de relatie steeds uiterst gepast en waardig gedragen. Misschien genoot Kate van het vooruitzicht om zich een keer helemaal te laten gaan.

Na het etentje gingen de vriendinnen die nacht naar de nachtclub Kitts op Sloane Square, een plaats met de uitbundige feeststemming van de Cariben gecombineerd met vlekkeloze Britse service. De club was genoemd naar het eiland St. Kitts en bood een gevarieerde lijst cocktails, zoals de Hans Sloane, een mengsel van Caribische rum en chocola. Het gebogen roerstaafje is exotisch versierd met bloemen. Misschien deed het Kate denken aan haar Caribische uitstapjes met haar prins. Als dat al het geval was, liet ze het niet merken. Terwijl het hele land in de veronderstelling verkeerde dat William en Kate nog steeds bij elkaar waren, bouwde Kate tot in de vroege uurtjes een feestje met haar vriendinnen.

De zondagskrant *News of the World* was de eerste die het verhaal over de breuk opving. Maar aangezien het woensdag was en hij het verhaal pas zondag kon publiceren, bevond uitgever Colin Myler, een Fleet Street-veteraan en de vroegere uitgever van de *Daily Mirror* en de *Sunday Mirror*, zich in een weinig benijdenswaardige positie. Het enige wat hij kon doen, was wachten en hopen dat niemand anders het verhaal ter ore kwam voordat hij het had gepubliceerd. Maar op de vrijdag nadat Kate het aan haar vriendinnen had opgebiecht, begon het gerucht zich snel te verspreiden. Het was alleen nog een kwestie van tijd voordat het bekend werd gemaakt.

William leed emotioneel aan claustrofobie, Kate voelde zich eenzaam en geïsoleerd in Londen. Er moest iets gebeuren. Binnen enkele dagen gebeurde dat ook. Op 14 april 2007 lekte het verhaal over de breuk uit in *The Sun*. Zelfs voordat het blad het publiceerde, waren er al geruchten dat William avonden doorbracht op de dansvloer van clubs zowel in Londen als in Bournemouth, in de buurt van zijn kazerne, met knappe blonde meisjes.

Kates geduld was ten einde. Haar vriendinnen schaarden zich om haar, wezen vastberaden naar William en zeiden dat zijn onvolwassenheid de schuld was van alles. Een van hen vertelde mij in vertrouwen: 'Toen ze op skivakantie gingen in februari, stond William erop om zijn groep vrienden mee te nemen. Er waren mensen bij zoals

Thomas van Straubenzee en Guy Pelly, die er allemaal van hielden om er flink tegenaan te gaan als er gefeest moest worden. Kate had nauwelijks iets in te brengen. Ze had gehoopt dat het een romantische vakantie zou worden.' De vriendin zei dat er felle ruzies waren. William reageerde door vol te houden dat het zijn goed recht was om met zijn vrienden door te zakken.

Het verhaal bereikte de kranten en binnen enkele dagen was de relatie waarover de natie zo enthousiast was, voorbij. Maar was dat ook echt zo? De breuk was aanleiding tot speculaties dat de koninklijke familie in laatste instantie besloten had dat Kate te gewoon was voor hen. Naar verluidt maakten Williams vrienden vreselijke opmerkingen over haar moeder Carole. De waarheid was eenvoudig: William meende dat het 'plezier' uit hun relatie verdwenen was. Op vierentwintigjarige leeftijd voelde hij zich beklemd alsof zijn toekomst al was uitgestippeld. En dus vertelde hij haar dat het voorbij was. 'Hij wond er geen doekjes om', zei een bron uit haar naaste omgeving. Het ging wat hem betreft allemaal te snel.

William vond dat hij te jong was om stil te staan bij de vraag of hij het rustige leventje van een getrouwde man wel wilde. Hij deed gewoon wat normale vierentwintigjare kerels doen. Het was ook typerend voor William: iemand die misschien wel naar advies luisterde, maar uiteindelijk deed wat híj wilde. Kate was in alle staten omdat ze altijd had geloofd dat ze zouden gaan trouwen. Williams houding kwam voor haar als een volledige verrassing.

Er werd gespeculeerd dat William zelf vond dat hun verschillende achtergronden uiteindelijk niet met elkaar in overeenstemming konden worden gebracht. Er deden gemene grappen de ronde over Kates afkomst. Maar bij nader onderzoek bleek dit onjuist, zoals ik tot mijn tevredenheid kon vaststellen. Het bleek dat een openhartig gesprek dat door Kate drie weken daarvoor was afgedwongen de oorzaak was geweest van de beslissing om de relatie te beëindigen. Nadat William in het openbaar gezien was terwijl hij met de blonde studente aan het feesten was, flipte Kate. Dat valt te begrijpen. Ondanks het feit dat de desbetreffende jonge vrouw hem beschreef als de 'perfecte gentleman', was er uiteindelijk ook nog een foto van hem met zijn arm om een andere jonge vrouw, een achttienjarige Braziliaanse studente. Er werd beweerd dat hij zijn hand op haar borst had gelegd. Kate wilde dat haar vriend haar zou verzekeren dat hij niet zo ver was gegaan. Dat deed hij echter niet. Was het een vergissing druk op hem uit te oefenen? Kate dacht van niet. Het was zeker geen ultimatum, meer een test om te weten waar ze aan toe was in de relatie. William reageerde door te zeggen dat hij nog niet klaar was voor een huwelijk. Het was duidelijk uit de hand gelopen.

William liet zijn vader weten wat er was gebeurd – en beleefdheidshalve ook de koningin en prins Philip. Ze waren met hem begaan en hun advies was verstandig. Alle drie waren ze van mening – en dat maakten ze hem ook duidelijk – dat hij zich niet onder druk gezet mocht voelen om te trouwen. Maar naast dit verstandige advies waren ze wel van mening dat William eerlijk moest zijn tegen zijn vriendin, met wie hij al vier jaar omging en die ze erg graag mochten. Hun advies, dat hetzelfde was als van zijn beste vrienden, was voor William aanleiding om vastberaden actie te ondernemen.

Zijn beslissing moet worden gezien tegen een achtergrond van constante spanningen. Spanningen veroorzaakt door de lange perioden dat ze elkaar niet zagen vanwege zijn carrière in het leger, doordat ze voortdurend in de belangstelling stonden en elke stap werd bekritiseerd en, wat misschien belangrijker was, doordat William zich soms hardnekkig bleef gedragen als een vrijgezel. De katalysator voor het openhartige gesprek over zijn relatie met Kate was Williams bezoek aan een nachtclub met zijn vrienden uit het leger waarbij veel werd gedronken. Op zichzelf onschuldig, maar in Kates ogen was het typerend voor zijn nonchalante houding tegenover hun relatie. Ze had allang geleerd om net te doen alsof ze niet zag dat hij naar andere meisjes keek. Ook had ze geleerd om de aandacht die hij kreeg van vrouwen die hem adoreerden, te negeren. Alles bij elkaar geteld begon dit niettemin zijn tol te eisen.

Het nieuws dat het paar uit elkaar was, verraste de natie, hoewel, zoals vrienden konden getuigen, er toch wel een aantal voortekenen waren geweest. Ze verwezen in het bijzonder naar de beslissing om Kerstmis afzonderlijk door te brengen en naar het feit dat William niet verschenen was bij de familie Middleton om oud en nieuw te vieren. In de vriendenclub van het stel, maar ook daarbuiten, bleef men speculeren over één vraag: zou William spijt krijgen? Hij had de reputatie koppig te zijn.

Zijn vader had ongeveer dezelfde leeftijd toen hij de jonge Camilla Shand door zijn vingers liet glippen omdat hij net zo besluiteloos was, en omdat hij misschien te veel hield van zijn vrijgezellenstatus. Onvermijdelijk werden er vergelijkingen gemaakt. In de onmiddellijke nasleep van de breuk zocht Kate haar toevlucht op de plaats die altijd haar toevluchtsoord was geweest: het huis van haar familie in Berkshire. Ze verscheen slechts één keer, en verdween met haar ouders in een Land Rover. Ze droeg donkere jeans en een geruite blouse, haar ogen waren verborgen achter een donkere bril. Ze had gehuild en wilde dat niet laten zien. William bleef uit de aandacht van de media bij zijn regiment in Dorset.

Officieel zei Clarence House niets. Ze gaven geen commentaar op Williams privéleven. De pers kreeg hulp van oudere hoffunctionarissen die zeiden dat de beslissing om uit elkaar te gaan gezamenlijk en vriendschappelijk was genomen. Maar binnen enkele uren veranderde het verhaal. Plotseling waren er berichten dat hoffunctionarissen en andere niet nader genoemde vrienden van William hem hadden beïnvloed met snobistische opvattingen over Kates achtergrond, vooral wat de vroegere carrière van haar moeder als stewardess betreft. Naar men zegt had de koningin haar wenkbrauwen gefronst over de wijze waarop Carole Middleton sprak, waarbij duidelijk bleek dat ze uit de middenklasse kwam. Naar verluidt zei ze bijvoorbeeld 'pardon' in plaats van 'wat' en 'toilet' in plaats van 'wc'. De media hadden het verhaal nauwelijks gepubliceerd of er kwam al een stroom van reacties op gang, die nog werd gevoed door de mededeling van de officiële woordvoerder van Clarence House, Paddy Harverson, dat de berichten over snobisme onjuist waren – althans dat zei hij tegen diegenen die de moeite hadden genomen om het vragen.

Het was moeilijk om geen sympathie te voelen voor Kate en haar familie in de weken dat er steeds meer commentaar kwam op de rol die zij in de hele situatie speelden, en die op een klassenstrijd begon te lijken – tot Kate de zaak in eigen handen nam en ervoor zorgde dat de aandacht van de pers zich in gunstige zin op haar richtte. Kate, die er slanker uitzag en zich jonger kleedde, werd in mei vaak gefotografeerd bij het uitgaan, meestal met haar zus Pippa, een donkerharige schoonheid die pas haar relatie met de erfgenaam van bankiershuis J.J. Jardine Paterson had verbroken. Toen ze op een avond bij juwelier Asprey aankwamen voor de presentatie van het boek *Young Stalin*, geschreven door de briljante historicus Simon Sebag Montefiore, ontstond er een elektrische spanning. De fotografen werden wild en klikten als gekken. Beide jonge vrouwen zagen er prachtig uit, maar Kate in het bijzonder met een ivoorkleurige, nauw aansluitende jurk waarbij haar gebruinde, glanzende huid en gestroomlijnde figuur goed uitkwamen.

Plotseling leek het alsof de zogenaamde *scissor sisters* overal waren; ze verschenen bij heel veel societybijeenkomsten en stonden voortdurend in het middelpunt van de belangstelling. William was terug in zijn kazerne in Bovington, hij was alleen en werd ongetwijfeld door zijn medeofficieren geplaagd met de koppen in de krant. Het zou niemand verrast hebben als hij zich zijn vergissing begon te realiseren. Ze was een mooie begerenswaardige alleenstaande vrouw die genoeg aanbiedingen kreeg om haar naar de verschillende nachtclubs in Londen te vergezellen. Hij wilde haar terug. Wie anders kende hij uiteindelijk zo goed? Wie anders kon hij vertrouwen? Wie anders wilde de rol van gemalin van de koning op zich nemen? Wie anders hield van hem om wie hij was?

Kates beslissing een paar dagen eerder om uit te gaan was in de pers onopgemerkt gebleven. Maar Williams gedrag daarentegen niet. De prins ging naar de Polynesische club Mahiki in Londen. Hij ging er naartoe op een vrijdagavond om halftwaalf; de dag erop verscheen het verhaal in de pers. Hij nam plaats aan een gereserveerde tafel, waar hij een acht man sterke groep met inbegrip van zijn vriend Guy Pelly ontmoette. Toen de nachtploegen van de krantenredacties er kennis van kregen, was William zwaar aan het drinken en hij danste de hele nacht door. Hij was zich blijkbaar niet bewust van de negatieve publiciteit die hij zou krijgen – of misschien kon het hem niet schelen – maar op een bepaald moment riep Willliam naar verluidt: 'Laten we het menu gaan drinken!' En dat gebeurde ook. Het cocktailmenu staat bekend als het Mahikipad. Als de bezoekers achttien sterke drankjes van tussen negen en vijftig pond naar binnen hebben gewerkt, krijgen ze de beruchte Schatkist van de club – een cocktail van honderd pond – gratis.

Boven op deze zware mengeling van cocktails kregen Wills en zijn vrienden het voor elkaar ook nog eens zes magnums Dom Perignon-champagne uit 1998 voor 450 pond per fles te drinken. Het was zijn eerste avond uit sinds hij en Kate uit elkaar waren gegaan en hij had blijkbaar tegen een vriend gezegd: 'Ik ben echt gelukkig. Alles is goed. Ik ga me amuseren.' Voor het geval er nog twijfel mocht bestaan over zijn gevoelens, er werd verteld dat hij riep: 'Ik ben vrij!' waarna hij zich waagde aan een robotachtige dans. Het was een overdreven vertoning. Met zijn gedrag liep de prins het risico dat een hardvochtig publiek hem als lomp en gevoelloos zou beschouwen. Als hij uiteindelijk echt zo gemakkelijk zonder Kate kon, waarom in vredesnaam had hij de relatie dan zo lang laten voortduren en hoop gegeven op een verloving en een huwelijk? In het koude ochtendlicht leek de prins die ooit zo modern was overgekomen een bijzonder ouderwetse proleet. Hij maakte een lamlendige indruk, geheel in contrast met enkele dagen eerder, toen hij bedaard met zijn grootmoeder en vader gesproken had. Kort voordat de koningin Windsor Castle verliet om twee dagen bij de graaf van Carnarvon te verblijven, had prins William zijn groot-moeder gebeld en haar verteld dat hij en Kate uit elkaar waren. De koningin was kennelijk verrast en ontsteld. 'De koningin was op hen beiden gesteld en was verdrietig omdat ze wist dat het pijnlijk zou zijn', onthulde een oudere hoffunctionaris.

Hierna zullen Kate en haar ouders zeker gedacht hebben aan de officiersparade op Sandhurst vier maanden eerder en zich hebben afgevraagd waarom ze uitgenodigd waren. Uiteindelijk was de parade voor de vorstin niet bedoeld als een familiedag. Op 15 december 2006, toen William tot subalterne officier werd bevorderd, was zijn familie ook in groten getale aanwezig. Geen wonder dat alle weddenschappen over de mogelijkheid van een toekomstige verloving wat de bookma-kers betreft van de baan waren.

Feit is dat William op de dag van de parade in Sandhurst, toen de Middletons toekeken in de verwachting dat hun dochter koningin zou worden, al zijn twijfels had. Hij liet daar echter niets van mer-ken aan Kate. In feite twijfelde hij al maanden, vooral omdat hij na de voltooiing van zijn opleiding aan Sandhurst een geheel nieuw sociaal leven had ontdekt door de omgang met legerofficiers, in wier omgeving leuke jonge vrouwen circuleerden.

De koninklijke biograaf Christopher Wilson beschreef die periode destijds als een 'historische daad van dwaasheid, die blijk geeft van een overdreven gevoel van eigenwaarde van de kant van de prins'. De historicus Andrew Roberts zei dat de koninklijke familie een grote kans had gemist doordat ze Kate door hun vingers hadden laten glippen.

Eigenlijk is Kates enige vergissing, net als bij Diana voor haar, dat ze te veel van haar vriend verwachtte. William werd steeds meer omgeven door jaknikkers, stroopsmeerders die elke bevlieging van de prins prachtig vonden. In de tijd dat ze pas uit elkaar waren, bleek dat Williams vrienden het leuk vonden om de carrière van Kates moeder als stewardess te bespotten door luid 'doors to manual' (deuren handmatig openen) te roepen als Kate verscheen en te vragen wanneer het karretje met de drank zou langskomen. Zelfs als dit niet waar is, heeft dit de prins veel kwaad gedaan doordat hij leek op de koning in een kegelspel, omringd door snobistische vrienden die als schoolkinderen gniffelen over mensen die ze niet als van het 'juiste soort' beschouwen. William riskeerde over dezelfde kam te worden geschoren, ook al is het niet helemaal eerlijk, terwijl sommigen vreesden dat zijn beslissing weinig goeds voor zijn toekomst en die van de monarchie voorspelde. In Kate Middleton had hij ongetwijfeld een van de meest aardse jonge vrouwen gevonden die ooit een koninklijk hof had betreden. Er leek hem zoveel geluk te wachten. Ook de monarchie leek een infuus met vitaal, vers bloed te krijgen en een frisse, modernere denkwijze.

De breuk van William en Kate was wereldnieuws. Natuurlijk was het pijnlijk, maar beiden wisten dat de tijd alle wonden heelt. De hoffunctionarissen met wie ik sprak twijfelden er niet aan dat Kate goed werd opgevangen. Maar de praatjes dat haar familie niet goed genoeg zou zijn, waren schadelijker voor de reputatie van William en de koninklijke familie dan voor Kate en haar familie. De naaste medewerkers van de koningin waren vastbesloten om korte metten te maken met de beweringen dat er snobistische opmerkingen over

Kates moeder waren gemaakt, in het bijzonder in de nasleep van de breuk. 'Ik kan u verzekeren dat Hare Majesteit mevrouw Middleton zelfs niet ontmoet heeft en dat ze een dergelijke kleinerende opmerking zeker niet heeft gemaakt', zei een oudere adviseur tegen mij.

Maar het kwaad was geschied. Er was veel ophef over de geruchten dat de koningin en haar functionarissen Carole Middleton niet goed genoeg vonden vanwege haar afkomst. Het deed er niet meer toe of de berichten dat de leden van het koningshuis en de hofhouding ontsteld waren over het feit dat Carole zichzelf niet op de juiste wijze had voorgesteld of het verkeerde vocabulaire gebruikte, onjuist waren of het werk waren van onruststokers. Ze bleven hangen bij het publiek.

Ondertussen ging Kate gewoon door en liet alles van zich afglijden. Of ze zich nu zo voelde of niet, ze liet de wereld een vrolijk gezicht zien, wat nog eens onderstreepte wat de grote meerderheid van het publiek reeds had geconcludeerd: als het op echte waardigheid aankwam, maakte Kates aangeboren klasse meer dan goed van wat ze tekortkwam aan punten op de schaal van de *Burke's Peerage*, het boek van de adel. Ze glimlachte door haar verdriet heen en poseerde voor de paparazzi terwijl ze een tennisracket kocht, voordat ze door haar broer James in zijn auto werd weggebracht. Binnen een paar dagen was ze weer op haar best en genoot ze van haar leven als alleenstaande vrouw zonder de prins.

In een mini-jurkje dat haar figuur goed deed uitkomen en een glimlach die bij haar stemming paste, kwam Kate om halfdrie uit de Mahiki op de vrijdagnacht nadat ze uit elkaar waren gegaan, en ze zag er prachtig uit. Haar brede glimlach betekende dat ze weer op haar best was. De kop in de *Standard* de volgende dag weerspiegelde dit beeld. 'WIE HEEFT WILLIAM NODIG?' luidde hij, een duidelijke boodschap voor haar ex-vriend. Aan haar gezicht te zien had ze hem duidelijk niet nodig. 'Ze danste temidden van een groep van ongeveer vijf kerels die allen behoorlijk wat meer hadden gedronken dan zij', zei een van de feestgangers. Alex Shirley-Smith vertelde hoe hij Kates blik had opgevangen. 'Toen James Browns "Sex Machine" werd gespeeld, schudde ze haar haar naar achteren en keek mij over haar schouder aan. Daarna maakte ze een paar draaibewegingen naar mij toe en ging met haar rug naar mij toe staan dansen. Ze bewoog erg sexy. Ze was fantastisch. Ze kon heel goed dansen. Ik vond haar top, maar ik wist niet wie ze was, en toen ik haar naam vroeg, zei ze "Kate". Ze had fantastische benen en toen mijn vriend mij vertelde wie ze was, bedacht ik nog dat ze er veel leuker en slanker uitzag dan in de kranten. Toen werd ze weggerukt door een vent die echt heel dronken was. Ik denk dat het een van haar vrienden was.'

Een paar dagen later vond in dezelfde club een feestje plaats ter gelegenheid van het geplande vertrek van prins Harry naar Irak. William arriveerde alleen om halftwaalf. Harry had Kate uitgenodigd, maar ze had op het laatste moment besloten niet te gaan. Dat was misschien wel verstandig, want William leek niet al te bezorgd te zijn over het feit dat zijn broer vertrok en vierde zijn pas ontdekte status van vrijgezel door tot halfvier feest te vieren, waarbij zijn drankrekening opliep tot 5000 pond. Volgens een feestganger in de club was het duidelijk Williams bedoeling die avond zo dronken mogelijk te worden, samen met zijn vrienden, onder wie de dochter van Sir Richard Branson, Holly. 'De rollen waren volledig omgedraaid', zei een andere feestganger. 'Harry gedroeg zich op zijn best. Hij en Chelsy dronken niet echt. Het was vrij duidelijk dat Harry andere dingen aan zijn hoofd had. Maar William kon het absoluut niet schelen of hij dronken werd.' Hij beëindigde de avond zelfs door hartstochtelijk te zoenen met een mysterieuze jonge vrouw.

Misschien is dat wat ons te wachten staat. Historisch gezien neigen de Windsors naar genot en het was te voorzien dat de prins er weinig moeite mee zou hebben zijn achterstand van de laatste vijf jaar in te lopen en wilde dingen te doen. Maar welke impact zou dat hebben op het instituut dat hij als erfgenaam van de troon moest vertegenwoordigen? Vlammende krantenkoppen over nog een playboy-prins kon het paleis niet gebruiken. Commentatoren speculeerden erover dat William nu een nieuwe groep aristocratische meisjes zou uitzoeken met dubbele en driedubbele achternamen. Ook zouden zich modellen op hem werpen. Ik betwijfelde of William in staat zou zijn eenzelfde soort relatie met hen op te bouwen als met Kate.

In de onmiddellijke nasleep van de breuk was er een vrouw met een driedubbele achternaam en een imposante achtergrond die aan William werd gekoppeld. In het verleden kon Kate de aandacht die William van haar kreeg niet verdragen. Maar de mooie actrice, aristocrate en lid van de beau monde Isabella Anstruther-Gough-Calthorpe, die uitging met de zoon van Sir Richard Branson, Sam, heeft altijd de beweringen dat ze een romance met William zou hebben, ontkend. Daarmee hielden de geruchten die circuleerden niet op. Het klopt dat ze een nauwe vriendschap aanknoopte met William. De eerste tekenen daarvan werden in 2005 zichtbaar, toen ze werden gespot tijdens een intens gesprek op een bal in avondkleding. Naar verluidt maakte dit Kate zo woedend dat ze de zaal uit stormde. Isabella is een van de weinige vrouwen die zijn avances heeft afgewezen. Misschien heeft hij zich gerealiseerd dat zoiets vaker zou kunnen gebeuren, omdat sommige vrouwen die hadden gezien wat Kate had moeten verduren, hem inmiddels niet meer als zo'n goede partij zagen, of hij nu erfgenaam van de troon was of niet. Twee van Williams ex-vriendinnen waren nog steeds met hem bevriend, ook in de tijd dat hij een relatie had met Kate: Jecca Craig en Arabella Musgrave. William werd ook gekoppeld aan Holly Branson, Richard Bransons mooie dochter, die ook met Kate was bevriend.

Het zou onbezonnen zijn van de prins, die zo vreselijk naar zijn vrijheid verlangde, om weer een langdurige relatie aan te gaan met iemand waar hij zo maar tegenaan was gelopen. Hij wist uiteindelijk beter dan wie ook dat de consequenties van een dergelijke beslissing triest konden zijn. Om Williams vaste vriendin te zijn was meer nodig dan er alleen maar goed uitzien en chic zijn. Om kans te maken om op een dag koningin te worden aan zijn zijde, zou iedere willekeurige toekomstige vriendin eigenschappen nodig hebben die zelden voorkomen.

Daar had hij nooit bij stilgestaan. Kate was de grote liefde van zijn leven. Hij had van haar gehouden en hij had haar verloren. Als Kate ergens schuldig aan was, dan was het, zo leek het tenminste, dat ze het juiste meisje op het verkeerde moment was.

XVII

Voor nu en altijd

'Prins William en prins Harry,
jullie hebben een prachtige show op de planken gebracht. Gefeliciteerd.
Als jullie er ooit genoeg van hebben om dit land te leiden,
dan mogen jullie voor mij komen werken en televisieshows produceren.'

**Muziekmagnaat Simon Cowell over het concert in Wembley van William en Harry
ter nagedachtenis aan hun moeder**

Kate zat naast haar zus Pippa in de koninklijke box, twee rijen achter William. Hij zat op de voorste rij naast zijn broer Harry en zijn jeugdvriend Thomas van Straubenzee. Officieel waren Kate en William nog steeds uit elkaar, maar er gingen geruchten in de persbox in het nieuwe Wembley Stadium dat zij daar was voor het benefietconcert dat William en Harry voor hun moeder, prinses Diana, hadden georganiseerd. Toen leadzanger Gary Barlow van de popgroep Take That de eerste noten van 'Back for Good' zong en William en zijn ex-vriendin op de muziek wiegden, zoomden de camera's in op Kate, die de tekst meezong. De journalisten hadden meteen hun krantenkop.

Clarence House deed zijn uiterste best om de geruchten over een verzoening en de betekenis van de uitnodiging die Kate voor het concert kreeg, te minimaliseren. 'Zie je, ze zijn vrienden. Toen ze uit elkaar gingen, deden ze dat als vrienden, en ze zullen ook goede vrienden blijven', zei iemand me. Ik was niet overtuigd, en later zou blijken dat ik gelijk had. Tenslotte had ik eerder die dag, op 1 juli 2007, een tip gekregen dat Kate aan de vooravond van het concert de nacht bij William had doorgebracht in zijn flat in Clarence House. Dit werd bevestigd door het feit dat haar wagen gezien was toen ze om 1.45 uur door de politie binnengelaten werd. Dat versterkte de geruchten dat de twee opnieuw een relatie hadden, deze keer voorgoed.

Die geruchten gonsden al weken. Er werd zelfs gefluisterd dat de breuk een poging was geweest om de media-aandacht voor Kate weg te nemen. Het klopt dat William Kate enkele weken eerder, op 9 juni, had uitgenodigd voor een uitbundig 'Freaky-Naughty'-feestje in zijn legerkazerne. Kate droeg een verpleegstersuniform en hij kon zijn ogen niet van haar afhouden. Rond middernacht stonden ze kussend op de dansvloer. Na afloop vertelde een ooggetuige dat ze naar zijn kamer in de kazerne van Bovington getrokken waren. Maar alles was nog pril, een verzoening was nog veraf. Ze waren beiden nog getekend door de breuk en wilden zich niet meteen weer blootgeven. Als ze het opnieuw samen zouden proberen, wilden ze zeker zijn. De aandacht van de pers zou meedogenloos zijn. Kate genoot ongetwijfeld van zijn gezelschap, maar ze maakte William duidelijk dat ze niet opnieuw iets met hem wilde beginnen als hij zich niet duidelijk uitsprak over een toekomst samen. En zelfs dan was ze er nog niet helemaal over uit dat dit was wat ze wilde.

In het openbaar in Wembley hielden Kate en William afstand. Uiteindelijk was William er 'voor zijn werk'. Hij leek ontspannen en de zenuwen die hij vóór het concert had gehad, waren verdwenen toen hij en zijn broer Harry op het podium stonden. Zodra de aftrap gegeven was, raakten de twee helemaal in de sfeer – op zeker ogenblik deden ze mee aan een *Mexican wave* en lieten ze hun danskunsten zien. Toen ze voor een 63.000-koppig publiek op het podium klommen en het muziekspektakel openden, kregen ze een staande ovatie. Met de allures van een echte rockster riep Harry 'Hallo, Wembley!' Vooraf hadden de prinsen verklaard dat dit concert, dat gehouden werd op de dag dat hun moeder 46 jaar had moeten worden, het mooiste verjaardagscadeau moest worden dat ze ooit had gekregen. Ze waren overduidelijk geslaagd in hun opzet. 'Dit concert gaat over onze moeder en haar liefde voor het leven, haar muziek, haar dans, haar liefdadigheid en haar familie en vrienden', zei William. Elton John opende de zes uur durende show met 'Your Song'. Hij zat aan de piano, met op de achtergrond een immense foto van Diana, gemaakt door de beroemde fotograaf Mario Testino. Na Elton John kwamen Rod Stewart, Status Quo, Nelly Furtado en P Diddy – die zijn hit 'I'll Be Missing You' opdroeg aan de prinses.

Het werd een onvergetelijke avond. Muziekmagnaat Simon Cowell was vol lof: 'Prins William en prins Harry, jullie hebben een knaller van een show op de planken gebracht. Gefeliciteerd. Als jullie er ooit genoeg van hebben om dit land te leiden, dan mogen jullie voor mij komen werken en televisieshows produceren.' Maar achter de schermen was deze avond vooral belangrijk in het verhaal van Kate en William. Bookmaker William Hill zei dat hij gokkers die wilden wedden op de vraag of William en Kate opnieuw een stel zouden worden, had weggestuurd. 'Dat Kate en William niet naast elkaar zaten, daar is niemand ingetrapt. We zijn ervan overtuigd dat ze opnieuw samen zijn en de enige vraag die iedereen nu nog bezighoudt, is wanneer de bruiloftsklokken zullen luiden', zei een woordvoerder. De bookmaker kondigde aan dat hij 5-1 bood voor een verloving aangekondigd voor het einde van 2008 en 12-1 voor een verloving in 2007.

William en Kate waren sinds hun breuk in april niet meer samen in het openbaar gezien. Misschien wilden ze het deze keer wel rustig aan doen, maar iedereen had het over hen. Op het feest na het concert ter ere van Diana dansten ze de hele avond samen en wanneer ze niet dansten, zaten ze aan een intiem tafeltje met elkaar te fluisteren. Toen 'I Like the Way You Move', de hit van The Bodyrockers, gedraaid werd, sprongen ze de dansvloer op. Ze gingen helemaal uit de bol, dit was hún nummer. Kate danste uitdagend voor William en de verliefdheid droop van hen af.

Misschien was het geen bewuste poging om haar prins terug te winnen, maar Kate had het niettemin heel handig gespeeld. Ze wist dat ze hem tijd en ruimte moest geven en dat ze hem dan waarschijnlijk terug zou kunnen winnen. En dat deed ze. Ze trok naar zijn favoriete nachtclubs, zag er adembenemend uit en deed hem beseffen wat hij had laten gaan. De 'breuk' duurde in werkelijkheid slechts enkele weken. Ik ontdekte dat hun verzoening een feit was toen ze werden uitgenodigd in Upton Viva, een zeventiende-eeuws herenhuis en thuis van Sam Waley-Cohen, de zoon van een renpaardenfokker en kind aan huis bij de koninklijke familie. Kate en William waren op dat ogenblik officieel niet meer samen, maar die avond veranderde alles. Sam en zijn broer Marcus, die hun eigen vleugel hadden in het herenhuis en er vaak mensen ontvingen, gaven een feestje. Marcus, die toen dertig was, is een oud-leerling van Eton College en medestichter van Firefly, een succesvol bedrijf dat gezonde drankjes maakt. Zijn Wake

Up-drankje werd aan de man gebracht als een kruidenremedie tegen een kater, daarbij niet het minst geholpen door prins Harry, die gefotografeerd werd toen hij net voor een polomatch met grote teugen van het drankje dronk. Sam, vijfentwintig, een beloftevolle jockey en lid van de intieme kring rond William en Harry, was de gastheer. Niemand was verbaasd William op het feestje te zien. Maar sommigen schrokken wel toen ze zagen dat Kate er ook bij was.

Ze was bevriend met Sam en zijn vriendin Holly Branson. Het grootste deel van de zomer vertelde deze groep vrienden dat Kate en William niet langer een paar waren, hoewel ze wel samen gezien waren. Het was niet helemaal duidelijk voor de gasten op het feestje begin augustus. Waren ze samen aangekomen of hadden ze elkaar hier toevallig ontmoet? Maar naarmate de avond in Upton Viva vorderde, werd al snel duidelijk dat ze wel degelijk weer samen waren.

'Hun lichaamstaal sprak boekdelen', vertrouwde een gast me toe. 'Je kreeg de indruk dat, als wij er niet waren geweest, ze niet van elkaar hadden kunnen afblijven. Je kon de vonken bijna zien.' Op een bepaald ogenblik zaten ze samen op de sofa, in een diep gesprek verzonken. Volgens een goed geïnformeerde bron was het in Upton Viva dat William en Kate besloten samen op reis te gaan om te zien of ze uiteindelijk toch iets van hun relatie zouden kunnen maken. Twee weken later lekte uit dat de vakantie een beslissend moment zou worden. Hun onderlinge verstandhouding was bij hun terugkeer in Londen helemaal veranderd. Ze hadden afspraken gemaakt die hun toekomst samen zouden onderbouwen.

Ze waren zich er allebei van bewust dat ze een manier moesten vinden om met de gevaren die hun geluk bedreigden, om te gaan: er was William die graag met z'n vrienden uitging, en er waren de paparazzi. Toen ze dus beslisten samen op reis te gaan, was hun eerste prioriteit een plek te vinden waar ze alleen konden zijn, zonder hun onafscheidelijke groep vrienden en de fotografen. Maar als geld geen probleem is, lukt dat aardig.

William vond Desroches in de Seychellen de geknipte plek om de vrouw van zijn leven het hof te maken. Desroches is een privéresort, en de plaatselijke politie en het leger zorgden ervoor dat ze niet gestoord werden. Daarvoor moest een gevrijwaarde zone afgebakend worden, die bewaakt werd door de marine van de Seychellen. Dit was bijzonder efficiënt. Drie ambitieuze fotografen, van wie er een voor de Britse roddelpers werkte, werden aangehouden toen ze met een kleine boot naar het strand voeren waar William en Kate lagen te zonnen. De vakantie in de Seychellen was belangrijk omdat ze een nieuwe fase in hun leven als stel inluidde.

Het verhaal dat de twee opnieuw samen zouden zijn, ging als een lopend vuurtje, hoe hard ze ook probeerden hun relatie nog even geheim te houden en hoe hard ook spindoctor Paddy Harverson de aandacht probeerde af te leiden. In november verontschuldigde Kate zich bij de baas van Jigsaw, Belle Robinson. Ze kon niet langer voor het bedrijf werken, ze had wat ruimte nodig. Het stel glipte weg op reis wanneer ze maar konden. Prins Charles werd gefotografeerd terwijl hij Kate leerde schieten; in tegenstelling tot Diana leek Kate wel te genieten van het buitenleven.

Kate kreeg een belangrijke plaats toegewezen toen William in april 2008 afstudeerde aan de RAF Cranwell, net als tijdens de ceremonie van de Orde van de Kousenband in juni – en tijdens de huwelijken van Peter Phillips en later ook Lady Rose Windsor. Haar modegevoel veranderde: ze volgde het advies van modeconsulent Leesa Whisker en droeg vaak kleren van het merk Issa; haar kleding was eleganter dan de mode voor het grote publiek die ze tot dan toe had gedragen, maar niet zo duur als haute couture. Ze ging er steeds vaker koninklijk uitzien zonder dat het haar moeite leek te kosten. In september regelde de pr-dienst van Clarence House het zo dat de prinsen William en Harry hun eigen perschef kregen, de ambitieuze voormalige minister van Defensie Miguel Head. Voor sommigen was deze aanstelling het 'bewijs' dat William en Kate een volgende stap in hun relatie zouden zetten. Waarom had prins William anders een voltijdse perschef nodig?

Een van de eerste opdrachten van Head was het bekendmaken van de nieuwe carrièreplannen van William. De prins zou in januari een opleiding beginnen met het oog op een toetreding tot de RAF Search and Rescue. Dit was voor veel royaltywatchers een schok. De beslissing betekende dat hij achttien maanden in opleiding zou zijn. Er werd ook gezegd dat hij nadien verplicht zeven jaar in dienst zou gaan. Miguel Head zette dit snel recht. 'Dat is nonsens. De meeste officieren blijven 30 tot 36 maanden op de afdeling Search and Rescue nadat ze hun opleiding hebben afgerond', zei hij.

Sommigen die er niet echt meer in geloofden, vreesden dat dit het einde betekende voor de relatie van William en Kate, maar eigenlijk was dit net wat ze nodig hadden. Eén ding was duidelijk: Williams beslissing om vijf jaar als helikopterpiloot bij de RAF Search and Rescue te werken, gaf aan dat hij en Kate niet snel van plan waren te gaan trouwen. Maar dat betekende niet, vertrouwde een vriend me toe, dat hij niet van haar hield. Iedereen was ervan overtuigd dat dat absoluut wel zo was. De vraag was eenvoudig: was Williams chronische angst om te snel in het koninklijke keurslijf gedwongen te worden, zo groot dat hij bereid was zijn relatie op te offeren om dat te vermijden? Zijn beslissing – en volgens zijn adviseurs was het echt zijn eigen beslissing – zou onvermijdelijk betekenen dat hij weken en zelfs maanden honderden kilometers van Kate verwijderd zou zijn.

Kate leek niet van streek door het vooruitzicht. Terwijl de economie van het land wankelde in september 2008, was te zien hoe Kate in glitterjurkjes en korte shorts vrolijk rondreed op haar rollerskates of op een liefdadigheidsbal giechelend omviel, met haar lange benen uitgestrekt op de dansvloer. Haar inspanningen wierpen vruchten af. Honderden mensen daagden op voor een evenement in Vauxhall, Londen, waar 100.000 pond zou worden ingezameld voor een nieuw operatiekwartier voor het Oxford Children's Hospital. Dit ziekenhuis was opgericht ter nagedachtenis aan Thomas Waley-Cohen, die in 2004 overleed aan beenmergkanker op twintigjarige leeftijd. Kate had op school gezeten met Thomas, die ook bevriend was geraakt met William en Harry.

Was er een verborgen reden voor haar publieke optreden? Wat die ook was, haar boodschap was duidelijk: negeer me gerust, maar dan is dat jouw verantwoordelijkheid. Of het verstandig was zich zo inelegant te gedragen, is een andere zaak. Naar verluidt was de koningin niet erg blij met het gedrag waarmee Kate in de kijker liep. Klaarblijkelijk waren de hoffunctionarissen van Buckingham Palace 'ontzet' over wat zij beschouwden als 'bijzonder onbetamelijk gedrag' tijdens het benefiet op rolschaatsen. Nog nooit waren de valkuilen voor een koninklijke vriendin zo wreed blootgelegd. 'Wat willen ze dan dat ze doet – elke avond thuis televisie kijken terwijl haar prins weg is?' klaagde een van haar beste vrienden. 'Kate bevindt zich in een onmogelijke positie. Ze haat die vreselijke uitdrukking "Waity Katy" [Wachtende Kate] en haar moeder raakt erdoor overstuur. Daarom heeft ze al haar vrienden gevraagd haar Catherine te noemen.'

Cynici suggereerden dat Williams beslissing om op zijn zesentwintigste bij de RAF te gaan, waardoor hij langere perioden van huis weg zou zijn, op zijn minst handig was in zijn relatie met Kate. Daarbij werd over hem, ijdel als hij is, ook gezegd dat hij 'verliefd' was op het uniform. Zijn beslissing was voor haar het perfecte excuus om het uit te maken, zo ze dat wilde. Natuurlijk zou dit een test worden voor hun relatie; maar die had eerdere scheidingen al overleefd, dus waarom niet ook deze? Zonder een duidelijke rol voor haar of een degelijke begeleiding door Clarence House in wat van haar werd verwacht terwijl William er niet was, moest Kate zelf beslissen hoe ze haar dagen zou gaan vullen. Haar nieuwe job op dat ogenblik was het samenstellen en bewerken van de catalogi voor Party Pieces, het bedrijf van haar ouders. Haar onzekerheid over haar positie bereikte zelfs de koninklijke bodyguards. Ze had geen officiële status, wat betekende dat ze niet beschermd kon worden wanneer William er niet bij was, omdat ze maar zijn vriendin was. Ze vreesden dat zij de schuld zouden krijgen als er iets met haar zou gebeuren.

In 2008 hielden agenten haar wel in het oog wanneer ze bij William was. Toen zij en William in september bijvoorbeeld naar Salzburg in Oostenrijk gingen voor het huwelijk van de zus van een gemeenschappelijke vriendin uit de tijd dat ze in St. Andrews studeerden, werd een ervaren agent aangesteld om haar te bewaken. Maar toen ze weer thuis waren, bleef ze alleen achter wanneer William op missie was. De bodyguard was verdwenen.

Wat eerder in 2008 – in april – had William een grote flater geslagen toen hij met een RAF-helikopter van 10 miljoen pond in de achtertuin van Kate landde om indruk op haar te maken met zijn vliegkunsten. Haar ouders keken vanuit hun dure villa toe hoe de prins een paar keer landde en weer opsteeg. Zijn machogedrag had een averechtse uitwerking toen News of the World lucht kreeg van het plezierreisje. Het verhaal van het twee uur durende uitje, dat 30.000 pond kostte, lokte heel wat kritiek uit, vooral omdat slechts enkele dagen eerder was uitgelekt dat hij met zijn broer Harry naar de vrijgezellen-avond van hun neef Peter Phillips op het eiland Wight was gevlogen met een Chinook – er was een andere piloot aan boord om hen terug te vliegen. Terwijl het leger in geldnood zat en er in Afghanistan en Irak een tekort was aan uitrusting, werd dit terecht gezien als een ver-spilling van belastinggeld.

Luchtvaartanalist en RAF-piloot Jon Lake noemde de vlucht 'bela-chelijk en ongepast'. Hij zei: 'Dit is een verspilling van uren opleiding met een Chinook-helikopter die het leger zich maar moeilijk kan ver-oorloven. Geen enkele andere piloot met evenveel ervaring als prins William zou de toestemming hebben gekregen om met een Chinook te vliegen. Het is net als iemand die leert rijden en de sleutels krijgt van een racewagen, gewoon omdat zijn vader in het team zit.'

Ook de politici gingen zich ermee moeien. Woordvoerder van de liberaal-democraten Nick Harvey zei: 'De prins zal hierop terugkij-ken en inzien dat het een blunder van formaat was. Heel veel mensen zullen zich afvragen waar de prioriteiten liggen als voor zoiets heli-kopters kunnen worden ingezet, terwijl er een groot tekort aan is.' Daarnaast vond Matthew Elliot, hoofd van de Vereniging van Belas-tingbetalers: 'Terwijl het leger zich geen uitrusting kan veroorloven voor onze jongens op missie en de soldaten hier ondergebracht wor-den in vreselijke gebouwen, had het geld beter anders kunnen wor-den gebruikt.'

William was vertrokken vanaf RAF Odiham en vloog 25 kilometer naar het huis van Kate onder begeleiding van zijn instructeurs. Wil-liam had het idee zelf naar voren gebracht, hij beweerde dat er niet voldoende landingsplaatsen waren in Hampshire. Hij vroeg de toe-stemming van Kates familie en vloog een rondje boven het domein voor hij landde en terugvloog naar Odiham voor verdere instructies.

De RAF had geen andere keuze dan de 'gewettigde' beslissing voor de vlucht van 400 kilometer te verdedigen. De RAF beweerde dat het voor de opleiding van de prins noodzakelijk was naar Londen en over water te leren vliegen. Maar William maakte de zaken nog erger toen bekend raakte dat hij het lef had gehad zijn broer Harry op te pikken bij de Woolwich-kazerne in het zuidoosten van Londen. De woordvoerder van het ministerie van Defensie verdedigde de beslissing om te landen op het domein van de Middletons: 'De bemanning van een gevechtshelikopter oefent heel regelmatig het landen op velden en kleine plaatsen buiten de gebruikelijke vlieghavens. Dit is een essentieel onderdeel van de opleiding. Deze ervaring wordt dagelijks gebruikt in conflictzones zoals Irak en Afghanistan. Het tochtje op 3 april was volledig goedgekeurd en gepland en was een overeengekomen onderdeel van de opleiding van de prins', zei hij. Maar het publiek noch de pers waren overtuigd.

Een maand later stond Kate in het oog van de storm. Ze was verplicht uit het roeiteam Sisterhood te stappen, nadat de koningin en William hadden ingegrepen. De boodschap was bot. De ophef over haar ochtendlijke trainingen op de Thames was uit de hand gelopen. Ze stond ook onder druk van advocaten, die vreesden dat men haar bij het zien van geposeerde foto's van haar en de rest van het eenentwintigkoppige team zou verwijten hypocriet te zijn omdat ze wel een probleem maakte van paparazzifoto's maar niet van deze foto's. Sisterhood poseerde voor een zwoele kalender waarmee meer dan 100.000 pond werd ingezameld voor het goede doel. Het team poseerde op de twaalf foto's als verschillende atleten. Hun sportoutfit was op hun naakte lichaam geschilderd. Misschien was Kates beslissing achteraf wel de juiste geweest.

In april voegde Kate zich bij William toen hij uit handen van zijn vader zijn RAF-vleugels kreeg. Tijdens de ceremonie werd ze begeleid door prinses Diana's zus, Lady Sarah McCorquodale, een teken dat Kate steeds dichter bij Williams familie kwam te staan. Dit was de eerste keer sinds het concert in Wembley voor Diana dat ze samen met William verscheen op een officiële gelegenheid. Charles verzorgde de presentatie voor zijn zoon en 25 andere afgestudeerden in Lincolnshire in zijn hoedanigheid als oppermaarschalk te lucht. Kate werd niet verwacht tijdens de ceremonie, waar ook Camilla aanwezig was. Er werd gevreesd voor speculatie in de media. Het sleutelmoment kwam toen William en Kate de ceremonie verlieten. Zij was in het wit gekleed, het stel leek heel gelukkig. De foto van het glimlachende paar – genomen door mijn vriend, de bekroonde fotograaf Michael

Dunlea – riep herinneringen op aan de 'verlovingsfoto's' van de koningin en prins Philip. Opnieuw werd er druk gespeculeerd over wanneer de verloving zou worden aangekondigd. De *Standard* kopte: 'KATE IN HET WIT'. Misschien zou het de volgende keer wel echt zijn.

William had Kate op 6 september van dat jaar ook naar het altaar begeleid. Alleen was het niet bij hun huwelijk geweest, maar dat van een vriend. Wat opviel, was de bescherming die zij genoot. William had zijn vader gevraagd zijn bodyguard Dominic Ryan voor een dag aan Kate toe te wijzen. Het koppel poseerde met plezier voor foto's tijdens de grote dag van hun vrienden in Oostenrijk – het eerste huwelijk in bijna drie jaar dat ze als koppel bijwoonden.

Williams vriendin had twee koninklijke huwelijken in haar eentje bijgewoond – het huwelijk van de neef van haar vriend, Peter Phillips, met Autumn Kelly en dat van Lady Rose Windsor, de dochter van de neef van de koningin. Op beide gelegenheden had ze William vertegenwoordigd en zich onder zijn familieleden begeven.

XVIII

De heer en mevrouw Smith

'Jij bent de volgende.'
Legercommandant Nicholas van Cutsem tegen zijn vriend prins William
tijdens het huwelijk van Van Cutsem in augustus 2009

Arm in arm stapten ze op een zaterdagavond een pub uit, de Potting Shed in het dorpje Crudwell, Wiltshire. Toen ze bij hun wagen stonden, trok Kate haar vriend tegen zich aan. Wat volgde – hun eerste kus in het openbaar sinds meer dan twee jaar – verraste ook hem. De reden voor deze ongebruikelijke openheid van het paar, die door een fotograaf voor de eeuwigheid vastgelegd werd, zou snel blijken. Uren voor het verhaal bekend zou raken, wist zij wat zou gebeuren. *News of the World* had Gary Goldsmith, de oom van Kate, verteld dat ze een undercoveroperatie hadden uitgevoerd, geleid door Mazher Mahmood, de legendarische journalist voor het blad en de man die ook bekendstaat als *Fake Sheikh*. Zoals het hoort volgens de richtlijnen van de Commissie Persklachten deed het blad dat voor het verhaal gepubliceerd zou worden. Kate wilde William het nieuws vertellen op hun avondje uit. Het gezegde dat je je vrienden kiest maar je familie niet, was nu meer dan ooit van toepassing. Door de jaren heen had William ermee leren leven. Nu Kate lid was geworden van de koninklijke familie, was het ook haar beurt. De krant legde de duistere kant van Goldsmith bloot. Hij werd afgeschilderd als een aan cocaïne verslaafde miljonair die het grootste deel van zijn tijd op Ibiza doorbracht. Het zou niet lang meer duren voor de tijdbom zou ontploffen en Kates kansen om ooit koninklijke bruid te worden, teniet zou doen, zo dachten sommigen.

Journalisten hadden haar oom gefilmd terwijl hij boven de keukentafel hing en een lijntje cocaïne snoof door een opgerold briefje van 100 euro. Het lijdzame beeld van het zwarte schaap van de Middleton-familie werd breed over de voorpagina's uitgesmeerd. Hij werd op heterdaad betrapt toen hij een undercoverjournalist, die alles met een verborgen camera vastlegde, toevertrouwde dat hij hem cocaïne kon leveren. De man schepte op over zijn vriendschap met William en beweerde dat zijn nichtje en de prins binnenkort hun huwelijk zouden aankondigen. Hij bazuinde ook rond dat William en Kate die zomer zijn Maison de Bang Bang – of House of Sex – zouden bezoeken voor een romantische vakantie. Hij grapte zelfs dat hij de bruid zou weggeven.

'Ja, daar kwamen ze allemaal met hun MI6-bodyguards. Mijn eerste woorden tegen prins William waren: "Hoi... Heb jij mijn glazen piramides gebroken?"' Hij flapte er onwetend van alles uit tegen mannelijke en vrouwelijke undercoverjournalisten. Hij ging maar door: 'Hij en een vriend gooiden wat balletjes en braken al mijn sierpiramides – hele hopen. De mensen stopten hier, kampeerden voor het huis. Mijn vrienden leerden William muziek mixen op een mengtafel. Ja, het was fantastisch. Ze zeiden dat hij een kreet nodig had, "The King's in da house!" Hij is een heel vriendelijke jongen.'

Roddelen over zijn ongelukkige nichtje dat tevergeefs op een aanzoek leek te wachten, was ook geen probleem. 'Ze hebben het over een verloving later dit jaar.' Toen grapte hij: 'Ik zal haar weggeven. Ik zal de hertog van Slough zijn... Ik zeg het maar meteen. Ik wil een belangrijke rol.'

Klaarblijkelijk was voorzichtigheid voor Goldsmith niet de moeder van alle wijsheid. Voor Kate en haar moeder Carole, de oudere zus van Goldsmith, was dit een regelrechte ramp. Gevaar zit in een klein hoekje, en net in dat hoekje zat de ongelukkige Goldsmith. Prins Charles, zoals altijd een grote steun, schreef haar een bemoedigend briefje en spoorde Kate aan het hele geval uit haar hoofd te zetten. Royals kunnen heel goed om met familiecrisissen. De juiste houding is niks zeggen en wachten tot het overwaait. Kate had voor tweedracht gezorgd, met aan de basis misschien wel snobisme. Het grootste deel was, ten onrechte, gericht tegen haar moeder Carole. Kate bleef kalm, maar Carole fulmineerde tegen de onthullingen in *News of the World* en riep de familie samen. Ze verplichtte hun om vooral geen fouten meer te maken. Zoals altijd had Charles het bij het rechte eind. De tijd verstreek en de schaamte ging voorbij. Kate wist dat ze harder moest worden als ze een koninklijke bruid wilde zijn.

Kates positie kwam dan misschien in gevaar door het onsmakelijke gedrag van haar familie, maar haar veiligheid kwam nu wel op de eerste plaats. Ze had William al twee keer vertegenwoordigd op een koninklijk huwelijk: tijdens het eerste, dat van Peter Phillips met Autumn Kelly, had ze de koningin ontmoet. Beide keren ging Kate heel ongedwongen om met de dichte familie van haar vriend. Maar op het huwelijk in Salzburg van haar vriendin Chiara Hunt, de zus van Olivia Hunt met wie ze beiden in St. Andrew's hadden gestudeerd, had Kate haar man aan haar zijde.

Op 14 augustus 2009 leek ze net een echte prinses toen ze binnenkwam. Kate, die een kleurtje had gekregen tijdens een vakantie op de Caraïben, zag er verrukkelijk uit in haar witte jurk onder een blauwe zijden jas. Ze stapte uit een grijze auto, omringd door vier van Williams bodyguards. De meeste gasten wandelden naar de Wellington Barracks bij Buckingham Palace, waar de ceremonie zou plaatsvinden. Kate niet. Een chauffeur reed haar naar het domein, samen met drie vrienden van William. De prins en zijn broer Harry, allebei bruidsjonkers, waren een uur eerder al in de Guards Chapel aangekomen, samen met de bruidegom. William had Kate naar het altaar begeleid, nadat Van Cutsem zijn jawoord had gegeven. Hij schudde de bruidegom de hand en feliciteerde de bruid, Alice Hadden-Paton, toen Nicholas de kans schoon zag om zijn vriend even te plagen. 'Jij bent de volgende', zei hij.

Het moet William duidelijk geworden zijn dat hij al veel langer met Kate samen was dan de meesten van zijn beste vrienden – en die gingen de een na de ander trouwen. De opmerking van Van Cutsem was als grap bedoeld, maar ze moet een gevoelige snaar hebben geraakt. De prinsen kenden Van Cutsem, wiens vader Hugh een goede vriend van prins Charles is, al hun hele leven. Nicholas, net als Harry officier bij de cavalerie, zou binnenkort naar Afghanistan trekken en zijn medesoldaten waren op de huwelijksreceptie aanwezig. Zelfs prins Harry maakte er grapjes over. Toen iedereen hem tijdens een liefdadigheidsreis naar Barbados in januari 2010 maar bleef vragen wanneer zijn broer hen uit hun lijden zou verlossen, haalde hij zijn schouders op. Als de datum zou uitlekken, zou zijn broer de plannen vast omgooien, grapte hij.

Enkele weken voor het huwelijk van Van Cutsem hadden William en Kate een vakantiehuisje gereserveerd als getrouwd koppel. Ze gebruikten de weinig originele naam Smith. De reis was een verjaardagscadeau voor William, die 27 werd. Als het schuwe koppel wat privacy gewild had, was dat buiten Williams broer Harry en een groepje vrienden gerekend, die hen achterna trokken. De alledaagsheid van hun verzonnen naam deed denken aan de namen die Charles en Camilla gebruikten voor zichzelf: Fred en Gladys. Binnenkort zou Kate niet langer Smith, maar Wales heten en als koninklijke hertogin, wat ze bij haar huwelijk zou worden, zou ze zich geen zorgen meer hoeven te maken over hotelreserveringen. Haar personeel zou dat voortaan voor haar doen.

De koninklijke toekomst van het koppel zou helemaal anders worden dan die van andere prinsen en prinsessen van Wales. William had heel duidelijk gemaakt dat hij niet de zoveelste figurant in de Britse monarchie wilde worden. Tijdens een vergadering van het Charities Forum van de prins in 2009, die drie jaar eerder was vastgelegd, zei hij dat hij zijn aantal verplichtingen langzaam zou uitbreiden, maar dat hij zijn 'eigen manier' om de dingen aan te pakken zou ontwikkelen. 'Je kunt gewoon actes de présence geven. Maar het gaat ook om andere dingen aanbrengen. Er is een tijd en een plaats om als decoratie te dienen, handjes te schudden en de mensen te steunen, maar ik denk dat er meer [mogelijk is] door ook echt dingen te doen', zei hij.

Tijdens zijn eerste officiële bezoek aan Nieuw-Zeeland en een privéreis naar Australië in januari 2010 zette hij zijn voornemen meteen in de praktijk om. Ik reisde als geaccrediteerd correspondent mee met de prins. Wat mij opviel, waren zijn houding en zijn aangeboren adellijkheid. De reis bracht voor mij, iemand die op de eerste rij stond toen zijn moeder de menigte overal ter wereld toewuifde tijdens haar vele reizen, het verleden weer tot leven. Zijn optreden bracht herinneringen naar boven aan de populaire Diana op reis en de inzet van zijn vader voor het milieu. Maar er was nog iets anders. Toen ik hem sprak in een bar in Wellington, was hij heel ontspannen en op zijn gemak bij de media, net zoals zijn moeder dat was geweest. Als hij wat zenuwachtig was toen hij zijn eerste toespraak hield als vertegenwoordiger van de koningin tijdens de opening van het hooggerechtshof in Wellington, dan kon hij dat heel goed verbergen.

Net voor zijn aankomst had zich buiten een groep republikeinen verzameld. Ze stonden er al een uur te schreeuwen, maar toen zijn auto aankwam en hij uitstapte, hielden ze op. Zelfs de republikeinen leken gefascineerd door deze koningszoon van de nieuwe generatie. Hoewel er heel wat actievoerders stonden, kwam hij na afloop toch buiten en sprak 45 minuten met de mensen. Het was een schitterend optreden. De berichtgeving in Australië was al even enthousiast, tot nijd van de plaatselijke republikeinen. Toen William met eigen ogen wilde zien wat de bosbranden, waarbij in februari 2009 173 mensen omkwamen, hadden aangericht, waren ze niet onder de indruk, hoewel hij wel hartelijk werd onthaald. Simon Bateman, de plaatselijke voorzitter van de Australische Republikeinse Beweging, zei dat Williams bezoek heel wat media-aandacht had veroorzaakt.

'Het lijkt meer op de verering van een beroemdheid', zei Bateman. 'Toen Paris Hilton hier was, ging het net zo. Ik weet dus niet goed wat het [de reis] betekent. Het zegt eigenlijk niet zoveel over hoe we leven en wie we zijn als Australiërs.'

De opmerkingen van Bateman waren niet representatief voor de warmte waarmee zowel aanhangers als tegenstanders van de monarchie hem hadden verwelkomd. Als Diana's zoon had hij een streepje voor, vonden ze. De klappen die hij kreeg, incasseerde hij als een professional. Maar hij kreeg hulp. De koningin had een team van de beste bureaucraten aangesteld, ook wel de Drie Wijzen genoemd, die over de toekomstige koning moesten waken en ervoor zorgen dat hij geen fouten maakte. Beroepsdiplomaat Sir David Manning, haar fantastische voormalige privésecretaris Lord Janvrin en haar nieuwe medewerker Christopher Geidt waren ingelijfd om het publieke optreden van haar kleinzoon bij te schaven. Tegen 2010 was alles in een versnelling hoger geschakeld. Sir David was erbij om hem alles over diplomatie en wereldzaken te leren, Lord Janvrin om zijn rol in de liefdadigheid te sturen en Christopher Geidt om hem bij te staan in strategie en overzicht. Het was een moeilijke evenwichtsoefening en iedereen was zich ervan bewust dat ze tijdens hun promotie-campagne voor prins William zijn vader prins Charles niet mochten overschaduwen. Dat was moeilijk. 'We hebben nog nooit een vorst, een troonopvolger en een tweede in de lijn voor de troonopvolging gehad op hetzelfde moment', legde een hoffunctionaris me uit.

Na afloop van zijn thematoespraak in Melbourne, aan het einde van zijn reis door Australië, bedankte William de Australische meisjes die de traditie leden van het koningshuis te kussen, voortzetten. Hij verwees lichthartig naar een beruchte kus die zijn vader in 1979 van het model Jane Priest kreeg op een strand in Perth – al dacht hij verkeerdelijk dat het om Bondi Beach in Sydney ging. In de aanloop naar Australia Day vertelde hij in het regeringsgebouw aan duizend gasten: 'Hier in Australië te zijn is een kinderdroom die uitkomt. Zolang ik me herinner, heb ik van mijn familie verhalen gehoord over het prachtige Australië en de gastvrijheid en vriendschap van de mensen hier. Mijn vader heeft hier een fantastische tijd beleefd op school – en hij wordt nog steeds sentimenteel wanneer hij terugdenkt aan een onvergetelijk moment op Bondi, toen hij van een Australische schone een zoen op zijn wang kreeg. Het is leuk te zien dat die traditie wordt voortgezet! Ik herinner me ook dat mijn moeder me bij haar terugkeer in 1996 vertelde wat een diepe indruk dit land op haar had gemaakt en hoeveel ze van Australië hield. Ik ben hier pas drie dagen, maar ik begrijp nu al waarom.'

Prins William, die zijn eerste buitenlandse reis als volwassene afrondde, verwees ook met liefde naar prins Harry. 'En natuurlijk is er ook nog die jongen met het rosse haar – die maar bleef doorgaan over jullie en over het feit dat ik niet echt had geleefd omdat ik Australië nog niet had gezien. Om die reden, en om het respect dat de wereld heeft voor jullie unieke manier van leven, jullie levendigheid, jullie oprechtheid, jullie klassieke gevoel voor humor, verlangde ik ernaar terug te komen. Ik was amper negen maanden oud toen ik hier de vorige keer was en ik zag de wereld vanuit een heel laag perspectief – helemaal niet zoals je deze ongelofelijke plek hoort te bewonderen. Wat me tijdens mijn bezoek aan het zuidelijke halfrond opviel, is wat "gedeeld erfgoed" eigenlijk betekent. Het gaat om kernwaarden en om onze manier van leven. Het gaat om humor en fatsoen. Het gaat om moed en om de kracht om tegenslagen te boven te komen.'

Hij ging verder: 'Wat een boeiend land is Australië! Dit is overduidelijk een land dat klaar is voor de eenentwintigste eeuw… Ik wou dat ik hier wat langer kon blijven en Melbourne kon bezoeken, de legendarische stad van sport en cultuur. Maar ik kom terug, als dat mag!'

Thematoespraken zijn belangrijk, maar voor mij vatte één moment de kern van deze man samen, een oprechte meelevende man op wie zijn vader en moeder trots zouden (moeten) zijn. In de bergen bezocht hij, weg van de camera's, een vrouw wier huis in de as was gelegd door de verwoestende bosbranden in Victoria. Ze was een echte, trotse Australische. Zoals zoveel mensen in dit heerlijke land maakte ze geen kouwe drukte, maar was ze zich wel bewust van Williams koninklijke status. De moderne leden van het koningshuis, en zelfs de koningin, verwachten niet dat mensen een reverence voor hen maken. Ze doen daar heel gewoon over. Het zijn de media die opgewonden raken wanneer iemand de koningin aanraakt, zoals voormalig Australisch eerste minister Paul Keating tot zijn schande had ondervonden toen hij van de Britse pers de bijnaam 'The Lizard of Oz' kreeg. Tijdens alle ophef vergat de vrouw William aan te spreken met 'prins' toen ze hem de hand schudde. Ze zag meteen haar fout in en verontschuldigde zich uitgebreid. Ze bloosde helemaal. William nam haar met een warme glimlach bij de arm en fluisterde: 'William is goed, hoor, maakt u zich geen zorgen.' Hij herinnerde me op dat moment aan zijn moeder. Weg van de joelende fans, het protest, de grote krantenkoppen en de kritiek van wanhopige republikeinen die vastbesloten waren om eindelijk hun zin te krijgen en de monarchie overboord te gooien, was dit hét moment van de rondreis. Ik was in ieder geval trots op mijn prins. De koninklijke familie had tenslotte duidelijk gemaakt dat als de Australiërs een verkozen staatshoofd wilden in plaats van een koning of koningin, ze dat met plezier zouden toestaan. Dat betekende echter niet dat ze zich zonder slag of stoot gewonnen zouden geven, niet voor hen maar voor het volk van dit land dat de dingen goed vindt zoals ze zijn en ze niet wil veranderen.

Er zullen ongetwijfeld mensen zijn die het nieuwe dynamische paar William en Kate zien als een koninklijk sterrenkoppel dat de monarchie down-under in één klap kan redden. Eén rondreis, een hoop lachende mensen, grappige woordspelingen en een paar leuke kiekjes en, hop, alles komt goed en de Australiërs vallen als een blok voor het koningshuis. In de nasleep van de verloving – en zelfs in de voorafgaande maanden – belden *The Morning Show* en *Sunrise*, twee toonaangevende programma's van de Australische zender Channel 7, me 's ochtends vroeg op om commentaar te leveren bij het koninklijke verhaal. Ze kregen maar niet genoeg van Kate en William, net als de Australische kijkers, als we de berichten mogen geloven.

Het paleis, en William zelf ook, wil dat een van de eerste buitenlandse reizen van de prins en Kate naar Australië en Nieuw-Zeeland gaat. Nadien zou Canada volgen. Dit zal de republikeinse geesten ongetwijfeld een tijdje temperen, maar volgens mij zijn de kansen dat William en Kate ooit koning en koningin van Australië worden, op dit ogenblik gering. En zelfs als het paleis en de overheid graag willen profiteren van de populariteit van de nieuwe generatie en de opwinding van de mensen, valt het te betwijfelen of hun invloed het onvermijdelijke kan afwenden. De tijd zal het uitwijzen. De voorbije zomer gaf de Australische overheid aan dat het land de Britse monarchie na koningin Elizabeth zou moeten laten vallen. De in Wales geboren Australische eerste minister Julia Gillard van de centrumlinkse Labour Party zei: 'Wat ik als eerste minister graag zou zien, is dat we een akkoord bereiken over een republikeins model. De geschikte tijd daarvoor is tijdens de vorstenwissel. Natuurlijk wens ik koningin Elizabeth nog een lang en gelukkig leven toe. Wanneer ik naar het voorbeeld van haar moeder kijk, heeft ze nog heel wat jaren in het verschiet.'

Dit gezegd zijnde was de koningin terecht in de wolken met de vijfdaagse trip. William had alweer een belangrijke stap gezet in zijn voorbereiding op het koningschap. Of, zoals zijn privésecretaris en wijze adviseur Jamie Lowther-Pinkerton het zei: 'Hij heeft het klappen van de zweep geleerd.' Het was belangrijk dat de prins een kans kreeg om vóór zijn huwelijk met Kate te leren wat de job inhoudt. Ook was het belangrijk dat hij de leiding zou nemen. Uiteindelijk zou hij dan en dan alleen zijn jonge vrouw kunnen voorbereiden op wat van haar verwacht wordt wanneer ze samen op de voorgrond moeten treden.

Toen William triomfantelijk terugkeerde van Australië en Nieuw-Zeeland, leek hij meer zelfvertrouwen te hebben. Hij was voelbaar opgelucht. In het openbaar was hij ontspannener en zijn toekomstige leven als hoofdrolspeler in de koninklijke spotlights leek een beetje minder dreigend. Maar net toen de wereld maar niet genoeg leek te krijgen van de nieuwe ster, vonden de adviseurs van het paleis het tijd om de geest weer in de fles te stoppen. Tenslotte moest hij zijn opleiding als piloot bij de RAF nog afronden. Hij behaalde zijn diploma in september 2010; hij was nu klaar voor zijn dagtaak. Het was een uitdaging geweest, maar het was ook iets dat hij had moeten doen, een van de vele vakjes die hij op zijn verlanglijstje van dingen die hij wilde doen voor hij getrouwd was, kon afvinken. Hij was nu klaar voor de volgende fase in zijn voorbereiding op het leven als echtgenoot, werkende prins en uiteindelijk ook koning.

De aankondiging van de koninklijke verloving mag dan wel een traditioneel gebeuren zijn geweest, Kate en William zijn een door en door modern koninklijk koppel. Zoals zoveel jonge koppels woonden ze eerst een tijdje samen – in hun geval was dat de voorbije acht maanden in Anglesey, waar William, als vluchtluitenant Wales, werkte als helikopterpiloot op de nabijgelegen Royal Air Force Base Valley en hij reddingsopdrachten uitvoerde. Amper achtenveertig uur na de aankondiging zat hij opnieuw achter de stuurknuppel van zijn helikopter, op weg om een gewonde man op te halen. Fitnessmedewerker Greg Watkins zat bij stormweer vast op Mount Snowdon, het hoogste punt van Wales. Hij zou een hartaanval hebben gekregen. De 28-jarige prins was een van de vier bemanningsleden. 'Zonder hem en de rest van het team zou ik dood geweest zijn', vertelde Watkins later. 'Ik hoorde de helikopter dichterbij komen, het mooiste geluid dat ik ooit heb gehoord. Hij en zijn team hebben mijn leven gered.'

Redder in nood en prins op het witte paard! Het paleis zelf had geen betere krantenkop kunnen bedenken.

Williams leven was er een van contrasten: de opwinding van zijn dagtaak, de verwachtingen die zijn titel en koninklijke positie meebrachten én de rust van zijn privéleven met Kate. Ver weg van de mediadrukte, in het afgelegen en winderige noorden van Wales, richtten ze hun eerste huis in, een besloten witgekalkte boerderij. Ze wilden een normaal leven leiden, gingen winkelen in de supermarkt, bestelden een afhaalmaaltijd en gingen iets drinken in de plaatselijke pub. In *News of the World* had ik, in een artikel met als kop

'HET LIEFDESNEST VAN WILLS EN KATE', onthuld dat ze waren gaan samenwonen. Dit had wat beroering veroorzaakt op het paleis. Er werd de media gevraagd om veiligheidsredenen niet te onthullen waar ze precies woonden. In een tijd als deze, met de dreiging van het internationale terrorisme, was dat logisch, hoewel iedereen wel weet waar de koningin, prins Charles en de andere leden van de Koninklijke familie wonen, en ook Camilla, die een tweede verblijf heeft, Ray Mill House, waarvan de beveiliging miljoenen kost. Voor mij was dat een duidelijk teken dat de verloving snel zou volgen. Hij kon intrekken in een van de officierskamers van de RAF, maar hij wilde aan zijn huiselijk geluk bouwen met Kate wanneer hij niet aan het werk was. Hier zouden ze de komende tijd gaan leven. In hetzelfde artikel schreef ik: 'Er is ons ook gezegd dat het koppel "een overeenkomst" heeft dat de relatie van acht jaar zal eindigen in een huwelijk – maar waarschijnlijk niet voor 2011.' Ik had het helemaal juist.

Kate is net als een andere geliefde koninklijke gemalin, koningin Alexandra, de betovergrootmoeder van William en echtgenote van de gewaardeerde Edward VII – die weliswaar vaak achter de vrouwen aanzat –, een enthousiaste fotografe. Ze brengt haar dagen door met het fotograferen van het spectaculaire landschap, terwijl William aan het werk is en wanneer zij niet voor het familiebedrijf in Berkshire werkt. Op heldere dagen is het landschap adembenemend, witte stranden met op de achtergrond koeien en schapen die rustig grazen. Achter elk kronkelend landweggetje veranderen de hemel en het licht – een paradijs voor een fotograaf. Zeevogels dansen op de wind, koppeltjes wandelen ongestoord, bijna iedereen heeft een hond bij zich. De kust is omzoomd met vuurtorens en regenbogen, oude kerken en kleine dorpjes. Het leven staat hier stil – een wereld van verschil met Buckingham Palace, de Mall en Westminster Abbey. Dewi Davies, toeristisch directeur voor Noord-Wales, zei: 'Dit is een fantastische plek om te leven, een bijzonder vakantieoord. En natuurlijk is er de adembenemende omgeving.'

Holyhead is het grootste dorp in dit stukje van Anglesey, waar veerboten naar Ierland aanleggen en weer vertrekken. Voor ontspanning zorgt de Empire Arena, een vervallen gebouw met afbladderende verf en vergane groene letters op de voorgevel. Het personeel is trots dat William en Kate hier als gewone dorpelingen bij hen zijn komen wonen. Aan de overkant van de weg verkoopt een verwaarloosd winkeltje 'tutu's en tiara's', jurkjes en avondkledij, maar het is onwaarschijnlijk dat Kate hier ooit iets zal kopen. Het koppel gaat echter wel vaak winkelen bij de plaatselijke Tesco in een industriegebied aan de rand van het dorp, net als iedere andere dorpeling.

Angleseys grootste troef zijn de ongerepte stranden, de prachtige wouden en de vele zeevogels en dieren in het wild. In het dorpje Rhosneigr wonen heel wat personeelsleden van de RAF Valley in woonblokken voor stellen. De opvallende gele Sea Kings trekken niet langer de aandacht, maar het geronk van de opleidingsvliegtuigen is oorverdovend. De plaatselijke bevolking heeft het over William en zijn collega-piloten, die vaak in Sullivan's te vinden zijn. De eigenaar van de plaatselijke souvenirwinkel verkoopt trouwplanners en zou het fantastisch vinden William en Kate te mogen verwelkomen. Ze hebben het over Williams reputatie van beleefde jongen en over hoe hij 'helemaal is wat zijn moeder gewild zou hebben'.

In het nabijgelegen Rhoscolyn ligt de betaalbare, moderne en smaakvol ingerichte White Eagle. Een maaltijd voor twee met een glas wijn kost amper 45 pond. Op wandelafstand van de pub liggen de woeste zee en de duinen, waar het in de zomer en tijdens het weekend heel druk is. William gaat het liefst rijden met zijn Ducati-motor, met Kate achterop. Met hun helmen op zijn ze onherkenbaar, en dat is wat ze willen. Ze zijn vastbesloten hun leven zo te leiden, al kan dat moeilijk worden. Ze weten dat binnenkort alles anders wordt.

Kate zal er moeten aan wennen dat ze dag en nacht een koninklijke bodyguard van Scotland Yard bij zich heeft. Zij moeten zorgen voor haar veiligheid, waar de bodyguards van Mohammed al Fayed gefaald hebben in hun bescherming van Diana. William is het al gewoon. Hij heeft een goede relatie met de mannen en vrouwen die voor zijn veiligheid instaan. Ik twijfel er niet aan dat de nieuwe prinses bij hen in goede handen zal zijn. Ken Wharfe was van 1986 tot 2002 inspecteur bij de afdeling Koninklijke en Diplomatieke Bescherming van Scotland Yard en stond in voor de veiligheid van Diana en haar zonen. Hij leidde een nieuwe generatie bodyguards op een schreef samen met mij zijn memoires, de internationale bestseller *Diana: Closely Guarded*

Secret, intussen verfilmd door de bekroonde regisseur Stephen Evans. Hij zegt dat Kate zal moeten wennen aan een leven zonder vrijheid. Om in veiligheid te blijven, moet ze zich schikken, dat is de enige manier.

'Wie instaat voor de veiligheid van Kate zal het document van Diana volgen waarin staat dat het uitwisselen van informatie, vertrouwen en eerlijkheid in twee richtingen werkt. William wordt al heel lang beschermd – hij heeft Kate duidelijk op de hoogte gebracht van de sterke en zwakke punten van zijn persoonlijke beveiliging. Het ziet ernaar uit dat de overgang vrij pijnloos zal verlopen voor haar.' Wijze woorden.

Na de aankondiging van de verloving volgde een golf van publiciteit voor de koninklijke familie. Maar het was niet altijd goed nieuws, vooral niet voor prins Charles. Een enquête van ICM in *News of the World* toonde aan dat de Britten verandering willen – ze gaven een duidelijk signaal dat ze voor William en Kate kozen als toekomstige koning en koningin. Verder bleek ook uit de poll, die op 21 november 2010 gepubliceerd werd, dat 64 procent van de mensen wil dat het net verloofde prinsenpaar de koningin opvolgt. Amper 19 procent – minder dan een op vijf – wil dat de kroon wordt doorgegeven aan Charles en Camilla. Dat moet een klap geweest zijn voor de plichtsbewuste en langst afwachtende troonopvolger in de Britse geschiedenis. Hij werkte onvermoeibaar aan het terugwinnen van de gunst van zijn volk, sinds zijn populariteit na zijn scheiding van Diana in 1996 en haar overlijden een jaar later een absoluut dieptepunt bereikte. Het zou ook wat spanning kunnen veroorzaken in de liefhebbende relatie tussen de vader en zijn zoon en opvolger, wanneer ze zouden moeten wedijveren voor de rol van 'schaduwkoning'. De resultaten raakten bekend net nadat Charles voor het eerst – in een interview met Brian Williams van het grootste Amerikaanse netwerk NBC – had toegegeven dat zijn vrouw Camilla koningin zou kunnen worden. Tot dat ogenblik had het paleis de kwestie ontweken en werd benadrukt dat Camilla nooit gekroond zou worden maar 'prinses-gemalin' genoemd zou worden als Charles de troon zou bestijgen. Er werd zelfs een verklaring uitgegeven over de zaak. Dit was natuurlijk onzin. Als Charles koning zou worden, dan zou het Camilla's recht zijn, daarvoor had ze 400 jaar voorgeschiedenis aan haar kant.

Maar de monarchie bevindt zich op drijfzand. Niets is ooit een vaststaand feit, hoewel ze stabiliteit en traditie uitstraalt. De meeste mensen gaven aan dat ze wilden dat de kroon aan Charles voorbij zou gaan. De populariteit van de koninklijke familie maakte onder Wills en Kate een verbluffende ommekeer: 72 procent geloofde dat het huwelijk van het jonge koppel de monarchie zou versterken.

Intussen vertelde premier David Cameron in november 2010 aan Sky News dat hij een 'grote Camilla-fan' is. Hij was ervan overtuigd dat het land bezig was haar te leren kennen en dat de bevolking een 'warme persoonlijkheid zag met een groot gevoel voor humor en een groot hart'.

Cameron noemde Camilla 'de koningin van het hart van het volk', waarmee hij verwees naar de uitspraak van Tony Blair in 1997, die Williams moeder de 'prinses van het volk' noemde. 'Maar het is nog te vroeg om het daarover te hebben, ik ben er zeker van dat alles uitgebreid besproken zal worden', voegde hij eraan toe.

Diana had in haar snoeiharde interview voor het BBC-programma *Panorama* met Martin Bashir gezegd dat Charles niet geschikt was voor de 'topfunctie'. Sinds haar intussen berucht geworden uitval – die miljoenen mensen hebben gezien – werkte Charles onophoudelijk aan het verbeteren van zijn imago en zijn populariteit. Maar ondanks de verklaringen van het paleis dat Camilla nooit koningin zou worden, maakte hij in het geheim al jaren plannen om haar toch koningin te laten worden, met of zonder de goedkeuring van de koningin, zoals ik in september 2008 schreef in een artikel met als kop 'CHARLES: IK WIL CAMILLA ALS KONINGIN'. Hij had altijd gevonden dat het een 'vernedering' voor hem zou zijn als hij koning zou worden en zijn vrouw niet haar in zijn ogen gepaste titel zou krijgen.

Zijn ommezwaai tegenover wat hij officieel verkondigde toen hij vijf jaar geleden zijn gescheiden minnares huwde, maakt de mensen die ervan overtuigd waren dat Camilla nooit koningin zou worden, razend. Tegenstanders vinden het niet kunnen omdat Camilla's relatie met Charles de reden was voor het stuklopen van zijn huwelijk met Diana.

Volgens grondwetspecialisten is het mogelijk dat Charles zijn rechten op de troon opgeeft ten gunste van zijn zoon – maar het zal moeilijk worden. Hij zou een troonsafstandsverklaring moeten onder-tekenen zodra hij de steun van de regering zou hebben. Natuurlijk zou William dan de troon moeten aanvaarden, wat hij niet wil. Hij begrijpt beter dan wie ook de nood aan stabiliteit en ziet in hoe belangrijk het is dat hij en zijn kersverse bruid eerst de kneepjes van het vak leren als prins en prinses van Wales, vooraleer ze de topfunctie kunnen bekleden.

Door zijn sociale betrokkenheid te tonen, net als zijn moeder en vader voor hem, en door een bruid te kiezen die die betrokkenheid deelt, bewijst William dat hij een prins van het volk is. Wanneer hij als prins van Wales troonopvolger wordt, zal hij de koninklijke helmbos met drie witte veren op een gouden kroon erven. Op het lint onder de kroon staat het motto *Ich dien*, Duits voor 'Ik dien'. Ik twijfel er niet aan dat William zal voldoen aan de verwachtingen en zijn positie niet als vanzelfsprekend zal zien. Falen ligt niet in zijn aard. De gemak-kelijke weg kiezen is geen optie, evenmin voor Kate. Hij weet dat hij en zijn nieuwe bruid hard zullen moeten werken om de harten en de geesten van de nieuwe generatie te veroveren, een generatie die opgevoed is met minder respect, vooral ten opzichte van het konings-huis. Hij zal, dat weet ik zeker, de vaardigheden van de dynastie om zich aan te passen aan de huidige tijd, aan de dag leggen. Hij heeft duidelijk gemaakt dat hij een verschil wil maken met daden, en niet alleen met woorden. Nu, met Kate aan zijn zijde, kan hij laten zien dat een monarchie niet alleen een eenentwintigste eeuws instituut is dat ertoe doet, maar ook een instituut met echte macht en een doel.

VERANTWOORDING EN DANKWOORD

Mijn bedoeling bij het schrijven van dit boek was een degelijk onderzoek te presenteren naar prins William en Kate Middleton, twee mensen die de monarchie van de eenentwintigste eeuw vorm zullen geven. Ik wilde bestuderen wat het geheim is van de toekomstige Britse koning en zijn gemalin, hun achtergronden onderzoeken en nagaan hoe hun liefde groeide. Ik hoop ook duidelijk te kunnen maken wat wij, het betalende publiek, mogen verwachten van deze nieuwe koninklijke act. Leden van de koninklijke familie bewaken hun privacy begrijpelijkerwijs angstvallig. Daarom is het niet altijd even gemakkelijk hun verhaal te vertellen. Toch ben ik ervan overtuigd dat dit werk zowel verhelderend als onderhoudend zal zijn.

Uiteraard zou dit boek niet mogelijk zijn geweest zonder mijn uitgever John Blake. Dit is ons derde boek samen. Dank ook aan Rosie Virgo en aan mijn redacteur Lucian Randall en de rest van het eersteklas redactionele team bij John Blake Publishing Ltd om dit boek zo snel tot stand te brengen. Redacteur Andy Armitage heeft hard en snel gewerkt om alles samen te brengen.

Ik ben ook veel dank verschuldigd aan enkele mensen zonder wie ik dit boek onmogelijk had kunnen schrijven. Sommigen van hen hebben me om privacyredenen gevraagd hun anonimiteit te waarborgen. Maar ze weten zelf over wie ik het heb en hoezeer ik hun hulp op prijs stel.

Toch ben ik blij dat ik de volgende mensen mijn dank kan betuigen: Miguel Head, Paddy Harverson, Colleen Harris MVO, Ailsa Anderson LVO, lt. Ed Perkins, Felicity Murdo-Smith CVO, Ian Edmondson, Ryan Sabey, Dominic Herbert, Arthur Edwards MBE, Robin Nunn, HP, Ingrid Seward, Mo Davis, Elena Nachmanoff, Sigi DeVos, Ken Wharfe MVO, Laura Squire, Deborah Hinton, Jessica Hay, Harry Arnold, Camilla Hitchcock van de First Steps Academy in Fulham, Alexandra Hambrook voor haar schitterende ICT-vaardigheden, Ian Walker, Mark Stewart, Jean Figg, Michael Dunlea, Kent Gavin, Lord Janvrin,

Geoff Crawford, Stuart Robertson, Mark Bolland, Patrick Jephson, Dave Ofield, Jamie Lowther-Pinkerton, Stuart MacLean, Neil Wallace en natuurlijk mijn uitgever bij *News of the World* Colin Myler.

En *last but not least* zou ik mijn familie willen bedanken, vooral mijn moeder en wijlen mijn vader voor hun liefde en steun. Ik wil ook mijn vrouw bedanken voor haar ongelooflijke geduld en verdraagzaamheid terwijl ik in ijltempo dit boek probeerde klaar te krijgen.